청소년을 위한

미디어여행

일러두기
- 한글 표기를 원칙으로 하되, 필요에 따라 외국어와 한자를 병기하였다.
- 한글맞춤법은 '한글맞춤법' 및 '표준어규정'(1988), '표준어모음'(1990)을 적용하였으나 혼란이 있는 경우는 출판사의 원칙을 따랐다.
- 외래어의 우리말 표기는 개정된 '외래어 표기법'(1986)을 원칙으로 하되, 그중 일부는 현지 발음에 따랐다.
- 사용된 기호는 다음과 같다.

  TV 프로그램, 영화, 애니메이션, 신문 등:〈 〉

  책이름 등:《 》

미디어 펼치기

청소년을 위한

미디어 여행

깨끗한미디어를위한교사운동 지음

청소년을 위한
미디어 여행

지은이 | 깨끗한미디어를위한교사운동

2013년 7월 20일 1판 1쇄 펴냄
2021년 9월 15일 1판 4쇄 펴냄

펴낸이 | 한기철
펴낸곳 | 한나래출판사
등록 | 1991. 2. 25. 제22–80호
주소 | 서울시 마포구 토정로 222, 한국출판콘텐츠센터 309호
전화 | 02) 738–5637 · 팩스 | 02) 363–5637 · e–mail | hannarae91@naver.com
www.hannarae.net

ISBN 978–89–5566–146–0 43300

차례

우리에게 미디어란

미디어는 즐거운 놀이이자 세상을 향해 열린 창입니다. 음악과 영화 등을 통해서 스트레스를 해소하고 다양한 삶을 간접 경험합니다. 또한 미디어를 통해서 사회와 소통하고 자신을 돌아보기도 하죠.

우리는 신문과 뉴스, 인터넷을 통해 세상의 소식을 쉽게 만날 수 있습니다. 하지만 쏟아지는 정보와 이미지 속에서 무엇이 의미 있는 정보인지 길을 잃기도 합니다.

미디어는 구부러진 거울입니다. 전체 중 일부를 편집하고 왜곡하는 경우가 많기 때문입니다. 우리 자신도 한정된 경험과 편견 속에서 살고 있기 때문에 올바른 판단을 하기란 쉽지 않습니다. 과거 한 연구에서 따뜻한 커피와 차가운 커피가 담긴 컵을 실험 대상자들에게 잡게 하고 모르는 인물을 평가하는 실험을 했습니다. 결과는 놀

랍게도 인물에 대한 정보와 상관없이 따뜻한 컵을 든 사람이 평가 대상을 더 인정 있는 사람일 것으로 평가를 내렸다고 합니다. 올바른 정보를 찾기 위해서는 믿을 만한 정보원을 통해 여러 정보를 비교해 보는 노력이 필요합니다.

미디어는 씨앗입니다. 시대에 따라 끊임없이 변화하고 확장해 왔기 때문이죠. 1960년대 우리나라는 가난한 농업 국가였습니다. 20년이 흘러 산업 국가로 변신하면서 누구나 신문, 전화, 라디오, TV를 이용하게 되었습니다. 1990년대에는 전 인구의 90%가 도시에 살게 되었고 삐삐와 휴대전화를 이용하게 되었죠. 그로부터 10년도 지나지 않아 인터넷이 대중화되고 숙제와 업무도 컴퓨터와 인터넷을 이용하게 되었습니다. 놀이마저 온라인 게임과 같은 새로운 여가 활동이 폭발적으로 성장하였고 게임 방송국이 등장하였습니다. 이제는 관심사만 비슷하다면 누구나 소셜 미디어로 소통하는 시대가 되었습니다.

미디어는 혁명입니다. 소설가 더글러스 애덤스Douglas Adams는 이런 말을 했습니다. 누구나 태어날 때 세상에 있는 것들은 평범하고 일상적으로 받아들이기 때문에 세상의 일부분으로 여기지만, 자신이 15~35세일 때 발명된 것들은 모두 새롭고 흥미롭고 혁명적이라는 것입니다. 여러분이 몇십 년이 지나 새로운 미디어를 경험한다면 아마 새로운 세대에게 지난 추억과 더불어 삶의 지혜를 전해 줄 수 있을 것입니다.

미디어는 세상을 묶는 끈이지만 때로 벽이기도 합니다. 급속한 미디어의 변화와 개인 기기의 발달로 인해 세대와 관심사별로 세상은 쪼개어져 가고 있습니다. 2000년대에는 우리나라 역사상 최초로 기성 세대가 신세대에게 인터넷을 배울 수밖에 없는 시대가 도래했습니다. 그로부터 10년 후에는 스마트폰이 대중화되면서 언제 어디서나 접속이 가능해졌고 장년층과 청소년들의 간격은 더 벌어지면서 서로를 이해하기 어려워하고 있습니다. 인터넷 커뮤니티에서 특정한 관심사를 나누며 소통하다 보면 다른 집단의 다양한 목소리를 접하기 쉽지 않을 수 있습니다.

새로운 미디어의 등장은 우려할 점도 있지만 새로운 기회이기도 합니다. 미디어를 계속 사용하는 사람들은 어느새 미디어의 영향을 받습니다. 과거 독서와 신문을 즐기던 시대에는 한 가지 대상에 집중하는 능력이 중요했습니다. 인터넷과 스마트폰, 온라인 게임을 즐기는 세대는 집중 대상을 계속 바꾸면서 수많은 정보의 흐름을 즐기고 강한 자극을 추구하는 특징이 있습니다. 기성 세대는 인터넷을 계속하다 보면 집중력이 떨어지고 짧은 글만을 읽고 차분히 깊은 사고를 하기 힘들다며 걱정하고 있습니다. 하지만 디지털 세대는 소셜 미디어를 통해 자신을 표현하면서 많은 사람들과 정보를 공유하고 함께 즐기고 있습니다.

이 책을 읽는 여러분은 새로운 정보를 찾고 관심사를 공유하는 디지털 세대의 장점과 더불어 독서를 통해 깊이 사고하는 새로운 세대가 될 것입니다. 최신 유행과 도구를 가장 빠르게 받아들이고 즐기는 사람들은 많습니다. 하지만 더욱 중요한 것은 미디어를 통해 사회를 바르게 인식하고 정보를 분별하는 힘을 기르고 서로 소통하는 능력입니다.

그 첫걸음은 미디어에 대한 이해입니다. 자신이 어떤 사람인지 알기 위해 어린 시절의 모습부터 지금의 모습까지 잘 살펴볼 필요가 있습니다. 마찬가지로 지난날의 미디어와 최근 미디어를 비교해 보면 미디어의 본질을 더 잘 이해하게 됩니다. 이 책에서는 신문, 방송부터 인터넷, 뉴 미디어까지 미디어의 발달 순서에 따라 주제를 다루고 있습니다. 하지만 만화, 대중 가요처럼 자신이 흥미 있는 주제를 먼저 읽어도 무리 없이 이해할 수 있게 짜여 있습니다. 미디어의 간략한 역사부터 주체적인 수용과 활용까지 하나하나 따라가다 보면 어느새 미디어 여행을 즐기는 자신의 모습을 발견하게 될 것입니다.

저자를 대표해서

옥성일

1

신문

신문은 세상을 보는 창이다. 과거 라디오와 텔레비전의 등장으로 신문이 종말을 맞을 것으로 예상했다. 그러나 신문은 나름의 장점을 살려서 지금까지 많은 영향력을 미치고 있다. 최근에는 인터넷과 스마트폰의 등장 때문에 다시 한 번 위기를 맞고 있기도 하다. 하지만 인터넷과 스마트폰의 주요 콘텐츠 중 하나는 신문 기사다. 따라서 신문 기사의 중요성은 어느 정도 계속될 가능성이 높다. 오히려 전자 미디어의 출현은 신문을 외면하던 청소년들이나 젊은 층의 접근을 높이는 결과를 낳았다. 심지어 인터넷을 통해 초등학생들도 신문을 쉽게 접하는 계기가 되었다. 이 장에서는 신문에 따라 기사들이 어떤 차이점이 있는지 생각해 보고, 신문을 객관적으로 읽는 방법을 제시할 것이다.

 신문엔 뭐가 있을까

신문의 구성 요소

The News

		기사	보도 기사	정치, 경제, 사회, 생활/문화, 스포츠 등
신문			의견 기사	논설, 칼럼, 비평 등
	광고		상업 광고	상품 광고, 회사 이미지 광고
			공익 광고	캠페인 광고, 정책 홍보
			간접 광고	광고성 기사
	기타		사진	
			그래픽	
			만화	

흔히 신문에는 객관적인 사실을 알리는 기사만 있다고 생각한다. 그러나 신문은 우리가 흔히 뉴스라고 부르는 보도 기사 외에도 다양한 내용을 담은 형식으로 이루어져 있다.

보도 기사는 주관적인 의견을 배제하고 사실 위주로 서술한 것으로, 그 내용은 정확해야 하고 균형 및 공정성을 유지해야 한다. 보도 기사와 구분해 의견이나 해설, 분석 등이 포함된 것을 의견 기사라 한다. 논설, 칼럼, 비평 등의 글이 의견 기사에 해당된다. 논설은 특정 사안에 대해 신문사의 공식적인 의견을 밝히는 글이다. 주로 신문사의 논설위원이 작성한다. 시각적으로 보여 주는 논설의 일종인 만평은 전날의 중요한 사건에 대한 풍자나 해학 등을 만화로 담아낸다.

기사에는 내용의 이해를 돕기 위한 사진이나 도표 등이 활용된다. 사진의 경우, 사건과 직접 연관된 뉴스 사진과 사건과 직접적인 연관은 없으나 기사의 이해를 돕기 위한 상징 사진이 있다. 과거에 비해 신문에 사진이나 그림 등이 갈수록 늘어나고 있다. 이것은 다른 시각적인 매체의 발달과 경쟁으로 인해 좀더 신문으로 독자들의 눈을 끌 수 있도록 편집을 하기 때문이다.

이 외에도 광고가 곳곳에 포함되어 있다. 기사처럼 보이지만 사실은 광고를 위한 기사도 있다. 이런 광고성 기사의 경우, 생활에 유용한 내용들을 기반으로 하는 것도 있지만 때로는 기업과의 경제적 이익 관계 때문에 의도적으로 생산되는 사례도 있다.

신문이 만들어지기까지: 신문의 제작 과정

신문의 제작 과정

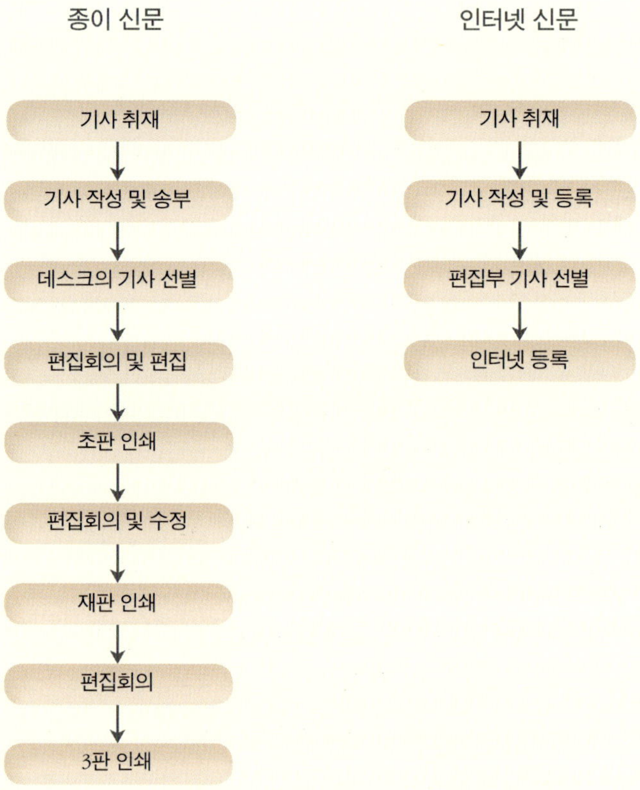

종이 신문

기사 취재
↓
기사 작성 및 송부
↓
데스크의 기사 선별
↓
편집회의 및 편집
↓
초판 인쇄
↓
편집회의 및 수정
↓
재판 인쇄
↓
편집회의
↓
3판 인쇄

인터넷 신문

기사 취재
↓
기사 작성 및 등록
↓
편집부 기사 선별
↓
인터넷 등록

◆ 광화문에 타임머신이 있어요!

2005년까지 우리나라 광화문엔 타임머신이 있었다. 바로 내일 나오는 신문을 미리 볼 수 있었던 것이다. 초판으로 인쇄된 '다음 날 신문'을 저녁 6시쯤부터 광화문 거리의 가판에 서 먼저 판매하였던 것이다. 신문사별로 시험판 성격인 이 초판을 가판이라 한다. 가판은 속보성과 오보에 대한 정정 기회를 가질 수 있다는 장점이 있다. 그러나 정부나 기업 측에 서는 자신에게 불리한 기사가 있는지 점검하고, 이때마다 신문사에 전화해 대가를 치르 고 기사를 삭제하는 등 부조리가 만연하였다. 더불어 가판은 신문사 간에 기사의 유무나 기사를 비교하는 과정으로 이용되었다. 상대 신문에는 있는 기사인데 자사 신문엔 없거 나 상대 신문의 기사가 더 자세하면 다시 기사를 보완하여 인쇄하는 과정을 되풀이하였 다. 이 과정은 결국 신문사끼리 똑같거나 비슷한 기사들을 양산하는 문제를 유발하였다. 이 때문에 2005년에 가판을 폐지하는 계기가 되었다가 2008년에 다시 부활하였다.

신문의 역할

BC 59년 로마 집정관 카이사르가 세운 '악타 디우르나'라는 석조물.

신문의 기원은 로마 제국 시대 집정관 카이사르가 '악타 디우르나Acta Diurna'라는 일종의 게시판 같은 석조물을 로마 광장에 설치한 것에서 출발한다. 악타 디우르나에는 정부의 행정 방침과 포고령 등을 담아 놓은 것으로 오늘날 관보의 성격을 띤다. 당시 신문은 많은 사람들이 모인 곳에 소식을 적어놓는 방법이었다. 이 방법은 많은 사람들에게 직접 이야기하지 않고도 소식을 전하는 효과를 거둘 수 있었다. 당시엔 매우 획기적인 방법이었으나 글자를 읽을 수 있는 사람이 많지 않고 직접 석조물에 내용을 새겨야 하기 때문에 많이 만들 수 없다는 한계가 있었다. 따라서 오늘날처럼 신문이 발달하기 위해서는 두 가지 조건이 충족되어야 했다. 인쇄술의 발달로 인한 대량 생산과 교육을 통한 문자 해독력 향상이었다.

신문의 시작은 정부나 관공서의 소식을 전하는 것이었지만, 대중화되면서 '권력을 감시하고 비판하는 역할'이 신문의 중요한 기능으로 자리 잡게 되었다. 더불어 세상에서 일어나는 다양한 소식을 전하는 기능이 신문의 주요 역할로 자리 잡으면서 삶의 영역이 확장되는 데 중요한 영향을 미쳤다.

신문의 기능

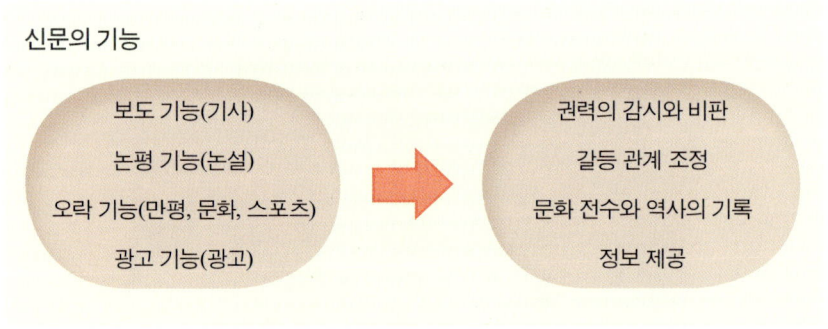

보도 기능(기사)
논평 기능(논설)
오락 기능(만평, 문화, 스포츠)
광고 기능(광고)

권력의 감시와 비판
갈등 관계 조정
문화 전수와 역사의 기록
정보 제공

신문의 원가 경제학: 신문의 주수입

우리에게 800원에 팔리는 신문 한 부의 원가는 얼마나 될까? 신문의 원가 계산은 매우 어렵다. 신문사마다 차이가 크고 공개를 꺼리기 때문이다. 과거 자료에서 나타난 신문 생산 원가는 한 부당 월 16000원이었다.[1] 그런데 신문은 지역 배급소에서 배달하는 데 추가 비용이 들기 때문에 7000~8000원 정도를 배급소에서 가져간다. 따라서 이 비용을 더하게 되면 신문의 생산 원가는 23000~24000원이 되어야 한다. 그러나 이때 당시의 신문 한 달 요금은 12000원이었다(《경향신문》의 경우 2012년 18000원으로 올랐다). 즉 원가의 반 정도의 금액에 신문을 파는 것이다. 여기에 1년 구독하면 주는 자전거나 상품권 등의 경품이 추가되면 적자는 더욱 늘어난다. 팔수록 적자가 쌓여 가는 신문사의 수입원은 무엇일까?

신문사의 가장 큰 수입은 신문 판매 대금이 아니라 '광고'다. 신문사가 더 많은 이윤을 거두기 위해서는 얼마나 많은 광고를 유치하느냐가 중요하다. 따라서 신문사는 광고주의 눈치를 많이 보게 된다. 일부 비양심적인 신문들은 시민의 편이 아니라 기업의 편에서 기사를 작성하기도 한다. 광고주는 당연히 사람들이 많이 보는 신문에 광고를 내고 싶어 한다. 이 때문에 신문사는 손해를 보면서도 원가 이하에 신문을 팔고, 경품까지 주면서 구독자를 늘리려는 것이다.

---

1. 신학림, "언론노조 위원장이 전하는 신문 시장 독점과 위기의 메커니즘," 〈인물과사상〉, 2004. 5월호.

신문의 기사 대 광고의 비율

신문은 소식지일까 아니면 광고지일까? 신문 속 기사와 광고의 비율을 비교해 보자.

전면 기사   1/3면 광고   전면 광고

신문은 실제로 기사 비율보다 광고 비율이 많다. 특히 경제가 좋을 때는 기사보다 광고 비율이 더 올라가고, 많이 판매되는 신문일수록 광고가 많다. 신문 1회 광고는 텔레비전 1회 광고보다 훨씬 비싸다. 그러나 신문은 1회 광고가 가능한 반면 텔레비전 광고는 보통 3개월 패키지로 계약되고, 제작비도 높아 신문에 비해 훨씬 비싸다.

신문에는 직접적인 광고 외에 기사처럼 보이는 광고도 많다. 신문 기사를 읽다 보면 신제품 소개나 CEO 인터뷰 등이 있다. 지금도 과거만큼은 아니지만 기사 자체가 광고나 마찬가지인 내용으로 채워져 있는 경우가 있다. 따라서 신문을 읽을 때에는 비판적으로 접근하는 것이 매우 중요하다. 만약 신문을 읽다가 무늬만 기사이고 실제 광고와 별 차이가 없는 기사를 찾아낸다면 여러분은 이미 미디어 비평가이다.

 헤드라인의 중요성

신문을 모두 빠짐없이 읽는 사람은 거의 없다. 기사의 제목에 해당하는 헤드라인을 보면서 그 기사를 읽을지 말지 결정한다. 따라서 헤드라인을 어떻게 정하는가는 기사를 읽게 하는 매우 중요한 항목이다.

신문은 종종 헤드라인으로 사건을 과장하여 표현하는 경우가 있다. 온라인 신문의 경우 이러한 헤드라인을 네티즌이 클릭해서 신문 기사로 들어오도록 유도한다. 여러분도 포털에 뜬 기사들의 자극적인 제목만 보고 내용을 확인해 보고 실망한 경우가 많았을 것이다.

◆ 경마 저널리즘 vs 황색 저널리즘

경마 저널리즘은 객관적이고 심층적인 정보를 제공하는 것이 아니라 단순히 흥미 위주의 자극적인 보도를 하고, 사건 본연의 의미를 무시한 채 승패만을 보도하는 것을 말한다. 특히 선거 시기에는 경마 저널리즘이 많이 등장한다. 후보들의 도덕성이나 공약을 검증하고 정책을 점검하는 것이 아니라 여론 조사 결과 1등과 2등을 누가 달리고 있는지, 그리고 당일의 행적만 간단하게 보도하는 기사가 대표적인 경마 저널리즘이라 할 수 있다. 황색 저널리즘은 인간의 불건전한 감정을 자극하는 선정적 사건이나 자극적 폭로 기사, 흉악한 범죄 사건을 과도하게 표현하여 사람들의 관심을 끄는 것을 말한다. 이런 황색 저널리즘은 사회의 미풍양속을 해치고, 풍기 문란, 개인의 사생활 침해 등의 위험성이 있으며, 나아가 언론의 품질을 저하시키는 원인이 된다.

파업을 보는 두 가지 눈

파업에 관한 기사의 두 헤드라인은 누구에게 유리할까?

① **노동자 파업으로
경제 손실 1000억 원**

② **열악한 근로 환경
개선 요구에도 대화 묵살**

①의 경우에는 경영자에게 유리할 것이다. 앞에 '노동자'라는 단어가 명시되어 있으면서 '경제 손실'이라는 기사가 바로 따라오기 때문에 경제 손실의 책임이 노동자 때문이라는 인상을 준다. ②의 경우에는 '열악한 근로 환경'이라는 단어가 있어 파업을 할 수밖에 없는 노동자의 입장을 반영하려는 의도가 있다. 따라서 똑같은 파업을 어떻게 표현하느냐에 따라서 읽는 사람들의 의견이 정반대로 나타날 수 있다.

지하철 파업에 대한 두 신문의 헤드라인 비교

	〈○○일보〉	〈○○신문〉
사설 표제 (게재일)	발 묶인 시민들의 분노 (4. 19) 시민들이 견뎌야 태업 끝난다 (4. 22) 지하철 파업, 원칙대로 처리해야 (4. 24) 지하철 따돌림 엄단해야 (4. 29)	노동정책 발상전환을 (4. 5) 지하철 파업 협상으로 풀라 (4. 20) 노동정국 바른 해법을 (4. 27) 지하철 파업 뒤 남은 일 (4. 28)

대한민국에서 노동 파업은 '좋다,' '나쁘다'를 결정할 수 없는 노사 행위라 할 수 있다. 따라서 법 테두리 안에서 바르게 이루어진다면 노동자와 경영자 사이에서 대화와 타협이라는 협상을 통해서 해결해야 할 문제다. 그러나 언론사들은 똑같은 파업에 대해서 서로 다른 방향의 내용을 담는다. 특히 헤드라인을 잘 살펴보면 신문사의 견해가 표현될 때가 많다.

경영자 편에서는 대체로 경제적 손실, 시민들의 불편, 사법부의 원칙적인 대응 등의 형태로 보도하면서 파업 중인 노동자들의 폭력적인 장면들을 사진과 함께 제시한다. 이런 내용들은 빨리 파업을 끝내라는 암시와 함께, 모든 파업의 책임이 경영자보다 노동자에게 있다는 인상을 준다. 따라서 이런 기사를 접하는 시민 입장에서는 당연히 노동자를 비난하게 된다. 반대로 노동자의 시각에서 본 신문은 열악한 근무 환경이나 파업의 이유를 기술하면서 적극적으로 대화에 임하지 않는 경영자에게 빨리 협상에 임하라는 주장으로 노동자의 입장을 강조한다.

사건의 기록과 실제 기사의 차이: 게이트키핑

사건을 취재한 기자는 사건의 전체 내용을 진술하는 것이 아니라 그중에 자신이 취사선택한 일부를 전달한다. 이후 편집국에서는 그 일부 내용을 재구성하고, 이를 다시 윗단계로 보낸다. 이런 과정이 되풀이되어 신문이나 방송에서 뉴스가 나올 때에는 원래의 사건과 다르게 변형될 수 있다는 생각을 가지고 뉴스를 바라봐야 한다.

게이트키퍼는 우리말로 문지기이다. 게이트키퍼에 의해 현장에서 작성된 기사들이 취사선택되고 가공되는 과정을 '게이트키핑'이라 한다. 문제는 게이트키핑의 결과로 현장을 직접 보고 취재한 처음 기사들이 변형될 수도 있다는 점이다.

같은 사건, 다른 기사

도라에몽과 공룡 인형 중 어떤 것이 더 클까?

옆의 사진 중 첫 번째 그림을 보면 도라에몽이 커 보인다. 그러나 두 번째 그림은 공룡이 훨씬 커 보인다. 이것은 위치에 따른 차이다. 왼쪽 사진에서는 도라에몽은 앞에 있고 공룡은 뒤쪽에 있다. 오른쪽 사진은 둘을 같은 위치에 놓고 찍은 것이다. 이처럼 사진이 조작되지 않아도 사진에 의해서 진실이 뒤바뀌어 보일 수 있다. 따라서 미디어에 나온 사진이나 동영상도 보이는 것과 다를 수 있다는 점에 유의해야 한다.

◆ 한쪽 입장만 들으면 싸움이 커진다!

신문 헤드라인에는 인용문이 많이 포함된다. 객관적 사실을 중립적으로 표현해야 하는 신문이 인용문을 처리하는 것은 주관성을 띠는 것이라 볼 수 있다. 문제는 대립되는 양쪽의 의견이 있을 때이다. 이때에도 한쪽 입장만 인용문 형식으로 헤드라인을 표시하는 것은 독자에게 편향된 정보를 제공할 가능성이 있다. 이는 객관적 정보를 제공하고 독자로 하여금 판단을 하도록 만들어야 하는 언론의 사명을 망각하는 행위이다. 그럼에도 불구하고 우리 신문에서는 이런 사례가 자주 인용되고 있다. 따라서 독자들이 인용문이 있을 때는 양쪽의 입장에서 헤드라인이나 기사를 포함하고 있는지 꼼꼼하게 살펴야 한다.

◆ 뉴올리언스의 홍수와 식품 약탈 vs 발견

2005년 뉴올리언스에 홍수가 일어났을 때 많은 사람들이 홍수로 인해 집과 식량을 잃어 버려서 큰 피해를 겪었다. 이때 AP연합뉴스와 AFP연합뉴스에서 비슷한 사진 장면에 대한 헤드라인이 상반되게 나와 눈길을 끈 적이 있었다. 두 사진 모두 편의점에서 식량을 가지고 나오는 장면인데, 흑인이 등장하는 곳에서는 식품 '약탈'로 표현하고 백인이 등장하는 곳에서는 '발견'이라는 표현을 사용한 것이다. 때로는 기사를 통해 그 사회의 숨겨진 편견을 볼 수도 있다.

식품 약탈

식품 발견

같은 물건도 다른 각도에서 보면 전혀 다른 물건처럼 보일 때가 있다. 또 똑같은 것을 보더라도 보는 사람에 따라서 전혀 다르게 말할 수 있다. 기사도 이와 마찬가지다. 기자가 어떤 생각으로 보느냐에 따라서 똑같은 사건도 다르게 표현할 수 있고, 어느 입장에서 보느냐에 따라 기사가 달라질 수 있다.

기사의 중요도에 따라 배열이 다르다

신문 기사의 내용은 모두 똑같은 비중을 갖지 않는다. 그날의 여러 기사 중 중요도에 따라 기사의 위치나 제목의 글자 크기 등의 편집 방식이 달라진다. 이를 살펴보면 다음과 같다.

첫 번째는 기사의 위치이다. 일간지의 경우 그날 중요도가 높은 기사는 대체로 1면에서 다루어진다. 그중에서도 가장 중요한 기사는 가장 윗부분 왼쪽에 나오게 된다. 이것은 우리나라 신문의 경우 대부분 가로쓰기로 편집되어 있어 독자들이 위쪽 – 왼쪽부터 읽기 시작하기 때문이다. 이로 인해 신문을 보면 가장 먼저 눈이 가게 되는 곳에 가장 중요한 기사를 둔다.

둘째로 신문의 헤드라인(제목) 글자 크기이다. 신문에서 중요한 기사는 상대적으로 큰 글씨로 표현하고, 중요하지 않은 기사의 헤드라인은 작게 표시된다.

셋째로 신문 헤드라인의 글자체이다. 신문 1면 톱기사라 해도 첫 남북 정상회담이 열렸던 날 헤드라인은 평소보다도 훨씬 크면서도 글꼴도 고딕체로 표현되었다. (물론 글꼴은 신문사마다 다르므로 평상시 글꼴과 다른 점이 있는지 확인하면서 보면 더 많은 정보를 얻을 수 있다.)

언론사의 성향에 따라 기사의 중요도를 다르게 판단하여 편집하게 된다. 따라서 여러 신문을 비교해 보면 언론사의 시각차를 알게 될 것이다.

 ## 신문을 보는 또 다른 방법: 인터넷 신문

그동안 메이저 신문의 변방에 머물던 인터넷 신문이 영향력에서 종이 신문을 앞지르는 결과를 나타내기도 했다. 최근에는 인터넷 신문들이 모바일에서 서비스되면서 그 영향력이 점점 더 커지고 있다. 출퇴근 길에서도 모바일을 통해 언제 어디서나 새로운 뉴스를 볼 수 있는 시대가 되었다. 인터넷 신문은 기사 내용이 인터넷에만 올라가는 단일 인터넷 신문(《오마이뉴스》, 《프레시안》이 대표적)과 기존의 신문사들이 종이 신문과 인터넷 신문을 같이 서비스하는 신문으로 나눌 수 있다.

인터넷 신문과 종이 신문의 차이

	인터넷 신문	종이 신문
보도 신속성	매우 빠르다(속보성) → 오보의 가능성이 높다.	비교적 느리다. → 오보의 가능성이 낮다.
내용 길이	제한이 거의 없다.	제한이 있다.
중요 기사	생활 기사가 비교적 많다.	정치 기사가 비교적 많다.
기사 중요도 순서	조회 수, 댓글 수, 추천 수, 화면 위치에 의해서 좌우된다.	기사의 위치에 의해 좌우
기사의 검색	편리하고, 가능하다.	모아놓은 곳에서만 가능하다.
기사 중요도 선정	신문사와 네티즌들이 결정	신문사에서 결정
공통점	광고가 주 수입원이다. 언론으로서 권력의 견제와 감시 비판 기능을 가지고 있다.	

해외 인터넷 신문

우리나라에선 인터넷이나 스마트폰으로 보는 뉴스는 무료라는 인식이 강하다. 그래서 PDF 형태의 '지면 보기'만 유료이고 텍스트 형태의 모든 뉴스는 무료로 이용 가능하다. 그러나 해외 신문들은 텍스트 형태의 인터넷 뉴스를 점점 유료로 바꾸어 가고 있다.

영국의 〈파이낸셜 타임스〉 경우에는 월 10개 단위는 무료로 볼 수 있지만 이 이상을 보기 위해서는 1년에 300달러를 내야 볼 수 있다. 이 금액은 종이 신문과 비슷한 금액이지만 신문 내용의 차별성으로 독자들을 늘려나가고 있다. 최근에는 종이 신문 독자보다 인터넷이나 스마트폰을 활용한 디지털 신문 구독자가 더 많은 비율로 역전되었다. 이로 인해서 〈파이낸셜 타임스〉는 광고비는 줄었지만 유료 독자의 증가 때문에 총매출액은 늘어나고 있다. 〈파이낸셜 타임스〉의 전문지에 해당하는 〈차이나 컨피덴셜〉은 연간 구독료가 4000달러가 넘는데도 기업과 전문가들에게 팔릴 정도로 심층적인 콘텐츠를 담고 있다.

미국에서는 신문사 1위에 해당하는 〈월 스트리트 저널〉이 유료화에 성공한 모델로 꼽힌다. 〈월 스트리트 저널〉은 1997년부터 1년에 50달러로

인터넷 판 유료화에 성공한 모델로 꼽히는
〈월 스트리트 저널〉.

디지털 콘텐츠를 볼 수 있도록 만들었다. 비교적 싼 비용과 심층적인 정보로 인해서 〈월 스트리트 저널〉은 2012년에 55만 명의 유료 독자들을 확보하고 있다. 종합 일간지인 〈뉴욕 타임스〉의 경우에는 디지털 신문을 유료화했다가 오히려 인터넷 트래픽이 감소해 인터넷 광고가 줄어들어 폐지했다. 그러나 다시 2010년부터 월 20건까지만 무료로 보고 이후부터 유료로 전환하는 '유연한 종량제'와 정보의 차별화 시스템으로 가면서 안정적인 독자를 확보하게 되었다.

뉴스가 유료로 성공하기 위해서는 독자적이고 심층적인 고급 정보가 있어야 한다. 지금까지 유료로 살아남은 신문사들은 비용 문제보다 정보의 질이 중요하다는 것을 대변해 준다. 국내 신문사가 무료에서 유료로 가지 못하는 이유는 '뉴스는 무료'라는 인식도 한몫하고 있다. 그러나 더 큰 이유는 바로 차별되고 고급화된 정보가 부족하기 때문이다. 모든 신문의 뉴스가 비슷비슷하고, 헤드라인 수준의 가벼운 기사만으로는 소비자들의 선택을 제대로 받을 수 없다. 디지털 시대에 신문이 살아남기 위해서는 다양한 시스템도 필요하지만 양질의 정보로 승부를 걸 수 있는 신문사들의 다양한 도전 정신이 기대된다.

신문으로 세상 읽기

눈이 내린 날, 빨간색 안경을 쓴 사람에게 보이는 세상의 색깔은?

① 하얀 눈으로 덮였기 때문에 하얀색　　② 마음이 시커먼 사람에게는 검은색

③ 빨간색의 보색인 청록색　　④ 색안경의 빨간색 때문에 빨간색

정답은 당연히 빨간색일 것이다. 빨간색 안경을 낀 사람에게는 세상이 빨갛게 보인다. 우리는 미디어라는 안경을 통해 세상에서 벌어지는 일을 알게 된다. 그중에 대표적인 것이 바로 신문이다. 신문으로 세상을 통해 본 세상은 어떤 색일까? 세상은 사실 빨간색도 있고, 검은색도 있고, 하얀색도 있고, 파란색도 있다. 그러나 신문이 빨간색으로 도배되어 있다면 세상이 빨간색으로 보일 것이다. 따라서 우리가 신문을 볼 때 보이는 그대로 믿을 것이 아니라 다음과 같은 내용을 생각하면서 읽는다면 세상을 더 잘 바라볼 수 있을 것이다.

◆ 신문으로 세상을 읽는 10가지 방법

1. 다양한 논조의 신문을 같이 비교하며 읽어라.

2. 다른 매체(주간지, 월간지, 인터넷, 텔레비전 뉴스)도 같이 보면서 종합적으로 판단하라.

3. 양쪽에서 대립 관계에 있는 기사는 한쪽의 입장에서만 이야기하는지 생각해 보고, 양쪽의 입장에서 읽어라.

4. 주장이 있을 때는, 주장에 대한 근거를 객관적으로 제시하고 있는지를 확인하라.

5. 헤드라인을 그대로 믿지 말라.

6. 신문의 위치에 따른 중요성을 생각하면서 읽어라.

7. 광고성 기사처럼 신문사의 이해관계가 있는지 따져 보고 기사의 객관성을 판단하라.

8. 좋은 기사엔 신문사나 기자에게 전화나 이메일을 통해 칭찬이나 긍정적 피드백을 줘라.

9. 기사의 결과가 어떤 영향을 줄지 비판적으로 생각하면서 읽어라.

10. 필요 이상의 경품을 제공하는 신문은 과감하게 거절하라.

🐌 내가 신문을 변화시킨다

다음 괄호 안의 빈칸을 바르게 채운 것은?

좋은 신문 기사는 ( ) 기사이다.

① 사진이 많은

② 종이의 질이 좋은 신문의

③ 좋은 사람들이 읽는

④ 읽으면서 세상을 올바르게 볼 수 있게 해주는

위의 정답은 ④번이다. 이 밖에도 좋은 기사가 되기 위해서는 다음과 같은 항목을 충족시켜야 한다.

첫째, 기사 내용이 정확해야 한다.

둘째, 객관적으로 기술되어야 한다.

셋째, 사회 전체적으로 긍정적인 영향을 주어야 한다.

넷째, 문제에 대한 원인을 올바르게 파악하고 이에 따른 대안을 제시해야 한다.

다섯째, 기사로 인해서 선량한 일반인들이 피해를 보지 않아야 한다.

여섯째, 소외되고 어려운 사람들을 돌아보며 나눌 수 있는 마음을 품게 해야 한다.

일곱째, 정치적·경제적 권력이 남용되지 않도록 건전한 비판이 있어야 한다.

이처럼 좋은 기사가 많아지기 위해서 독자는 기자나 신문사에 칭찬 이메일을 보내거나 게시판에 의견을 표현할 수 있다. 이것은 신문을 조금씩 변화시키는 계기가 될 수 있을 것이다. 작은 행동이지만 기자는 더 좋은 신문을 만들기 위한 노력을 더할 수 있고, 신문사의 입장에서도 훌륭한 기자들을 키우고, 제대로 된 기사를 더 많이 선택할 가능성이 높아지기 때문이다.

　신문 기사도 중요하지만 좋은 신문사도 필요하다. 경품이나 상품권 등에 현혹되어 신문을 구독하는 일은 없어야 한다. 잠깐의 유혹을 이기고 건강한 신문을 보는 것이 우리의 신문 환경을 바꿀 수 있는 중요한 계기가 될 수 있음을 인식해야 한다. 나아가 건강한 신문사는 우리나라를 건강하게 만들고, 대한민국의 미래를 밝히는 중요한 역할을 할 수 있다는 것을 명심하자.

신문 만들기

공동체 신문에는 서로의 소식을 나누는 기능도 있지만 기록과 친목의 기능도 존재한다. 신문을 자신이 속한 공동체(학급, 동아리, 가족, 지역, 직장 등)에서 잘 활용한다면 친밀감도 더할 수 있으며 공동체의 일도 효과적으로 실행하는 데 도움이 된다. 특히 요즘은 편집 프로그램의 기능이 다양해서 신문 만들기가 과거보다 훨씬 수월해졌다. 신문 만들기 체험을 통해 공동체의 소중한 추억을 만들어 보자.

신문

2

방송

라디오와 텔레비전은 우리에게 수많은 정보를 전달하고 있으며, 무엇보다 스트레스를 날려 버릴 정도의 재미를 준다. 바로 이 점이 우리가 라디오나 텔레비전을 떠나 살 수 없는 분명한 이유이다. '보는 것이 믿는 것이다'라는 말이 있다. 사람은 눈에 보이는 것을 진실로 받아들이기 쉽다는 것을 강조한 말이다. 그래서 사람들은 방송에서 나온 내용은 대부분 사실이라 믿는다. 그러나 사실인 듯한 TV의 화면 바깥에는 여러 모습이 숨겨져 있다. 이 장에서는 방송을 다양한 시각에서 살펴보고자 한다. 이를 통해 객관적인 시각으로 방송을 바라보는 능력을 기르고, 나아가 우리의 삶과 방송을 연관 지어 볼 수 있을 것이다.

화성인의 지구 침략: 방송의 시작

1938년 미국에서 화성인이 지구에 침략했다는 이야기가 라디오 방송을 타고 흘러나왔다. 사람들은 어떻게 반응했을까?

소설 《우주 전쟁》의 표지

1938년 미국 CBS 라디오에서 영화 감독 오슨 웰스는 H. G. 웰스의 소설 《우주 전쟁》(1898)을 각색하여 화성인이 지구에 침공한 내용을 방송[1]했다. 물론 방송 전후로 실제가 아니고 드라마임을 충분히 이야기하였다. 그러나 정말 화성인이 지구에 침공했다고 믿은 많은 사람들이 대피하는 소동이 벌어졌다. 당시 사람들은 라디오의 정보가 모두 진실이라고 생각했기 때문이다.

라디오의 시작은 전파의 사용과 관련 있다. 전파는 19세기 전신 기술과 전화가 발명되면서 사용되었다. 전파는 처음에는 선박이나 군사 목적으로만 사용되었다. 1912년 타이타닉호 침몰 소식이 무선 통신을 통해서 세상에 알려지자 사람들은 통신의 중요성을 인식하게 된다. 특히 통신이 전쟁에서 작전을 수행하는 데 매우 중요한 역할을 한다는 것이 알려지면서 1·2차 세계 대전을 통하여 통신 기술은 더욱 빠르게 발전한다. 통신의 용도도 군사용에서 가정용으로 확대되었고, 이제는 휴대가 간편한 개인용으로 바뀌었다. 방송의 내용도 처음에는 정치, 군사적인 내용이 주를 이루었으나 점차 뉴스, 오락, 음악, 스포츠 등으로 매우 다양해졌다.

1. 영어 대본 전문은 http://jeff560.tripod.com/script.html에 있다.

1920년 미국에서 최초의 라디오 방송국이 개국했다. 그 이후 1922년 영국, 1923년 독일, 1925년 일본이 그 뒤를 이었다. 우리나라에서는 1927년 세계 6번째로 경성방송이 개국되어 정규 방송이 시작되었다. 당시 경제 상황을 생각하면 대단히 빠른 속도였다. 그러나 일본의 식민 지배 아래에 있던 우리나라에 방송국을 설립한 것은 일본이 지배를 정당화하기 위해서였다. 그래서 해방 전까지 라디오에서는 우리말과 일본말이 별도로 편성되어 방송되었다.

 듣는 방송에서 보는 방송으로

텔레비전을 대중화시키는 데 가장 크게 공헌한 인물은?

① 에디슨　　　　② 디즈니　　　　③ 히틀러　　　　④ 김대중

텔레비전은 라디오와 영화 기술의 결합으로 만들어졌다. 1929년 영국의 BBC 방송이 처음으로 텔레비전 방송을 실험적으로 시작하였다. 텔레비전을 대중화시키는 데 가장 큰 영향을 미친 사람은 히틀러였다. 1936년 2차 세계 대전 중 히틀러는 베를린 올림픽을 텔레비전 화면으로 중계하였는데, 이는 아리아인의 우월성을 강조하려는 정치적 목적이 깔려 있었다. 이에 자극을 받아 BBC 방송도 정규 방송을 시작하고, 미국은 루스벨트 대통령의 세계박람회 연설을 텔레비전으로 중계하면서 사람들의 호기심을 유발하였다.

　　우리나라는 1956년 세계에서 15번째로 텔레비전 방송이 시작되었다. 한국의 방송은 권력의 영향을 많이 받았다. 특히 박정희 정권의 유신[2] 체

2. 1972년 통과된 유신 헌법이 통과된 이후의 정치 체제를 말한다. 유신 헌법은 대통령이 입법 사법 행정의 모든 권한보다 높은 것으로 규정하는 초법적 조치로 당시 대통령이었던 박정희의 독재 체제를 구축하도록 만들었다.

제와 전두환 정권의 5공화국은 방송을 통제하기 위한 정책들을 펼쳤다. 1980년 언론 통폐합[3]과 함께 컬러 방송이 시작된 것도 정권의 정당성과 정책 홍보를 위한 맥락이었다.

이후 민주화가 진행되면서 1994년 12월 상업 방송인 SBS 방송이 시작되고, 경인방송 등 채널이 증가했다. 그리고 공영 방송의 위상이 높아지면서 방송의 역할도 변하게 되었다. 여기에 통신 기술이 발달하면서 케이블 방송, 인터넷 방송, DMB 등 다양한 채널뿐만 아니라 홈쇼핑, 뉴스, 게임 등 방송국의 종류도 다양해지고 있다. 최근에는 스마트 TV를 비롯한 새로운 방식의 텔레비전 수상기와 방송이 등장하고 있다. 과거의 방송이 소수 지배 계층이 대중에게 일방적으로 전달하는 형태였다면 미래의 방송은 맞춤형으로 세분화되고 좀 더 다양해질 것이다.

 ## KBS에는 왜 채널이 두 개 있을까: 방송사의 지배 구조

KBS는 공영 방송국으로 지상파이면서 종합 편성 방송국이다. 지상파 방송에는 KBS, MBC, SBS, EBS에 OBS를 추가한다. EBS는 교육 전문 방송으로 우리가 내는 전체 시청료 가운데 3%를 지원받아 운영되고 있다. 지상파 방송국이라 해서 항상 그대로 유지되는 것은 아니다. 5년마다 정부의 허가를 받으면서 연장을 하지만 사라진 경우도 있다. 과거 TBC(동양방송)는 1980년 KBS에 합병되었다. 그래서 KBS1과 KBS2로 두 개 채널이 되었다. 2004년에는 경인방송(iTV)이 경영난 악화로 사라지고 대신 2006년에 OBS 경인TV가 문을 열었다. 방송은 소유 구조와 주 수입원이 무엇이냐에 따라 영향을 받는다.

3. 1980년 11월 전두환 정권이 언론을 장악하기 위해 물리적 강제력을 동원하여 언론사를 폐지하고 통합한 조치를 말한다.

우리나라 대표적인 지상파 방송은 다음과 같다.

로고	**MBC**	**KBS**	**SBS**
지방사와의 관계	계열사 (예: 전주MBC)	직할국 (예: KBS전주총국)	독립국(제휴국) (예: 전주방송 JTV)
방송 형태	공영 방송 (교육·교양 등 정보 전달의 기능 중심)		민영 방송 (시청자 개인의 욕구 충족과 권익 보호)
주요 주주	방송문화진흥원 정수장학회	한국방송공사	태영 귀뚜라미 보일러
주 수입원	광고	시청료, 광고 * KBS1은 광고 없음	광고

2011년 4개의 종합 편성 채널이 시작되었다. 그동안 케이블 텔레비전 채널은 영화, 드라마, 뉴스 채널 등으로 정해져 있어서 한 채널에서 특정 분야만 방송할 수 있었다. 그러나 종합 편성 채널은 모든 분야의 내용을 방송할 수 있어 지상파 방송과 대등한 혜택을 누릴 수 있다. 또한 케이블을 이용한다는 점 때문에 지상파 방송보다 규제가 적다는 장점도 있다.

편성 방법		전송 방법	
종합	단일	유선	무선
지상파, jTBC, TV조선, 채널A, 매일경제TV	영화, 육아, 홈쇼핑 등 전문 채널	케이블 TV, IPTV, 스마트TV	지상파, DMB, 위성 방송

 프로그램 편성의 비밀

방송 프로그램 중 오락 프로그램이 차지하는 비중은 얼마나 될까?

① 20%   ② 30%   ③ 40%   ④ 50%

방송법에서 규정하는 프로그램 종류는 보도, 교양, 오락이다. 프로그램을 편성할 때는 프로그램 간 조화를 위해 몇 가지 편성 기준을 둔다. 특히 지상파 방송은 오락 프로그램의 홍수를 막기 위해 전체 프로그램 중 오락 프로그램은 50% 이하로 제한하고 있다. 그러나 때로는 교양 프로그램에 연예인이 등장해서 게임을 하는 등, 교양 프로그램인지 연예 오락 프로그램인지 애매한 경우도 늘어나고 있다.

프로그램 편성 원리는 다음과 같다. 첫째, 시간대별로 시청자에게 필요한 내용을 방송한다. 바쁜 아침 출근 시간대까지는 사람들에게 꼭 필요한 뉴스, 날씨, 교통 정보 중심으로 전달한다. 그리고 한결 여유로운 저녁에는 건강, 문화, 생활 정보 내용을 구성한다. 또 식사 시간대에는 음식 관련 내용을 보도한다. 둘째, 사람들에게 익숙한 고정 시간을 가급적 지킨다. 아침 6, 7시나 저녁 8, 9시는 주로 뉴스를 보도하고, 저녁 10시에는 드라마를 배치해서 사람들이 따로 편성표를 보지 않아도 찾아볼 수 있게 한다.

전체적인 프로그램 개편은 봄과 가을에 주로 진행된다. 봄 개편은 주로 납량 특집이나 가벼운 단막극 위주로 편성한다. 보통 여름철에는 외부 활동이 많아 시청률이 전체적으로 낮다. 봄철 개편에서는 해외 휴양지를 배경으로 한 오락 프로그램이나 드라마가 많은데, 이는 여름 휴가철을 겨냥한 여행사의 협찬과 광고가 늘기 때문이다. 반면 가을 개편은 주로 대하 드라마, 사극 등의 제작비가 높은 프로그램이 등장하는데, 때로는 방영 시간을 늘리기도 한다. 겨울철에 외부 활동이 적고 집에 머무는 시간이 많기 때문이다.

잘 만들어진 프로그램도 어떻게 편성하느냐에 따라 시청자들에게 외면 받을 수 있다. 반면 평범한 작품도 사회적인 이슈와 맞물리거나 적절한 시간대에 편성되면 예상 밖의 호응을 얻기도 한다.

너희가 재핑을 아느냐!

방송이 재미없다고 판단해서 채널을 돌리는 데까지 걸리는 시간은?
① 1~5초   ② 10~30초
③ 1~2분   ④ 5~10분

"30초 안에 터지지 않으면 채널은 돌아간다." 이 문장은 방송사 PD가 쓴 책의 제목이다. 제목처럼 30초 안에 시청자의 눈길을 사로잡지 못하면 경쟁 프로그램에 시청자를 뺏길 수 있다는 점을 경고한 말이다. 특히 리모컨이 등장하면서 시청자들은 방송 내용이 재미가 없으면 다른 채널로 쉽게 돌린다. 이와 같은 현상을 재핑*zapping*이라 하는데, 원래는 비디오를 시청할 때 고속으로 돌리면서 원하는 장면만을 골라서 보는 행동에서 유래되었다.

리모컨은 시청자 입장에서는 유용한 물건이지만 시청률에 민감한 제작자나 광고 회사에는 매 순간 평가 받게 만드는 민감한 대상이다. 이 때문에 방송을 제작하는 PD들은 시청률에도 예민해진다. 특히 시청률이 높아야 광고가 들어오기 때문에 방송사 측에서도 시청률은 프로그램의 존속을 결정하는 중요한 잣대가 된다.

특히 예능 프로그램은 시사, 보도, 교양 프로그램에 비해 시청률에 대단히 민감하다. 그래서 예능 프로그램은 시청자들의 호기심을 끌기 위해 다양한 방식을 사용한다. 최근에는 점점 더 자극적인 내용이나 유명 스타들을 내세우는 예능 프로그램들이 많아졌다. 이로 인해 연예인의 겹치기 출연, 무차별적인 사생활 폭로, 막무가내식 돌발 행동 등이 연예 오락 프로그램의 문제로 나타나고 있다. 또 비속어를 남발하는 자막에 대한 의견도 분분하다. 연예 오락 프로그램은 온 가족이 함께 보고, 함께 웃으며, 이야기를 나눌 수 있다는 데 의미가 있다. 남을 비하하거나 놀리는 방식의 웃음보다는 서로 격려하고 보듬어 주는 따뜻한 웃음을 만드는 데 노력을 기울여야 할 것이다.

 드라마와 현실

우리나라 드라마에 자주 등장하는 '신데렐라 콤플렉스'의 주인공은 누구일까?
① 가난한 여주인공　　　　② 평범한 집안의 장남
③ 철없는 부잣집 외동딸　　④ 고시 패스한 남자

동화 속 신데렐라는 새엄마와 언니들에게 무시당하고 고생하다가 왕자님을 만나 결혼하면서 행복한 삶을 살게 된다. 신데렐라 콤플렉스는 가난한 여주인공이 재벌가의 아들을 만나 결혼함으로써 신분이 수직 상승하는 것을 말한다. 그러나 드라마에 나오는 재벌가와 보통 사람의 결혼을 실제로 찾아보기는 어렵다. 실제로는 흔치 않지만 신데렐라가 될 수 있다는 환상을 보여 주면서 대리 만족을 느끼게 하는 것이 이들 드라마의 전략이다.

작가는 이야기를 재미있게 꾸미기 위해 갈등이나 반전 요소를 곳곳에 배치한다. 주로 복수, 출생의 비밀, 삼각관계, 불치병, 교통사고 등이 대표적 예이다. 등장 인물도 과거와 달라지고 있다. 과거에는 대가족 중심의 내용이 많았지만 최근에는 개인 중심의 이야기도 큰 흐름을 차지한다. 등장 인물 중에 노인이나 어린이가 사라지고 대신 젊은 세대나 유명 연기자 몇 명을 중심으로 한 이야기가 늘었다. 이는 핵가족 중심으로 변화한 사회의 반영인 한편 출연료 절감이나 시청률의 영향 때문이기도 하다.

2000년대의 드라마가 '트렌디 드라마'였다면 2010년 이후의 드라마는 '막장 드라마'가 대세라고 한다. 트렌디 드라마는 주로 인기 있는 스타를 동원하여 젊은 층의 감각적인 소비 생활과 도시 생활을 소재로 한다. 반면 막장 드라마는 현실에서 일어나기 힘든 황당하고 자극적이며 극단적 사건들이 매우 속도감 있게 전개되며, 자신의 출세나 이익을 위해 다른 사람을 무참하게 짓밟는 내용을 다룬다. 사람들은 막장 드라마를 욕하면서도 눈을 떼지 못한다. 빠른 전개, 자극적인 내용, 그리고 악이 벌을 받는 내용에 카타르시스를 느끼기 때문이다.

 ## 방송 프로그램인가 광고인가

음식점이 TV에 방송되기 위해 드는 비용은?

① 무료　　　　　② 100만 원　　　　　③ 500만 원　　　　　④ 1,000만 원

다큐멘터리 영화 〈트루맛쇼〉(2011)는 방송에 등장하는 맛집이 만들어지는 과정을 보여 준다. 한 음식점이 맛집 소개 프로그램에 출연하기 위해 대행사에게 돈(대략 1,000만 원)을 건넨다. 위생 문제로 고발당한 식당이 몇

맛집이 TV에 소개되는
과정을 다룬 다큐멘터리
영화 〈트루맛쇼〉.

달 뒤에는 유명한 맛집으로 출연하는 경우도 있다. 뒷돈을 지불하면서까지 출연을 하는 이유는 방송의 광고 효과가 크기 때문이다.

음식점뿐 아니다. 방송 프로그램에는 비공식적인 광고가 여기저기 숨어 있다. 주인공의 의상이나 장신구 등도 간접 광고다. 잘생기고 예쁜 연예인들이 착용한 의상이나 장신구는 더 돋보인다. 가구, 전자제품, 자동차를 비롯해 모든 출연자가 같은 회사의 휴대전화를 사용하는 경우도 있다. 여름이나 겨울 휴가철을 앞두고는 해외 유명 관광지를 배경으로 하는 드라마나 오락 프로그램이 많다. 또 식사 시간대에는 음식 관련 내용이 많고 특히 저녁에는 치킨, 피자와 같은 인스턴트 음식이 자주 등장한다.

현재 드라마와 예능 프로그램에서 기업 이름이나 상품 로고를 간접 광고로 허용하고 있다. 이를 통해 제작비를 조달할 수 있다. 그러나 간접 광고가 지나치면 상품 노출을 위해 의도적으로 장소가 바뀌고, 불필요한 장면이나 대사가 추가되어 작품의 질을 훼손하기도 한다. 오락 프로그램은 더 심각하다. 직접적으로 제품을 언급해서 오락 프로그램인지 홈쇼핑 광고인지 구분이 어려울 때도 있다.

제품을 광고하는 것은 소비자들이 제품에 대한 긍정적 이미지를 갖고 구매로 이어지도록 하는 것이 최종 목적이다. 그러나 지나친 광고나 잘못된 광고는 제품 이미지를 손상시키고 기업에 부정적인 이미지로 이어질 수도 있다. 이왕 광고가 포함되어야 한다면 프로그램의 흐름을 방해하지 않으면서 최소한으로 배치될 때 광고의 목적을 달성할 수 있을 것이다.

두 마리 토끼를 쫓는 방송

방송사에서 가장 중요하게 생각하는 프로그램은 무엇일까?

① 보도　　　　　② 예능　　　　　③ 시사 교양　　　　　④ 드라마

KBS 〈9시 뉴스〉　　　MBC 〈세바퀴〉　　　KBS 〈추적60분〉　　　MBC 〈해를 품은 달〉

방송사 입장에서는 나름대로 모두 중요한 프로그램이다. 많은 사람을 대변하는 공익적인 책임도 중요하지만 방송 제작을 위해서는 상업적으로 수익 구조를 가진 영리 기업의 목적을 달성해야 하기 때문이다.

방송사는 국가의 공공재[4]인 전파를 무상으로 사용하고 있다. 따라서 국가 재산에 대한 특혜를 받고 있는 만큼 공익 활동에 대한 의무가 있다. 이 때문에 방송은 국민의 알권리 차원에서 보도, 시사 교양 프로그램을 제작해야 한다. 다른 측면에서 방송은 이윤을 추구하는 기업이기 때문에 시청률에도 민감하다. 시청률은 곧 광고 매출과 비례하므로 시청률이 낮은 보도·시사·교양 프로그램보다 시청률이 높은 드라마나 오락 프로그램에 많은 비중을 둔다. 방송은 정치권이나 기업의 영향을 받는 경우가 있다. 공익 프로그램도 기업이나 광고주에 의해 바뀌거나 없어지기도 하며, 때로는 방송사 내부 입장이나 정치권의 압력으로 프로그램을 바꾸는 사례도 있다.

MBC 〈PD수첩〉의 경우 광우병 보도는 몇 차례 결방되기도 했으며,

---

4. 사유재에 반대되는 개념으로 여러 사람이 함께 사용하는 것을 말한다. 예를 들어 도로, 공원, 특정 전파 영역 등이 이에 해당한다.

무죄로 확정되긴 했지만, 당시 정부가 명예훼손으로 고소해 관련된 프로그램을 제작하는 방송인들을 위축시키기도 했다. 그 이후에도 담당 PD가 프로그램에서 하차하고 장기 결방되는 등 정권과의 갈등으로 많은 어려움을 겪었다. 2010년에는 시사 프로그램이 대거 축소되었다. KBS는 〈시사 투나잇〉, 〈시사기획 쌈〉을 폐지하였고, MBC도 〈후 플러스〉, 〈김혜수 W〉 등의 시사 보도 프로그램이 예능 프로그램으로 대체되기도 했다.

방송사는 시청자들을 의식하는 것처럼 보이지만 때로는 정치권과 기업의 영향을 받는다. 따라서 방송 내용에 대해서 거리를 두고 비판적인 시청 태도를 가져야 한다. 구체적인 사건에 대해 다른 매체에서는 어떻게 이야기하는지 종합적으로 판단하는 태도가 필요하다.

 시대 따라 달라지는 시청률

최근 드라마 시청률이 과거에 비해서 높지 않는 이유는?
① 최근 드라마는 재미없다.　　　　② 막장 드라마에 환멸을 느꼈다.
③ 여가 문화가 달라졌다.　　　　　④ 이제 사람들이 드라마를 싫어한다.

지금까지 최고의 시청률을 기록한 대부분의 프로그램은 1990년대 드라마이다. 2012년과 비교하면 2배 이상 차이가 난다. 이렇게 차이가 나는 가장 큰 원인은 생활 환경이 변했기 때문이다. 과거에는 오락 요소 중 TV가 큰 비중을 차지했지만 지금은 여가 활동 방법이 다양화되고 시청 방법도 달라졌다. 정규 편성 시간에 지상파 TV만으로 시청하던 방법에서 케이블 TV, 인터넷 TV, 스마트 TV, DMB 방송, VOD 서비스까지 여러 경로를 통하여 시청하고 있다. 그렇지만 시청률 집계 방식은 실제 방영 시간과 특

역대 시청률 순위

1위 〈첫사랑〉	2위 〈사랑이 뭐길래〉	3위 〈모래시계〉
KBS2	MBC	SBS
(65.8% , 1997)	(64.9%, 1992)	(64.5%, 1995)

2012년 시청률 순위

1위 〈넝쿨째 굴러온 당신〉	2위 〈해를 품은 달〉	3위 〈오작교 형제들〉
KBS2	MBC	KBS2
(33.1%)	(32.9%)	(30.7%)

정 가정에 한정되어 있다. 아마 재방송이나 다양한 시청 방법을 모두 고려
한다면 시청률도 달라질 것이다.

드라마를 만드는 사람들

드라마의 주연 배우와 보조 출연자는 출연료 차이가 얼마나 될까?

① 10배   ② 20배   ③ 300배   ④ 500배

한 편의 드라마를 만들기 위해선 많은 인력이 동원된다. 작가를 비롯해서 연출자, 출연 배우, 조명이나 영상을 담당하는 기술진, 미술, 음악, 섭외 담당 등 다양하고 많은 인력이 필요하다. 그런데 우리나라에선 드라마 제작비를 소수의 유명 배우들에게 편중되게 사용하고 있다. 주연 배우 외에 많은 스태프들이 열악한 현실에서 작업을 하고 있는 것이다. 이것은 과도한 시청률 경쟁의 부작용으로 여겨지기도 한다.[5] 그렇다면 제작비 중 출연료가 차지하는 비율은 얼마나 될까?

최근 드라마는 방송국 자체 제작보다 외주 제작 비율이 높아졌다. 제작사는 드라마의 흥행을 보장 받기 위해 스타급 연예인을 간판으로 내세우고 싶어 한다. 제작사 간 경쟁은 결국 높은 출연료로 연결된다. 그러다 보니 한정된 제작비 중 출연료가 30%를 초과하는 경우도 있다. 광고와 협찬으로 제작비를 충당하지만 이마저도 어려운 상황이면 가장 피해를 보는 사람들은 스태프나 보조 출연자다.

우리가 드라마를 재미있게 볼 수 있는 것은 여러 사람들의 힘이 모여졌기 때문이다. 보조 출연자가 역할을 충실하게 소화할 때 주연들이 더 빛나고 프로그램의 완성도가 높아지는 것이다. 스태프의 역할도 중요하다. 감독이나 작가들을 제외한 스태프들은 보조 출연자와 비슷한 대우를

5. 한 연기자는 〈태왕사신기〉(2007, MBC) 출연으로 회당 2억 5000만 원의 출연료 기록을 세웠다. 〈신사의 품격〉(2012, SBS)의 주연 배우도 출연료가 회당 1억 원(총 20회)이다. 최저 임금에 가까운 보조 출연자의 500배 수준이다. 여기에 광고 수입 추정액은 해외 CF 24억 원을 포함한 총 65억 3000만 원으로 알려졌다.

받는다. 어려운 여건에서도 묵묵히 노력하는 이들이 없다면 드라마는 만들어질 수 없다. 이들의 전문성이 영화나 드라마의 질을 좌우하지만 현재의 열악한 환경에서는 생계 문제로 오랜 기간 전문성을 쌓기 어렵다. 이 때문에 한국 드라마의 위기를 걱정하는 목소리가 있다.

 감성의 공간, 라디오

라디오는 아날로그와 디지털을 동시에 경험할 수 있는 매체다. 지금도 라디오가 꾸준히 사랑받는 이유는 몇 가지가 있다.

첫째, 라디오는 시각과 청각을 동시에 사용하는 텔레비전보다 감성과 상상력을 더 자극하게 된다.

둘째, 라디오는 마니아층이 있다. 라디오는 다른 일을 하면서도 들을 수 있다. 차 안에서, 주방에서, 일터에서 개인 공간에서도 언제나 들을 수 있다. 더불어 라디오는 시청자들의 참여가 많다. 그래서 가까운 이웃들의 이야기가 자주 등장해 청취자들의 공감대가 형성된다. 특히 전화 인터뷰로 생방송의 묘미도 느낄 수 있고, 편지나 엽서에 담긴 삶의 이야기를 들으며 아날로그적 감성을 느낄 수 있다.

셋째, 다양한 정보를 짧은 순간에 전달한다. 텔레비전은 카메라와 마이크 등의 많은 장비가 동원되어야 하지만 라디오는 마이크만 있으면 어디든 쉽고 빠르게 움직일 수 있다. 따라서 음악 프로그램 중이나 오락 프로그램 중에도 교통, 날씨, 뉴스 등 꼭 필요한 정보를 함께 전달해 줘서 종합 장르적 특징을 가진다.

최근에는 가까운 동네 소식을 전해 주는 방송국도 많아졌다. 지역마다 공동체를 위한 지역 라디오 방송국이 만들어지고 있는 것이다. 현재는

◆ 등록된 공동체 라디오 방송국	
관악FM	서울 관악구
금강FM	충남 공주
마포FM	서울 마포구
성서공동체FM	대구 달서구
성남FM	성남 분당구
영주FM	경북 영주
광주시민방송	광주 북구

방송국 기준으로 반경 2km 이내에서 들을 수 있으며, 인터넷으로도 청취가 가능하다.

공익 목적을 위한 방송으로 일부 보조금이 지원되는 곳도 있다. 방송 내용으로는 음악, 문화 등 지역에서 필요한 정보 제공을 주로 하는데 2012년 현재 7개 방송국이 등록되어 있다.

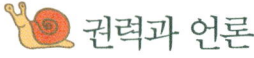 권력과 언론

나치 정권에서 언론을 장악한 인물은 ?

① 괴벨스   ② 베토벤   ③ 유재석   ④ 오바마

세계 2차 대전 당시 독일 나치 정권의 선전장관 파울 요제프 괴벨스Paul Joseph Goebbels는 대중에게 라디오를 공급하였다. 라디오를 통해 진짜 정보를 제공하면서 가끔씩 거짓말을 섞어 대중을 통제하고자 하였다. 사람들은 거짓말에 처음에는 저항하고 의심하지만, 거짓말도 계속 되풀이 하면 결국 모두 믿는다고 여겼다. 이에 괴벨스는 "언론은 정부의 손 안에 있는 피아노가 돼야 한다"라는 말을 남겼다. 결국 히틀러가 잘못된 정책에도 불구하고 독일을 움직일 수 있었던 것은 괴벨스 때문이었다. 이 때문에 괴벨스는 라디오와 TV를 정치에 활용한 최초의 인물로 평가받고 있다.

괴벨스의 대중 선동 기술처럼 독재자나 쿠데타 세력은 정권을 잡으면 언론사를 정권의 통제하에 넣으려 했다. 대중에게 제한된 정보만을 전달

선동 기술이 뛰어났던 괴벨스가 대중 연설을 하는 모습(1932).
Bundesarchiv, Bild 119-2406-01 / CC-BY-SA

하고 자신들의 행위를 합리화하고 정당화하며 대중을 통제해 왔다. 하지만 최근에는 신문이나 방송의 영향력이 약해지는 반면 미디어가 다양해지면서 기존의 언론을 비판하는 대안 언론이 등장하였다. 대안 언론은 권력의 통제 밖에 있으면서 기존의 방송이 다루지 않는 부분에 관심을 가지고 독립된 형태로 운영된다. 2008년 촛불 집회 때 사람들은 기존 방송이 아니라 인터넷 방송의 생중계를 통해 집회 모습을 보았다. 2012년 방송사 파업 때 등장한 〈뉴스타파〉, 〈제대로 뉴스데스크〉, 〈리셋 KBS 뉴스9〉는 기존 방송에서 다루지 않는 차별화된 뉴스로 많은 사람들의 관심을 받았다. 특히 팟캐스트 〈나는 꼼수다〉는 다운로드 수 세계 1위를 여러 번 달성했을 정도로 많은 사람들에게 영향을 미쳤다.

정보를 접하는 창구가 하나일 경우 사람들은 쉽게 통제된다. 미디어가 다양해지면 통제가 점점 어려워진다. 그러나 상대적으로 정보의 양이 늘어나면 어떤 정보가 진실인지 판단하기 어려워진다. 따라서 한 가지 정보만으로 판단하기보다는 여러 매체의 다양한 정보 중에 어떤 것이 진실인지 비판적으로 접근하는 태도와 종합적으로 판단하는 노력이 필요하다.

TV로 바뀐 운명: 이미지의 중요성

대부분의 사람은 첫 만남에서 3초 안에 상대방을 평가한다고 한다. 시각적 이미지인 외모나 표정이 55%로 가장 높으며, 다음으로 청각적인 목소리나 말투가 판단의 기준이 된다. 언어는 인격적인 면에서 7%만 차지할 뿐이다. 사람들에게 한 번 각인된 이미지는 쉽게 변하지 않는다. 방송에서 분장을 하는 것은 바로 이와 같은 이미지를 좋게 하기 위해서다. 시청자는 성격이나 말투보다 먼저 외모나 이미지로 출연자를 평가하기 때문이다.

특히 선거 방송일 경우 이미지는 투표에 많은 영향을 미친다. 1960년 대통령 선거에 출마하였던 닉슨과 케네디 사례가 대표적인 예다. 텔레비전 토론 방송이 최초로 진행되면서 선거 결과가 완전히 바뀌게 되었다. 사람들은 경험 많은 부통령 출신의 닉슨이 당연히 유리할 것으로 예상했지만, 토론이 시작되자 분위기가 케네디 쪽으로 기울었다. 사실 두 사람은 비슷한 나이였지만 닉슨은 늙고 어눌하게 보였고, 케네디는 밝은 표정에 젊음과 활력이 넘쳐났다. 특히 케네디는 화면을 정면으로 응시하면서 시청자들에게 자신에 찬 목소리로 주장을 펼쳐나갔다. 반면, 닉슨은 토론 도중 카메라를 응시하기보다 케네디를 보면서 말했다. 이 때문에 시청자

케네디와 닉슨의 TV 토론 장면. 케네디는 TV 토론의 영향에 힘입어 선거에서 승리했다.

가 바라본 모습은 주로 닉슨의 옆모습이었다. 토론의 결과는 곧바로 선거 결과로 이어졌다. 케네디는 TV 토론의 영향에 힘입어 지지율이 반전되었고, 결국 선거에서 승리하여 미국의 35대 대통령에 당선되었다.

　최근 선거는 방송 토론을 3회 이상 하도록 선거법에 명시되어 있다. 후보자는 자신의 정책이나 이미지를 알릴 수 있는 좋은 기회이기 때문에 방송 토론에 많은 시간을 할애하여 치밀한 전략과 노력을 기울인다. 더불어 질문 내용이나 발표 순서 그리고 좌석 배치까지 후보 간의 신경전이 벌어지기도 한다. 이미지를 위해서 옷의 색깔이나 디자인까지도 전문가들의 의견을 구한다. 그러나 지도자의 능력은 이미지가 아니다. 대통령은 행정과 국정을 총괄하고, 전쟁 시에는 군의 통수권자며, 대한민국의 외교 안보의 총책임자이다. 따라서 유권자는 후보자들의 이미지에 현혹되지 말고, 토론 과정에서 나오는 정책 내용을 가지고 꼼꼼히 따져서 판단해야 한다.

 ## 프로그램의 선정 기준

> 우리나라 방송사상 처음으로 남극을 촬영한 다큐멘터리 MBC
> 〈남극의 눈물〉에 사용된 촬영 테이프는 몇 개나 될까?
>
> ① 50개　　　　　　　② 100개
>
> ③ 500개　　　　　　④ 1000개

방송 프로그램의 제작 기간은 프로그램에 따라 다르다. 다큐멘터리는 사건이나 사실을 기초로 하기 때문에 제작 기간이 비교적 긴 편이다. MBC

가 제작한 다큐멘터리 〈남극의 눈물〉은 총 녹화 시간 667시간, 촬영 테이프 1000개, 촬영 기간 1000일, 제작비로 25억 원이 사용되었다. 평균 시청률은 12%로 다큐멘터리로는 높은 시청률을 기록하였으며 우리나라의 다큐멘터리를 세계적인 수준으로 끌어 올렸다는 평가를 받았다.

오락 프로그램 중 30년이 넘은 국내 최장수 프로그램은 1980년 시작된 KBS의 〈전국노래자랑〉이다. 이 프로그램의 제작비는 회당 1780만 원정도이며 평균 시청률은 13% 수준이다. 1988년에 66세의 나이로 진행자가 된 송해는 이 프로그램의 얼굴이다. 매주 방영되는 〈전국노래자랑〉은 단순한 노래 경연 대회가 아니라 한 지역의 문화 축제로 사라져 가는 지역 공동체 문화를 되살리고 있다.

〈남극의 눈물〉이나 〈전국노래자랑〉은 인기 있는 스타가 나오거나 시청률이 아주 높은 프로그램은 아니다. 그럼에도 불구하고 시청자들에게 많은 사랑을 받고 있다. 〈남극의 눈물〉은 치밀한 구성과 사실적인 화면이 바탕이 된 알찬 정보를 다루고 있으며 〈전국노래자랑〉은 남녀노소 누구나 부담 없이 참여하여 신명나게 노는 모습을 통해 지역의 문화를 만드는 데 기여했다.

 진화하는 라디오

라디오는 어떻게 청취할 수 있을까?
① 전통적인 라디오　　　② 인터넷 방송　　　③ 팟캐스트 다운로드

과거에는 전파가 미치는 곳에서만 라디오를 들을 수 있었다. 그러나 최근에는 인터넷만 연결되어 있으면 세계 어느 곳에서든 들을 수 있게 되었다.

인터넷을 이용한 라디오 방송은 실시간 채팅이나 게시판 댓글 등 다양한 서비스도 지원한다. 더불어 개인이 직접 인터넷 방송을 할 수도 있다. 초창기에는 음악을 좋아하는 많은 사람들이 직접 인터넷 음악 방송을 만들어 서로 정보를 공유하고 좋아하는 음악들을 들려주었다.

팟캐스트 방송.

저작권법이 강화되면서 음악 방송은 점점 줄어들고 정치나 정보를 제공하는 뉴스 등의 인터넷 방송이 늘어갔다. 그중에서도 스마트폰의 대중화는 팟캐스트 방식의 뉴스를 크게 유행시켰다. 팟캐스트는 애플 아이팟의 '팟'과 방송을 뜻하는 브로드캐스트의 '캐스트'를 합성시킨 단어다. 오디오 파일 또는 비디오 파일 형태로 뉴스나 드라마, 각종 콘텐츠를 제공하면 시청자는 이를 다운받아 듣는다. 정해진 시간이 아니라 스마트폰에서 내려 받은 후 듣고 싶을 때 들을 수 있다는 장점 때문에 많은 사랑을 받고 있다. 특히 기존 방송과 신문의 뉴스에서 다루지 않는 심층적인 내용을 다룸으로써 대안 언론으로 인정받으며 새로운 문화로 자리 잡고 있다.

한때 라디오는 TV의 등장으로 인해 그 존재 자체가 위협받기도 했다. 그러나 그동안 라디오는 계속 사람들의 감성을 적시는 매체로 살아남았으며, 기술의 발전으로 그 모습도 시대에 따라 진화하고 있다. 라디오의 감성을 유지하면서도 새로운 영역을 만들어 가기 때문에 라디오의 미래는 지속될 것이다.

🐌 방송의 주인은?

방송에서 일반적으로 가장 중요한 뉴스는 맨 처음에 보도한다. 1983년 8월 31일 9시 뉴스의 첫 보도는 대한항공 여객기 실종이 아니라 전두환 대통령의 조기 청소였다. 당시는 언론이 정권의 홍보 회사로 전락한 시절이었다. 1980년대에는 '땡전 뉴스'란 우스갯소리가 나왔다. 9시를 알리는 시계의 '땡' 하는 소리와 함께 "전두환 대통령은……"이라는 말로 뉴스를 시작해서 붙여진 이름이었다. 당시 방송사는 정권과 밀착되어 방송 윤리에 역행하는 활동을 자행했다.

공영 방송의 의무는 공공에 중요한 정보를 객관적으로 전달하는 것이다. 공영 방송인 KBS1은 시청자의 시청료로 운영된다. 국민들이 시청료를 납부하는 것은 자본과 권력으로부터 독립되어 그 의무를 다하라는 뜻이다. 하지만 공영 방송의 독립성이 약화된 방송사가 시청료를 징수하려하자 시민 운동 단체를 중심으로 거부 운동을 펼쳐지기도 하였다. 그러자 정부는 직접 징수 대신 전기료에 포함시켜 납부하도록 하였으며 지금까지도 시청료 논란이 이어져 오고 있다.

우리가 내는 시청료는 정확히 말하면 수신료다. 시청료란 위성 방송이나 IPTV, 케이블 TV와 같이 계약에 따라 시청의 대가로 일정 금액을 지불하는 것이다. 반면 수신료는 TV를 보유한 가구가 방송 전파를 수신하는 비용으로 방송 문화 발전을 위해 내는 일종의 공공 부담금이다. 단, TV가 없는 가정은 수신료를 내지 않아도 된다.

정권이 바뀔 때마다 특정 정치 집단의 이해에 따라 시청료 거부 운동이 산발적으로 일어나기도 했다. 특히 이명박 정부 때는 시청료 인상에 대한 논의가 잇따르자 시청료에 대한 다양한 논의와 시도들이 일어났다. 시청료 인상에 대한 논란은 시청료의 불투명한 집행에도 있지만 방송이 제

54

역할을 하지 못하고 있다는 불만이 폭발한 것이었다. 모든 방송사가 방송이라는 공공재를 이용하므로 공익에 대한 고민을 하고 그에 따라 방송을 해야 할 의무가 있지만, 수신료로 운영되는 방송사는 특히 더 공익 목적을 중시해야 한다. 방송의 주인이 권력이나 자본이 아니라 오직 국민임을 인식하고 국민을 위한 방송이 되도록 노력해야 할 것이다.

 방송 모니터링

옴브즈맨 프로그램에서 다루는 내용은?

① 방송 모니터 활동   ② 방송사의 홍보 활동   ③ 새로운 프로그램 소개

옴부즈맨ombudsman은 원래 대리인 또는 대표자를 뜻하는 스웨덴어에서 왔다. 이 제도는 1809년 국민의 자유와 권리를 보호하려는 제도로 정부나 공공 기관에서 다양한 방법으로 시행되고 있다. 행정부에서는 잘못된 행정 처분이나 불합리한 행정에 대한 시정이나 개선을 권고하고, 언론에서는 시청자의 불만을 수렴하고 의견을 청취하고 그에 대한 입장을 주고받는 방식으로 이루어진다.

방송 모니터는 시청자를 대표하는 전문가들이 방송사나 관련 기관에 의견을 제시하는 활동이다. 모니터의 기준은 방송 심의에 관한 규정, 각 방송사의 내부 규정, 사회적 기준, 도덕적인 내용들이 적용된다. 모니터링은 시청자와 제작자 모두에게 도움이 되는 활동이므로 반드시 필요하다.

또한 전문가 시각과 일반 시청자의 시각이 다를 수 있으므로 일반 시청자들의 의견도 필요하다. 그래서 프로그램 홈페이지에는 시청자 의견란이 있다. 프로그램에 대한 자신의 생각을 간단히 적을 수 있고, 다른 사람의 의견도 읽을 수 있다. 프로그램은 결국 시청자를 위해서 만들기 때문에 시청자들의 활발한 의견에 따라 방송의 질이 높아질 수 있다.

현재 방송법에는 시청자의 비판과 참여를 유도하기 위해 옴부즈맨 프로그램을 주당 60분 이상 의무 편성하고 있다. 이들 프로그램은 방송과 시청자와의 의사소통을 위한 주요 통로가 되고 있다. 그러나 옴부즈맨 프로그램을 시청률이 낮은 시간대에 편성해서 방송의 취지를 약화시키고 있다. 또 자사 프로그램의 홍보 수단으로 활용하거나 문제되는 장면의 재방송 등으로 오히려 문제가 되기도 한다. 프로그램 구성도 방송사별로 비슷한 내용이기 때문에 실제 프로그램 제작에 도움을 주기보다는 형식적으로 운영된다는 비판도 있다. 하지만 방송을 모니터링하고 제작 활동에 긍정적인 역할을 한다는 점은 이견의 여지가 없을 것이다.

시청자들도 방송을 보면서 내가 보는 프로그램에 대해서 비판적으로 생각해 볼 수 있다. 또 다른 사람들의 이야기를 들으며 서로의 생각을 비교해 보는 것도 텔레비전을 즐겁게 보는 하나의 방법이다. 더불어 이런 활동으로 텔레비전의 부정적인 영향을 줄이는 것은 물론 비판적 시각을 통해 다양한 사고의 폭을 넓힐 수 있는 기회가 될 것이다.

 **퍼블릭 액세스권**: 우리 말 좀 들어 주세요

우리나라 청소년들의 가장 큰 고민은 어떤 것일까?

① 루피와 나루토가 싸우면 누가 이길까?

② 내 이성 친구는 어디 있을까?

③ 인터넷을 너무 많이 하는 것은 아닐까?

④ 온라인 게임에서 어떻게 하면 레벨업이 될까?

우리나라 청소년들이 고민하는 문제 중 첫 번째는 인터넷 과다 사용이며, 다음으로 학업과 진로가 뒤를 이었다.[6] 청소년 시기는 신체와 정신이 성장하는 속도가 달라서 고민도 많고, 하고 싶은 일도 너무 많다. 특히 청소년은 앞으로 우리나라를 이끌어 갈 우리의 미래다. 그러나 방송에서 이렇게 중요한 청소년의 고민이나 그들의 삶을 진지하게 이야기하는 내용은 별로 없다.

사실 방송국은 프로그램 하나를 제작하는 데 많은 시간과 예산이 투입된다. 여기에 시청률이나 사회적인 이슈, 회사의 입장, 제작 가이드라인 등 여러 가지를 고려한다. 실제로 방송사 입장에서 보면 청소년 문제는 비슷해 보이고, 청소년 외에는 다른 시청자 계층에서 크게 관심을 갖지 않는다. 더불어 학원과 야간 자율 학습 때문에 주 시청 시간대도 확실하지 않기 때문에 방송사의 매력을 끌지 못한다.

방송은 방송사의 입장뿐 아니라 일반 시민들의 참여도 필요하다. 청소년뿐 아니라 사회의 다양한 목소리가 필요하다. 그래서 이 점을 보완하기 위해 퍼블릭 액세스*public access*가 법으로 보장되어 있으며 신문도 대상에 포함된다. 퍼블릭 액세스는 방송사가 일반 시민이 만든 영상을 일정 시간

6. 서울시 청소년 상담지원센터 통계 분석 자료. 2009~2011.

이상 방송해야 된다는 내용이다. KBS의 경우 시청자가 제작한 프로그램을 매월 100분 이상 방영하고 있으며 제작비도 지원하고 있다. 이들 방송은 대부분 비전문가들이 제작한 작품이기 때문에 재미있거나 기술적으로 완성도 높은 작품은 아니다. 그러나 때로 우리들의 이야기라는 점에서 공감할 수 있다. 더불어 내가 꼭 하고 싶은 이야기가 있다면 움츠러들지 말고 이런 제도가 있다는 점을 이용하여 스스로 감독이 되어 보는 것은 어떨까?

방송도 등급이 있다

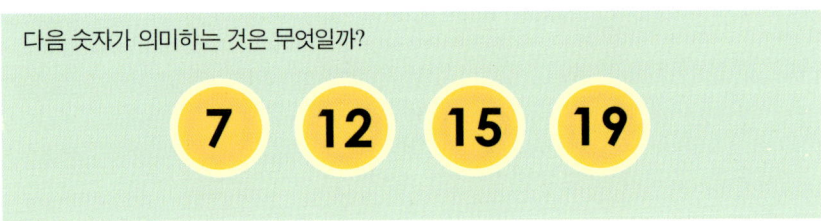

다음 숫자가 의미하는 것은 무엇일까?

7 12 15 19

위의 숫자는 텔레비전에서 사용되는 등급제 표시다. 현재 등급은 모든 연령 시청가, 7세 이상 시청가, 12세 이상 시청가, 15세 이상 시청가, 19세 이상 시청가로 나뉘어 표시하고 있다. 우리나라에서는 만 나이로 적용되어 초등학생, 중학생, 고등학생, 대학생 이상의 연령에 맞게 만들어졌다. 등급 표시는 프로그램 시작과 함께 30초 이상, 방송 중에는 10분마다 30초 이상 방송해야 하나 19세 이상 시청가는 해당 프로그램 시작부터 종료 시까지 표시하도록 하고 있다. 이러한 등급제는 어린이와 청소년에 유해한 영향을 줄이기 위하여 폭력성 및 선정성, 언어 사용 등의 유해 정도와 시청자의 연령 등을 감안하여 분류하고 있다.

프로그램 등급제는 모든 장르에서 사용하는 것은 아니다. 우리나라는 영화, 드라마, 뮤직 비디오, 애니메이션 등 4개의 장르를 대상으로 실시하고 있다. 그리고 15세 이상 시청 가능은 영화에서만 실시하고 있다. 19세 이상 시청가 등급은 평일 오후 1시부터 오후 10시까지는 방송할 수 없으며, 공휴일이나 방학 기간 동안에는 오전 10시부터 오후 10시까지로 확대된다.

방송 프로그램 등급은 방송사 사업자가 정한다. 따라서 방송사 자체에서 등급 위원을 정해서 심사한다. 그러나 제작사 입장에서는 좀 더 많은 사람이 볼 수 있도록 등급을 완화시키려 하고, 학부모나 교사 입장에서는 등급을 강화시키려는 논란이 지속되어 왔다. 게임이나 영화도 마찬가지다. 산업계 입장은 표현의 자유와 등급 심사 위원들의 매체 이해가 부족하다는 논리로 등급 제도를 무력화시키려 한다. 그러나 등급의 목적은 어린이와 청소년을 보호하기 위한 제도다. 따라서 등급 분류의 진짜 전문성은 매체에 대한 이해가 아니라 어린이와 청소년에 대해서 잘 이해하는 것이 진짜 전문성이라 할 수 있다.

우리는 '규제'라는 말에 부정적인 생각을 갖곤 한다. 그러나 아무런 규제가 없는 세상에서는 힘 있는 사람이 무소불위의 권력을 행사하면서 약자에게 피해를 줄 수 있다. 약자를 보호하기 위해서는 합리적인 규제가 필요한 것이다.

어린이와 청소년기는 생각이 자라는 시기이다. 가치관이 완전히 자리 잡지 않은 상태에서 문제 있는 내용의 방송은 그들에게 부정적인 영향을 줄 수 있다. 등급제는 어린이와 청소년들을 보호하는 최소한의 규제인 것이다.

우리의 목소리로 좋은 방송 만들기

자주 보는 프로그램을 모니터링하면서 방송국에 건의할 점을 생각해 보자.

연예 오락 프로그램 제목 :

1. 이 프로그램의 문제점은 ?

예) 출연자가 장난이 심해요.
방청객을 억지로 웃겨요.
욕설이나 비속어를 사용해요.
자막이나 말풍선 때문에 시청하기가 어려워요.

2. 이 프로그램의 좋은 점은?

3. 이렇게 만들어 주세요.

드라마 제목 :

1. 이 프로그램의 문제점은?

예) 너무 뻔하고 현실성이 없는 막장 드라마 같아요.
내가 알고 있는 역사적 사실과 달라요.
간접 광고가 너무 많아요.
시청률이 높다고 방송 시간을 늘리지 마세요.

2. 이 프로그램의 좋은 점은?

3. 이렇게 만들어 주세요.

3

영화

영화를 보는 동안 관객은 극장이라는 공간에서 소리와 빛을 따라 이야기 여행을 떠난다. 불이 꺼지면 새로운 공간 속으로 이동을 한다. 누구에게는 어릴 적 소중한 추억의 공간 이며, 미지의 호기심이며, 미래의 꿈이 펼쳐지는 공간이다. 멀리 떠나지 않더라도 영화를 보는 순간만큼은 방해받지 않고 그 세계로 몰입할 수 있다. 멋있는 주인공의 감정을 느끼면서 나도 모르게 눈물을 흘리기도 한다. 한번쯤 현실과 분리된 공간에서 카타르시스를 느끼고 싶은 욕망은 누구에게나 있다. 영화는 이런 고민을 해결해 준다. 영화를 보며 가볍게 웃기도 하고, 삶의 희망과 즐거움을 느끼는 사람도 있다. 영화는 우리의 삶을 대변하고 문화의 패러다임을 만들어 내기도 한다. 이 장에서는 영화가 어떤 모습으로 존재하는지 알아보고, 우리의 삶과 연결시켜 생각해 보도록 하자.

◀ 영화 〈시네마 천국〉 포스터

한 달에 영화를 몇 편 보나요?

이런 질문을 받으면 영화관에 언제 갔는지 생각하게 된다. 하지만 영화를 만날 수 있는 곳이 영화관만 있는 것은 아니다. 기술의 발달로 관객들은 영화를 접할 수 있는 기회가 다양해졌다. 스마트폰, IPTV, DMB, 인터넷, 위성방송을 통해서도 언제 어디서든 영화 관람이 가능해졌다. 단지 영화만을 즐기기 위한 것이라면 장르나 형식을 불문하고 선택의 폭이 다양하면서도 시간이나 장소를 애써 정할 필요도 없다. 그래도 영화관을 찾는 이유는 영화의 내용보다는 영화관만의 분위기와 전통적이고 독특한 매력이 있기 때문이다.

영화를 본다는 것에는 기계적인 의미도 있다. 단순히 '본다'라는 것은 사물을 바라본다는 것으로 영사기에서 내보낸 빛을 2차원의 평면을 통해 바라보는 것이다. 이것은 일정한 소리와 움직이는 화면을 함께 보는 1차적인 모습이다. 하지만 영화를 본다는 것에는 2차원의 스크린을 3차원의 공간으로 생각하고 여러 가지 의미를 부여한다는 의미가 있다. 영화 장면에는 여러 가지가 함께 담겨 있다. 영화의 토대가 되는 서사(이야기)에 사진, 연극, 미술, 조명, 회화, 음악 등이 하나씩 얹어지면서 종합 예술로 완성된다. 예술에 대한 시각은 사람마다 다르다. 여러 분야에 대한 경험이 모두 같을 수는 없다. 따라서 영화를 보는 사람도 저마다 느낌이 다르듯이 자신의 경험에 비춰 영화를 보는 것이다.

어떤 이야기가 영화가 될까

영화관에서 나오는 사람들은 한마디씩 한다. 재미없다, 재미있다, 신선하다, 시시하다, 아깝다 등 영화에 대한 나름의 생각을 표현한다.

하나의 아이디어가 간단한 시놉시스가 되고 시나리오를 거쳐 촬영과 편집을 통해 영화로 만들어진다. 스토리는 무엇보다 많은 사람들이 공감할 수 있는 것이어야 한다. 영화는 상영을 목적으로 하기 때문에 많은 시간과 돈을 투자한다. 여러 사람이 공감할 수 있는 구성과 내용이 영화의 흥행을 좌우한다.

그렇다면 어떤 내용이 영화의 스토리가 될까? 스토리는 경험이나 사실에서 나온다. 아이디어는 작가나 감독이 살아오면서 경험했던 일이나 주변 사람들의 이야기, 뉴스나 신문 기사에서 읽은 내용 등 모든 것이 이야기가 될 수 있다. 〈부러진 화살〉, 〈포화 속으로〉, 〈살인의 추억〉은 실화를 배경으로 만들어진 영화다.

상상력도 영화가 된다. 누구나 한번쯤 어린 시절 하늘을 나는 상상을 했을 것이다. 상상할 수 있는 공간이 우리 주변에는 무수하다. 〈괴물〉, 〈어벤져스Avengers〉, 〈해리 포터Harry Potter〉처럼 판타지나 SF 영화는 실제 일어난 일은 아니지만 감독이나 작가의 상상력으로 만들어진 작품이다.

다른 예술 작품을 원작으로 하는 영화도 있다. 만화, 소설, 연극, 드라마, 뮤지컬처럼 장르도 다양하다. 〈이웃 사람〉, 〈식객〉, 〈완득이〉, 〈다빈치 코드The Da Vinci Code〉, 〈레미제라블Les Misérables〉은 모두 원작을 재구성하여 영화로 만들어졌다. 이밖에도 고전이나 신화를 배경으로 하는 영화는 꾸준히 관심을 끌고 있다. 고전이나 신화는 동서양을 막론하고 많은 이야기들이 있으며 모두가 공감하고 널리 알려진 내용이기 때문에 관객들로부터 관심을 불러일으킨다. 보통 원작의 성공을 배경으로 영화가 만들어지지만 반대로 영화가 성공해서 원작이 관심을 받은 경우도 있다. 경험이나 상상, 문학 작품 등 모든 것이 영화로 만들어질 수 있다. 관객이 이해하기 쉽고 공감할 수 있도록 하는 것은 감독의 능력이다.

주인공의 앞길을 막는 훼방꾼

▲ 〈어벤저스〉의 슈퍼 영웅 대 로키
◀ 〈베를린〉의 종성과 명수

훼방꾼은 항상 주인공의 앞길을 막는다. 보통 사람이지만 사물이나 상황, 자연인 경우도 있다. 훼방꾼은 연극에서 유래된 것으로 영화나 드라마에도 주인공과 팽팽한 대립각을 세우는 등장 인물을 적대자로 표현한다. 등장 인물 중 주인공*protagonist*은 인간미와 특별한 능력을 가진 캐릭터다. 주인공은 너무 평범해도 안 되고 그렇다고 전지전능한 능력자로만 보인다면 관객들의 지지를 얻을 수 없다.

주인공은 어떤 문제를 해결하기 위해서 부단히 노력을 한다. 그렇지만 적대자*antagonist*가 나타나서 이루기가 어렵다. 갈등과 해결이 반복되면서 영화가 전개된다. 주인공은 외부의 적과도 싸우지만 자신과의 싸움에서도 점차 성장해 나간다. 적대자는 주인공이 이루려는 목적이나 행동을 방해하면서 마지막까지 생존한다. 여기에서 적대자는 주인공과 비슷하거나 동등한 힘이 필요하다. 적대자가 강하면 주인공이 목적을 달성하기 너무 어렵기 때문에 관객도 실망하고 답답하게 생각한다. 반대로 적대자가 약하면 주인공이 너무 쉽게 문제를 해결하기 때문에 이야기가 싱겁게 끝나게 된다. 그래서 적대자는 주인공과 동등하거나 비슷한 위치에서 마지막까지 살아남아야 한다. 사실 적대자도 주관이 강하고 뚜렷한 캐릭터로 인식되어야만 마지막까지 긴장을 늦추지 않게 된다.

관객은 주인공과 함께 호흡을 하면서 마치 자신이 문제를 풀어가는 과정처럼 응원과 긴장을 반복한다. 적대자에 대한 반감이 가장 높았을 때 비로소 주인공은 초능력을 발휘해서 문제를 해결한다. 이때 관객은 주인공에 대한 존경심과 함께 카타르시스를 느낀다.

한 권의 시나리오가 한 편의 영화로: 영화의 제작 과정

누구나 시나리오를 쓸 수 있다. 하지만 아이디어 한 줄을 영화의 장면으로 만들려면 많은 시간과 노력 그리고 예산이 필요하다. 시나리오를 보고 영화를 제작하기로 했다면 감독, 작가, 제작자 등이 사전에 협의 과정을 거친다. 사전 제작 단계에서 모든 촬영 준비를 할 수 있도록 계획한다. 준비된 일정표에 따라 촬영을 한 다음, 후반 작업을 진행한 후 상영하게 된다. 그렇다면 한 해에 성공하는 시나리오는 몇 편이나 될까?

수많은 시나리오 중에서 영화로 만들어지는 작품은 1년에 20편 정도다. 시나리오가 좋아도 투자를 받지 못하면 시작부터 어렵다. 때로는 날씨나 배우의 일정 그리고 투자자와 제작자의 관계 등 여러 가지 이유로 제

◆ 사전 제작 *pre-production*

영화 제작을 준비하는 단계로 설계도와 같다.

시나리오, 배우/스텝, 촬영지를 선정한다.

↓

◆ 제작 단계 *production*

사전 제작 단계에서 기획한 과정을 진행하는 단계로

촬영 시작부터 종료까지를 의미한다.

↓

◆ 후반 작업 *post-production*

촬영이 끝나고 개봉 전까지의 단계,

즉 편집, 녹음, 배급, 상영, 홍보, 마케팅 등을 말한다.

작 과정에서 문제가 발생하기도 한다. 제작을 마친 후 개봉을 하지 못하는 경우도 있다. 개봉 일자도 조정이 필요하다. 경쟁작의 개봉일, 사회적인 이슈, 국내외적인 행사도 고려해야 한다. 그렇지만 가장 중요한 것은 관객들의 반응이다. 간혹 개봉관에서 호응을 얻지 못하다가도 한참 후에 다시 좋은 반응을 보이는 작품도 있다.

🐌 영화는 언제부터 만들어졌을까

〈열차의 도착〉

1895년 〈열차의 도착〉이라는 영화를 보던 사람들은 상영 도중 극장 밖으로 뛰어나갔다. 왜 그랬을까?

① 어두워서

② 영사기에 불이 나서

③ 극장이 좁고 답답해서

④ 기차가 실제로 다가오는 것으로 착각해서

초기의 영화는 움직임을 사진으로 재현할 수 있다는 것만으로도 사람들의 흥미를 끌었다. 사진 기술이 발달하던 19세기에 에디슨은 영사기인 키네토스코프를 개발하였으나 실용화하지 못하였다. 이후 프랑스 뤼미에르 형제가 카메라이자 영사기인 시네마토그래프를 발명하여 〈열차의 도착 *L'Arrivée d'un train en gare de La Ciotat*〉(1895)을 유료로 상영하였다. 카페 안에서 영화를 상영하자 관객들은 기차가 달려오는 것으로 착각하여 밖으로 뛰어나갔다고 한다. 이 사건은 영화라는 이름이 세상에 알려지게 된 출발점이 되었다.

영화는 역사의 흐름과 함께 변화했다. 산업 혁명의 영향으로 사진 기술이 영화로 발전되었다. 프랑스에서 시작된 영화는 세계 대전을 거치며 폐허가 된 유럽보다는 전쟁의 직접적인 영향에서 벗어나 있던 미국으로 그 중심이 옮겨가게 된다. 오늘날에도 전 세계적인 사랑을 받는 할리우드 영화는 세계 정세에 따라 이동한 결과이다. 20세기 초 미국 영화의 주요 장르는 서부극이었다. 이때 영화 관련 회사들이 등장하고 할리우드 스타일의 영화가 만들어지기 시작하였다. 20세기를 거치는 동안 TV의 발명과 영화 산업의 불황, 그리고 대형 제작사 간의 분쟁 등 여러 어려움이 있었지만 미국 영화 산업은 꾸준히 성장한다. 본격적으로 미국 영화가 세계의 중심으로 등장하게 된 것은 1970년대 〈죠스*Jaws*〉(스티븐 스필버그, 1975)나 〈스타워즈*Star Wars*〉(조지 루카스, 1977) 같은 블록버스터 영화가 만들어지면서부터다. 이후 막대한 제작비를 들인 최신 기술을 영화에 도입함으로써 새로운 볼거리를 제공하였다. 1990년대 〈쥬라기 공원*Jurassic Park*〉(스티븐 스필버그, 1993)에 컴퓨터 그래픽(CG)을 도입하고 〈아바타*Avatar*〉(제임스 카메론, 2009) 같은 입체 영화(3D)가 성공하면서 세계 시장에서 할리우드 영화의 입지는 더 굳건해졌다.

 ## 할리우드 영화와 유럽 영화

할리우드 영화는 상업 영화의 대명사로 꼽힌다. 유럽에서 시작된 영화는 러시아, 미국 등으로 퍼져 나가 발전하게 된다. 유럽에서 1차 세계 대전이 일어나면서 감독을 비롯한 많은 영화계 인력들이 전쟁의 직접적인 영향을 받지 않는 미국으로 옮겨가게 되었다. 할리우드 지역에 영화인이 모이기 시작하면서 제작에 필요한 인프라가 구축되었다. '할리우드 스타일'의 영화 산업이 성장하게 된 배경이다. 할리우드 영화는 철저하게 상업 영화를 추구한다. 제작사에서 막대한 제작비를 투자하기 때문에 그에 상응하는 이윤이 발생해야 하는 것이다. 영화의 장르 구분도 어떤 의미에서는 관객들에게 더 많은 관심을 이끌어내고 제작 편수를 늘리기 위한 방편이다. 또한 스튜디오 제작 시스템, 웅장한 블록버스터, 주연급 배우가 이끌어가는 스타 시스템, 후속편이 등장하는 시리즈물[1] 등은 할리우드 특유의 제작 시스템이다. 과거와 달리 제작과 자본 그리고 배급과 상영이 분리되고 체계화되면서 새로운 기술 도입과 산업으로서의 면모를 갖추고 있다.

이에 비해 유럽은 1, 2차 세계 대전을 거치면서 정치 경제뿐만 아니라 사회, 문화적으로 많은 시련을 겪게 된다. 혼란한 시대의 모습을 드러내며 인간의 내면과 고통을 표현한 영화들이 특히 주목받아 왔다.

독일의 표현주의 영화는 인간의 공포, 증오, 불안과 같은 심리를 표현한 영화를 가리키며, 〈칼리가리 박사의 밀실 *Das Kabinett des Doktor Caligari*〉(로베르트 비네, 1919)을 비롯한 다수의 영화에서 표현된 기법들이 이후 정신 세계를 다루는 영화나 공포 영화에 큰 영향을 주었다. 프랑스 누벨 바그의 경우 1960년대 프랑스의 젊은 감독들은 기존의 지배적인 영화 관습을 거부했다. 이탈리아의 네오리얼리즘은 패전국의 시민으로 살아가는 개인의 삶을 보여 주는데, 〈자전거 도둑 *Ladri di biciclette*〉(비토리오 데 시카, 1948)이 이를 잘 묘사하고 있다.

상업 영화와 예술 영화

상업 영화가 대중의 기호에 맞게 제작하는 것이라면 예술 영화는 감독이 전하고자 하는 메시지를 영화에 담아내는 것이라 할 수 있다. 대표적으로 할리우드 스타일의 전형적인 스토리와 스펙터클을 담아낸 블록버스터 등을 상업 영화, 사회 현실이나 인간의 내면을 드러내는 진지한 영화를 예술 영화로 본다.

그러나 많은 인력과 자본이 필요한 영화 제작 구조 상 어떤 영화도 상업적 성공에 무관심할 수 없고, 상업적인 영화에도 삶에 대한 통찰이나

1. 서부극에서 출발했으며 TV 드라마 형식으로 발전했다. 등장 인물과 상황이 비슷하며 다음 장면으로 연결된다. 007 시리즈는 1962년부터 시작해 2012년 현재 22편까지 진행됐다.

메시지가 포함될 수 있다. 그래서 상업 영화와 예술 영화를 엄밀하게 구분하기는 어렵다. 이러한 구분의 핵심은 영화가 전달하려는 메시지에 있다. 예술 영화와 상업 영화로 구분하는 것은 상대적인 것이다.

🐌 한국 영화의 시작

한국 영화가 등장한 것은 일제 강점기로 거슬러 올라간다. 당시 영화는 일제에 저항하거나 충성하는 내용이었다. 이후 해방과 한국 전쟁을 거치면서 반공 이데올로기와 자유분방한 정서를 영화에 담았다. 1970년대 유신 체제는 예술뿐만 아니라 모든 사회 활동을 통제하였다. 사회 전반적으로 위축된 상황에서 〈별들의 고향〉(이장호, 1974)과 같은 멜로 영화나 〈고교 얄개〉(석래명, 1977) 등의 10대 영화가 다수 만들어졌다. 1980년 군대를 이끌고 정권을 잡은 전두환 정부는 국민의 시선을 다른 곳으로 돌리고자 이른바 3S[2] 정책을 실시하였다. 그 결과 선정적인 외국 영화가 다수 수입되고 영화 제작도 비교적 자유로워졌다. 국민의 정부가 들어선 1990년대 중반 영화가 산업적으로 성장하면서 〈쉬리〉(강제규, 1999) 같은 한국판 블록버스터가 등장하고 독립 영화나 저예산 영화도 활발히 제작되었다. 2000년대에 들어서 스크린 쿼터 축소 등 한국 영화 시장을 위협하는 요인이 등장하며 다소 위축되었으나 여러 변화와 함께 영화 산업이 새로운 기회로 발돋움하고 있다. 또한 국제적인 영화제에서 임권택, 박찬욱, 이창동, 김기덕, 홍상수 등의 작품이 소개되어 주목을 받게 되어 한국 영화의 위상도 한층 높아졌다. 이렇게 한국 영화가 질적으로 양적으로 발전하게 된 데에는 영화를 사랑하는 한국 영화 관객의 힘이 있다.

2. 3S는 sex, screen, sport의 앞자를 딴 것으로 정부에 대한 불만을 다른 곳으로 돌리기 위해 이 분야를 활성화한 정책을 가리킨다.

천만 관객을 넘은 영화의 예(영화관 입장권 통합 전산망 통계 2013년 현재)

13,302,637명	12,983,330명	12,806,416명	12,323,291명	10,513,715명
〈아바타〉 (2009)	〈도둑들〉 (2012)	〈7번 방의 선물〉 (2013)	〈광해, 왕이 된 남자〉(2012)	〈해운대〉 (2005)

　　한때 영화는 국민을 통제하는 수단이나 이념을 표현하는 수단이 되기도 했지만 시대가 변하면서 콘텐츠 기반 산업으로 육성되고 있다. 정부 차원에서도 상업 영화뿐만 아니라 독립 영화나 예술 영화도 지원함으로써 새로운 콘텐츠를 만들어 가고 있다.

춤추는 인도 영화

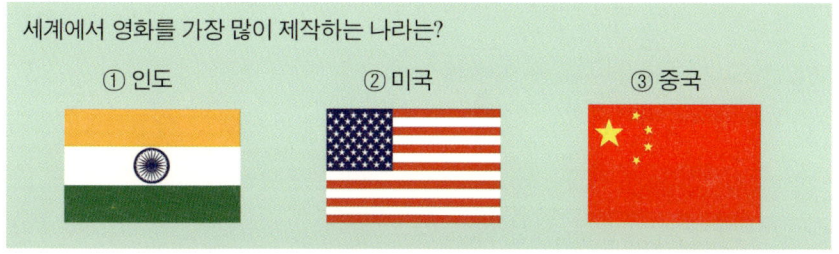

세계에서 영화를 가장 많이 제작하는 나라는?

① 인도　　　　② 미국　　　　③ 중국

　　발리우드라 불리는 인도 영화는 2009년 한 해 동안 1,274편을 제작해 1위를 차지했다. 다음으로 미국(754편), 중국(526편), 일본(408편), 프랑스(261편), 스페인(201편), 한국(152편)[3]이 그 뒤를 이었다. 관객수나 수익으로 비교한다

◆ 인도 영화의 특징

- 반복적인 춤과 노래, 화려한 의상을 입은 배
  우들이 나오는 공연 형식.
- 교훈적인 내용.
- 주인공의 일생을 보여 줌.
- 아름다운 사랑 이야기로 해피엔딩이 많음.
- 쉬는 시간이 있을 정도로 긴 러닝 타임.

〈다방 Dabangg〉(아브히나브 카시야프, 2010)

면 미국이 1위이겠지만 제작 편수로는 인도가 더 많았다.

이처럼 인도에서 영화 제작이 활성화된 데는 몇 가지 이유가 있다. 첫째, TV 보급률이 낮고 오락 시설이 부족해 온 가족이 함께 극장에서 여가를 즐긴다. 둘째, 카스트 제도로 인해 엄격한 사회 질서가 유지되지만 극장 안에서는 모두가 평등하며, 영화를 통해 현실을 벗어나고 싶어 한다. 셋째, 공식 언어만 17개가 되고 실제 사용되는 언어는 700여 개가 넘는다. 또한 지역마다 종교적, 문화적인 차이가 크고 인도 특유의 전통적인 사고 방식 때문에 외국 영화가 인도인들에게 잘 받아들여지지 않았다.

최근에는 인도 영화에도 새바람이 불고 있다. 세계화를 위해 체계적인 제작 환경과 자본을 유치하기 위해 노력하고 있다. 복합 상영관의 등장으로 상영 시간도 2시간으로 조정하고 있으며 외국 영화도 상영하고 있다. 한편 할리우드도 발리우드를 새로운 파트너로 생각하고, 다양한 소재, 넓은 영화 시장을 개발하려 한다. 우리나라도 인도 영화에 관심이 높아져 국내 상영관에서 인도 영화를 볼 수 있다. 인도 영화는 전통과 예절을 중시하는 우리와 닮은 점이 많아 이국적이면서도 공감대를 느낄 수 있다.

3. 2010년 미국 영화 전문지 〈스크린 다이제스트〉 자료.

🐌 스크린으로 보는 이야기

눈으로 볼 때와 스크린을 통해 보는 대상의 모습은 다르다. 같은 장면이라도 카메라의 위치나 인물의 크기에 따라 다르게 느껴진다. 사람의 기분을 알고 싶다면 가까이서 얼굴을 봐야 하지만 어디서 무엇을 하고 있는지를 알기 위해서는 조금 떨어져 봐야 한다. 한마디로 카메라의 렌즈와 관객의 눈이 동일시되는 것이다.

사실 영화가 보여 주는 것처럼 우리 눈이 조절되지는 않는다. 몸이 움직일 수 있으나 제한된 상황이며 카메라를 조작해서 만들어 낸 화면과는 다른 것이다. 예를 들어 하이 앵글이나 클로즈업 숏이 많은 것은 감독이 무언가를 전달하고자 하는 의지가 강한 것이라면, 아이 레벨이나 미디엄 숏이 많다면 관객에게 주관적 해석의 기회를 주는 것이다.

카메라를 기준으로 하는 경우(예: 〈시민 케인*Citizen Kane*〉)

| ▲ 하이 앵글 | ▲ 아이 레벨 | ▲ 로우 앵글 |
| 대상을 소극적이고 왜소하게 표현한다. | 수평적 눈높이로 안정감 있는 화면이다. | 적극적으로 대상을 부각시키는 표현 방법이다. |

대상을 기준으로 하는 경우

클로즈업 숏: 집중과 감정	미디엄 숏: 인물과 안정감	풀 숏: 상황과 설명

시선을 기준으로 하는 경우

시선이 다른 곳을 보는 장면	카메라를 바라보는 장면
배경이 되는 상황	마주 보는 상황
관객에게 상황을 설명	관객과 직접 의사소통

편집에서 사용되는 영상 단위

컷cut	신scene
최소 단위	동일한 장소나 상황
연속된 화면	컷 컷 ……

신   신 ……

시퀀스, 시퀀스

시퀀스sequence: 하나의 작은 이야기

스토리story: 영화 전체의 이야기로 주제나 내용을 나타냄

◆ 다다미 숏

〈도쿄 이야기東京物語〉(1953)

오즈 야스지로(1903~1963) 감독의 대표적인 촬영 기법으로 일본의 다다미방에서 유래한 이름이다. 다다미에 앉은 자세에 맞춰 낮게 찍은 화면으로 편안함을 주며 움직임이 거의 없어 정적이다. 꽉 채운 화면을 통해 관객이 상황을 주관적으로 해석하게 된다. 홍상수 감독의 작품에 다수 등장한다.

상상의 시간과 공간: 미장센

특정 시대나 장소를 배경으로 촬영하고 싶어도 현실적으로 불가능하기 때문에 세트장을 만들게 된다. 실제와 같은 장면을 연출하기 위해서 소품이나 상황을 연출한다. 글이나 대사로 설명하기보다 화면으로 표현한다.

현재의 교실과 1980년대 교실과는 여러 가지 차이가 있다. 우리 교실을 1980년대 교실 세트장으로 꾸민다면 무엇을 바꿔야 할까? 감독은 어떻게 하면 의도하는 느낌을 전달할 수 있을까, 어떤 화면을 보여 줄 것인가 등을 생각하며 영화를 만든다. 관객이 상황을 알아차릴 수 있도록 화면을 구성하는 것을 미장센이라 한다.

미장센은 연극에서 유래된 말로 한 장면에 무엇인가를 배치한다는 뜻이다. 연극 연출자는 공연 무대를 무엇으로 채워 놓을 것인가를 결정한다. 영화에서의 미장센은 영화 속의 공간, 즉 영화의 스크린에 나타나는 메시지이다. 감독은 세트, 조명, 의상, 소품, 카메라의 구도 등으로 느낌이나 생각을 자연스럽게 표현한다. 즉 상황에 맞는 이미지를 만들어 내는 작업이다. 짧은 순간에 일어나는 일이지만 관객은 화면 안에서 무엇이 중요하고 어떤 상황인지 미장센을 통해서 파악할 수 있다.

 사진으로 만드는 몽타주

다음 두 스토리보드에서 마지막 칸에 어울리는 장면은 무엇인가?

① 도망간다.　　　　　　② 장난친다.

웃음　→　흉기　→　놀람

놀람　→　흉기　→　웃음

같은 그림이라도 순서에 따라서 의미가 달라진다. 같은 그림을 어떻게 배열하느냐에 따라 전혀 다른 결과를 만들 수 있다. 영화는 처음부터 보이는 순서대로 찍는 것이 아니라 내용이나 일정에 따라서 촬영이 진행되고 마지막으로 순서에 맞게 편집을 하는 것이다.

　편집은 제2의 창조다. 촬영한 필름을 그대로 보여 주는 것이 아니라 작품으로 완성하기 위해서는 수정, 삭제, 결합, 구성의 과정을 거치게 된다. 영화에서는 편집을 몽타주와 같은 의미로 사용한다. 몽타주는 프랑스 건축 용어로 조립한다는 의미였으나 초기 영화에서 필름의 단편들을 조합하여 한 편의 통일된 작품으로 엮어내는 편집 작업의 총칭으로 사용되었다. 두 장면이 서로 연결되어 전혀 새로운 제3의 의미를 만들어 낸다. 폭

오마주는 우러러보는 작품의 주요 장면이나 대사를 인용하고 출처를 밝히는 것이다. 하지만 출처를 밝히지 않고 자신의 창작물인 것처럼 사용하는 것은 표절이다. 이에 반해 패러디는 원작을 재미있게 모방하여 전혀 다른 의미를 나타내는 것이다.

파되는 장면을 시간 순서대로 보여 주는 것보다 폭약이 설치되는 장면, 시계 소리, 당황하는 사람을 나누어 보여 줌으로써 관객의 몰입도를 높여주는 기법이다.

주연 배우를 바꾼 영화: 〈재즈 싱어〉와 〈아바타〉

초기 영화는 대사 없이 몸짓이나 표정으로만 연기를 하는 무성 영화였기 때문에 외모와 연기력만 필요했다. 대사와 발음은 배우의 조건이 아니었다. 하지만 소리가 포함된 〈재즈 싱어 *Jazz Singer*〉(앨런 크로스랜드, 1926)가 등장하면서 영화 배우의 조건으로 대사와 발음이 추가되었다. 이후 유성 영

최초의 유성 영화 〈재즈 싱어〉와 3D 영화 시장의 새 장을 연 〈아바타〉.

화에 대한 관심이 집중되면서 녹음 기술이 발전되고 새로운 인력이 충원되었다. 극장은 사운드 시설을 위해 투자와 특허 비용도 함께 지불해야 했다. 소리 녹음을 위해 가까이서 촬영하다 보니 화면 사이즈도 작고 영상미가 떨어져 통조림 연극이란 소리를 듣기도 했다. 유성 영화는 단순한 소리의 추가가 아니라 영화의 혁신이 되었다.

그렇다면 〈아바타〉(2009)는 영화 시장에 어떤 의미가 있을까? 세계적

으로 흥행에 성공한 영화로, 평면(2D) 영화 시장을 입체(3D) 영화로 변화시켰다는 데 의미가 있다. 3D 영화를 제작하기 위해서는 새로운 장비, 상영 시설, 인력과 새로운 촬영 기술이 필요하다. 산업이나 영상 콘텐츠도 3D 중심으로 바뀌면서 새로운 영역이 형성되었다. 또 한 가지는 '아바타'의 등장이다. 영화의 주인공은 가상 공간의 '아바타'이기 때문에 실제 주인공의 촬영 비중이 줄어들고 CG 장면이 늘어나 아바타의 역할이 비중 있게 다뤄졌다. 더불어 아바타의 동작이나 목소리를 대역하는 배우도 필요하게 되었다.

새로운 기술의 등장이 영화의 흐름을 바꿔 놓았다. 관객의 입장에서는 새로운 기술로 제작된 영화에 흥미를 느끼기도 하지만 많은 영화들이 3D로 제작되면서 3D 기술만으로 영화를 신기하게 보지는 않게 되었다. 결국 영화의 재미는 스토리에 크게 좌우된다. 많은 제작비가 투자된 블록버스터라도 흥행에 실패하는 것은 스토리를 탄탄히 하지 않은 탓이 크다.

 ## 영화와 문화 콘텐츠: 할리우드와 홍콩 영화

할리우드 영화를 보면 영웅과 성조기가 자주 등장한다. 중요한 순간 영웅과 함께 성조기가 등장하면서 모든 문제가 해결되고 평화가 이루어진다. 영화 속 영웅은 다민족과 다문화를 이끌어갈 수 있는 리더를 상징하며, 성조기는 미국이라는 국가에 대한 존경심을 심어 주기 위한 장치이다.

사실 미국은 문화와 군사력으로 세계의 경찰 국가 역할을 하고 있다. 할리우드 영화에서 미국의 역할을 중요하게 보는 것은 당연한 결과다. 이런 영화를 본 세계 어린이들은 성인이 되어서도 미국에 대해 긍정적인 이미지를 가질 가능성이 높다. 애니메이션이나 캐릭터를 통해서도 미국 문화는 전파된다. 문화 산업에 국가적인 투자를 하는 것도 이 때문이다. 할리우드 영화는 오랜 전통에 바탕을 둔 세계 각국의 콘텐츠를 받아들여 자본과 경제력으로 자신들의 문화로 재창조되고 있다.

1980~1990년대에는 홍콩 영화가 많은 관객을 극장으로 이끌었다. 홍콩은 아편 전쟁의 결과로 1898년부터 100년간 영국령이었다. 홍콩은 중국 본토와 대만에 비해 정치 경제적으로 자유로웠던 반면 영화 제작에서 정부의 지원이 없어서 영화 제작이 상업적으로 이루어졌다. 서구의 산업 시스템이 영화에 도입되면서 영화도 상업적으로 발전하게 된다. 대부분 액션에 코미디를 가미한 형식으로 주로 동남아 시장에 수출되었다. 홍콩 영화는 이 지역의 오락과 여가에 한몫을 하게 된다. 우리나라에서도 한때 명절마다 TV에서 성룡 영화를 방영했다. 홍콩 영화의 인기와 더불어 비디오 대여점이 활기를 띠었는데, 이때 액션 장면 따라 하기가 학생들 사이에서 인기를 끌기도 했다. 유명 홍콩 배우는 국내 광고에 출연하기도 하였다. 1997년 홍콩이 중국에 반환되면서 영화 산업이 잠시 주춤하기도 했으나 홍콩의 많은 영화 감독과 배우가 할리우드로 진출하여 할리우드에 새로운 활기를 불어넣었다. 할리우드의 자본력에다 홍콩 영화의 콘텐츠로 중국 시장을 비롯한 세계 시장을 공략하고 있다.

영화의 힘은 단지 화면으로 보여지는 것만은 아니다. 그 속에 담겨진 문화를 통해 보이지 않는 생각까지 수출하게 되는 것이다. 최근 들어 여러 나라들이 영상이나 문화 콘텐츠에 투자를 늘리는 것도 같은 맥락이다.

영화를 보는 방법 1: 나는 영화를 비평하는가 감상하는가

다음 중 영화를 고르는 방법은?

① 비평가들이 칭찬하는 영화

② 관객이 몰리고 예매율이 높은 영화

③ 좋아하는 배우가 나오는 영화

④ 포스터가 멋있는 영화

영화를 고를 때 보통은 예매율이 높거나 댓글이 많이 달린 영화, 비평가의 평이 좋은 영화를 선택한다. 그렇다고 항상 좋은 영화를 만나는 것은 아니다. 큰맘 먹고 서점에서 베스트셀러를 구매하고 후회할 때가 있고, 유행하는 옷을 샀는데 내 취향이 아닌 것처럼 다르게 느껴질 때가 있지 않은가. 영화도 마찬가지이다.

영화를 보는 것은 개인적인 취향이고 감상이다. 다른 사람의 의견이나 느낌보다는 자신이 얼마나 만족했느냐가 중요하다.

한편 영화 비평가는 전문적인 영화 지식을 토대로 작품을 분석한다. 여기에는 가치 판단이나 사회적인 배경이 모두 포함된다. 영화에 따라 비평가는 점수를 낮게 주고 혹평을 했지만 오히려 관객들의 반응이 좋은 경우도 있고, 대중이 놓치는 문제점들을 짚어내고 일깨워 주기도 한다. 자신의 주관적인 느낌과 경험을 바탕으로 영화를 즐기면서 전문가들의 이야기에도 귀를 연다면 더 풍요롭고 깊이있게 영화를 볼 수 있게 될 것이다.

영화를 보는 방법 2: 숨은 코드 찾아내기

영화도 아는 만큼 즐길 수 있다. 영화에 몰입하다 보면 숨겨진 메시지를 못 보는 경우가 많다. 하지만 다시 볼 기회가 생겼을 때는 처음과 다른 것을 발견할 수 있다. 이때는 줄거리보다는 대사나 소품, 영상의 배치에 주목하고, 시간과 공간을 나눠 보는 시도를 해보면 새로운 재미를 느낄 수 있을 것이다.

감정 변화의 상징   새로운 옷으로 갈아입기, 머리 자르기, 자동차 유턴, 물과 관련된 행동(샤워, 세수, 비 맞기)

만남과 헤어짐의 상징   지하철역, 항구, 터미널, 정류장, 다리, 문

색과 영상미   미적 표현을 위해 화면 전체적으로 편집 과정에서 색 보정을 통해서 색을 조정한다.

심리적 불안과 공포심의 상징   흔들리는 화면, 신발의 모습, 어둠 속의 소리

단서의 상징   아무런 예고 없이 갑자기 폭탄이 터지면 놀람*surprise*이지만, 단서가 있는 경우는 관객은 폭탄을 알지만 주인공은 모르는 상황의 긴장감*suspense*이다.

 ## 영화 보는 방법 3: 다큐멘터리 영화, 색다른 영화도 함께 즐겨요

다큐멘터리는 실제로 있었던 어떤 사건을 그 전개에 따라 사실적으로 그려낸다. 잘 만들어진 상업 영화와는 달리 기록으로 남길 만한 사회적 사건 등 실제 현장에서 사실을 담아낸다. 그렇다고 100% 실제인 것은 아니다. 다큐멘터리에도 제작자의 의도가 어느 정도 깔려 있다.

◀◀ DMZ 국제 다큐멘터리 영화제
◀ 인디다큐페스티발

대부분의 다큐멘터리는 개인이나 몇몇 사람이 만들기 때문에 제작 과정도 어렵지만 상영할 기회도 많지 않다. 이러한 다큐멘터리는 영화제나 인터넷을 통해서 만날 수 있다. 사람들이 다큐멘터리를 보는 것은 미학적인 부분이나 잘 짜인 이야기보다 진솔한 이야기가 무엇인지 궁금해서다. 누구에겐가 하고 싶은 말이 있다면 지금부터 하나씩 카메라에 담아 보자. 나의 이야기를 들어줄 사람이 어딘가에서 기다리고 있을 것이다.

영화가 보여 주는 세계

영화를 보는 방법은 여러 가지다. 영화관에서 하는 동시 상영 이벤트 외에 새로운 방법에 도전해 보자. 주말이나 방학을 이용해서 작정하고 한꺼번에 영화를 관람하는 것도 좋다. 주제를 설정해 놓고 영화를 보는 것도 재미있는 방법 중 하나다.

물론 영화가 모든 것을 보여 줄 수는 없다. 제작자의 입장에 따라서 다르게 표현할 수도 있지만 객관적인 사실을 크게 벗어날 수는 없다. 특히 역사 영화의 경우 일정 부분 허구적인 내용이 가미되더라도 그것이 진실을 드러내는 장치로서 작용한다면 더 큰 감동을 전할 수 있다. 영화를 통해서 당시의 사회와 문화 정치 제도 생활을 비교해 보는 것도 영화를 색

한국사	삼국 시대: 〈평양성〉, 〈황산벌〉
	고려 시대: 〈무사〉
	조선 시대: 〈신기전〉(세종), 〈왕의 남자〉(연산군), 〈최종 병기 활〉(인조), 〈광해, 왕이 된 남자〉(광해군), 〈그림자 살인〉(고종) 등
세계사	원시 시대(〈불을 찾아서〉), 이집트 문명(〈십계〉), 로마 시대(〈클레오파트라〉와 〈벤허〉), 십자군 전쟁(〈의적 로빈훗〉), 중세(〈브레이브 하트〉), 몽고 제국(〈칭기즈 칸〉), 근대(〈당통〉, 〈패트리어트〉, 〈마지막 황제〉) 등
서로 다른 시각	2차 대전의 피해자: 〈쉰들러 리스트〉, 〈피아니스트〉
	2차 대전 참전 군인: 〈발키리〉
	베트남 전쟁의 피해자: 〈지옥의 묵시록〉
	베트남 참전 군인: 〈굿모닝 베트남〉
리메이크 작품	〈로미오와 줄리엣〉(1968, 1996), 〈우주 전쟁〉(1975, 2005) 등

다르게 보는 방법이다.

 영화로 그 시대 문화를 엿보기

영화 속에는 그 시대의 모습이 고스란히 담겨 있다. 부모님의 학창 시절이 궁금하다면 영화를 함께 보자. 부모 세대는 향수를 느낄 수 있고 자녀들도 그 시대의 문화와 동질감을 가질 수 있다.

1960~1970년대를 배경으로 한 〈클래식〉(곽재용, 2002), 1980년대의 〈써니〉(강형철, 2011), 그리고 1990년대의 모습을 그린 〈건축학개론〉(이용주, 2012)을 비교해 보자. 영화는 과거와 현재를 넘나들며 이야기가 진행된다.

영화를 통해 시대에 따라 다른 사랑 표현법을 엿볼 수 있다. 왼쪽부터 〈클래식〉, 〈써니〉, 〈건축학개론〉.

사랑 표현의 방법도 다르다.

사랑은 모든 사람의 가슴을 설레게 한다. 〈클래식〉에서는 편지가 사랑의 메신저로 등장하고 세대를 넘어 사랑이 이루어진다. 〈써니〉는 사랑보다는 우정을 강조하지만 헤드셋으로 음악을 듣는 장면에는 짝사랑의 모습이 담겨 있다. 당시의 학생들에겐 음악 다방의 DJ가 선망의 대상이었다. 〈건축학개론〉에서 CD 플레이어로 음악을 같이 듣는 부분은 사랑의 감정을 함께 나누는 것으로 표현하고 있다.

이밖에도 학창 시절의 영화에 빠질 수 없이 등장하는 것이 교복이다. 〈클래식〉에서는 교복과 교련복이 아이콘이었다면 〈써니〉는 교복 자율화가 되면서 사복이 일종의 폼으로 대변되던 시절이었으며, 〈건축학개론〉에서는 당시 인기 있는 브랜드를 본뜬 일명 '짝퉁'이 등장한다. 지금과 비교해 보면 조금 유치하지만 그 당시에는 최신 유행이었다.

영화는 고증을 거쳐 만들어진다. 등장 인물의 행동이 당시의 흐름을 대변하기도 하지만, 간단한 소품부터 시작해서 유행하던 패션, 뉴스와 사건 사고를 통해서 시대의 상황을 엿볼 수 있다. 그렇기 때문에 과거로 거슬러 갈수록 자료가 부족해 제작하는 데 어려움을 겪는다.

우리가 사는 현재도 얼마 후에는 추억이 되고 영화 속 시간이 될 것이다. 우리의 모습이 미래의 영화 속에서 어떻게 그려질지 상상해 보자.

 영화관의 변천

1970년대 영화관과 최근 영화관 모습이다. 지금과 달라진 점은?

① 예매 환경　　② 내부 시설　　③ 요금　　④ 간식　　⑤ 대기업 진출

	1970~1980년대	현재
예매	현장 예매	인터넷, 무인 발권, 현장 예매
시설	스크린 1개 단일 극장	멀티플렉스 10개 이상 스크린, 주차장, 쇼핑, 식당 등이 있는 복합 건물
광고	〈대한뉴스〉, 지역 광고	방송 광고와 동일
상영 방식	필름 방식	디지털 방식, 3D, 4D, 아이맥스
요금	한국 영화 1500원, 수입 영화 2000원 (1980년 기준)	평일 9000원 이상 (지역별로 차이가 있음)
운영자	개인	대기업

1970~1980년대 영화 관람은 특별한 여가 활동이었다. 극장도 적었지만 도심 지역에 모여 있었기 때문에 이동을 해야 했다. 지금과 같은 멀티플렉스 영화관이 등장한 것은 1998년 이후이다. CGV 강변점은 11개의 상영관을 갖추었다. 이후 멀티플렉스는 소형 극장 잠식과 더불어 주거지 밀집 지역까지 들어서게 된다. 동시 상영에 따른 선택권과 집중된 시설의 편리성으로 인해 가족 단위 관객이 증가하면서 멀티플렉스 영화관은 극장 문화를 바꾸어 놓았다.

우리나라 영화가 대기업 자본으로 제작되면서 멀티플렉스로 배급과 상영이 집중되고 있다. 극장 점유율은 2012년 기준 CGV(CJ) 43.2%, 롯데시네마(롯데) 28.6%, 메가박스 및 씨너스(오리온) 18.9%를 차지하고 있다. 4대 상영관은 주로 상업 영화를 상영하고 있으며 경쟁력이 없는 예술 영화, 독립 영화의 점유율은 2%도 채 안 된다. 영화의 다양성 측면에서 대안이 필요한 상황이다.

 영화관의 수입 구조

영화관 수입은 관람 요금과 매점 운영비 그리고 광고 수익과 매장 임대 수익 순이다. 영화관이 멀티플렉스로 바뀌면서 관람객이 늘어나고 매출이 증가하지만 정확한 집계가 공개되지 않고 있다. 관람료 중 세금(10%)을 뺀 나머지 금액에서 투자·배급사와 절반으로 수익을 나눠야 하기 때문에 기대만큼 수익이 늘어나는 것은 아니다. 그러나 매점 운영비는 공식적인 통계가 없고 원가를 적극적으로 공개하지 않는다. 사실 영화관 입장에서 보면 매점 운영의 수익이 매우 높다. 매점에서 가장 많이 판매되는 것은 팝콘과 콜라다. 유통과 관리가 쉬운 데다 수익률도 고려된다. 우리가 즐겨 먹는 과자나 음료수는 다른 곳과 가격 비교가 가능하고 표준화가 되어 있다. 하지만 규격이 제각각인 팝콘, 콜라는 자주 먹지 않기 때문에 비교가 어렵고 포장도 현장에서 수작업으로 이루어지기 때문에 매장마다 차이가 있다. 유통 구조상 가격을 자율적으로 책정할 수 있다.

◆ 3D 영화와 안경

3D 영화를 보기 위해서는 안경이 필요하다. 3D 영화 관람료가 일반 영화에 비해 비싼 이유에는 안경 가격도 포함된다. 초기에는 3D 상영관에서 1회용 안경을 관객들에게 나눠주고 영화가 끝나면 회수했다. 그런데 안경의 위생 상태와 소유 등의 문제로 인해 최근 들어 극장마다 전과 다른 방식으로 안경을 제공하고 있다. 그러나 3D 영화가 대중화되면서 영화 제작 단가와 안경 제작비 역시 하락하였음에도 여전히 높은 가격이 논란이 되고 있다.

공정거래위원회는 2008년 대형 영화관이 외부 음식 반입을 막는 것은 불합리하다고 판단해 시정 조치를 내렸다. 그동안 극장 내 외부 음식 반입이 어려운 데다가 도넛, 팝콘, 핫도그, 음료 등의 비용이 시중보다 높게 판매되었다. 현재 외부 음식 반입이 허용되고 있지만 극장 측에서는 이런 내용을 고객들에게 적극적으로 알리지 않는다.

◆ 영화 상영 시간은 언제부터인가

영화관의 상영 시간은 정해져 있지만 실제 시작 시간은 광고가 끝난 이후다. 영화관 측에서는 늦게 오는 관객을 배려해서 10분 정도 여유를 두고 영화를 상영하는 것이라고 설명하는데 그동안 광고를 상영한다. 영화 시작 전 어림잡아 10개가 넘는 광고가 나온다. 예고편과 상영관 안내를 빼고서도 5편 이상의 제품 광고를 본다. 시작 시간 후에도 이어지는 광고는 극장의 순수익이다. 관객에게도 돈을 받고 광고주에게도 돈을 받은 2중의 수익 구조인 것이다.

🐌 당당하게 영화 보기

열심히 작성한 과제물을 친구가 허락도 없이 베껴서 제출했다면 화가 날 것이다. 하지만 파일을 공유하거나 복제할 때는 별다른 생각을 하지 않는다. 영화나 음반의 경우 오랜 시간 동안 투자를 해서 만들어진 작품이다. 시장에 출시되기도 전에 불법 경로를 통해서 유출되는 경우가 발생하면서 제작사들의 피해 사례가 증가하였다.

1957년 저작권법이 제정된 이래, 시대의 변화와 사회적 요구에 따라 몇 차례 개정된 저작권법을 통해 저작자들의 권리가 보호되면서 저작물이 시장에서 자리를 잡게 되었다. 저작권법에서는 소설, 음악, 연극, 미술,

굿다운로더 캠페인은 불법 다운로드를 막고 매너 있고
당당하게 영화를 즐기자는 합법 다운로드 권장 캠페인이다.

건축, 영상, 컴퓨터 프로그램을 다루고 있다. 저작자의 허락 없이 사진이
나 음악, 영화를 공유하거나 퍼나르는 행위는 저작권법에 위배되는 것으
로 법률에 의해 민·형사상 책임을 물을 수 있다. 사소한 일이라도 일단 고
발을 당한다면 절차를 따를 수밖에 없다. 이때는 당황하지 말고 저작권위
원회나 저작권보호센터의 상담 창구를 활용하도록 한다. 그러나 무엇보
다도 우선인 것은 저작권법을 위반하지 않는 것, 정당한 절차를 거쳐 이
용하는 것이다.

그 실천적 활동 중 하나는 '굿다운로더 캠페인'이다. 영화인이 중심이

◆ 다양한 영화제

영화제*Film Festival*란 영화인과 관객이 함께하는 축제다. 시상식뿐만 아니라 감독과의 대
화도 이루어지며 정보를 교환하고 영화 시장이 형성되기도 한다. 세계적으로 권위 있는 베
를린 영화제, 칸 영화제, 베니스 영화제와 우리나라의 부천 국제 판타스틱 영화제, 전주 국
제 영화제, 부산 국제 영화제는 모두 개최 도시의 지명을 따르고 있다. 이밖에도 환경, 장
애인, 여성, 청소년, 인권 등의 주제별, 장르별로 구분되는 경우도 있으며 지역 축제와 함께
영화제가 열리거나 단편 영화만을 다루는 영화제도 있다. 한편 스마트폰으로 영화 제작이
가능해지면서 스마트폰 영화제도 열리고 있다. olleh 국제 스마트폰 영화제, 홍콩 국제 모
바일 영화제, 29초 영화제는 온라인으로도 참여와 관람이 가능하다.

되어 시작되었으며 불법 다운로드를 막고 올바른 다운로드로 매너 있고 당당하게 영화를 즐기자는 합법 다운로드 권장 캠페인이다. 실천 방안으로, 첫째 저작물에 대한 정당한 대가를 지불한 온라인 콘텐츠 이용하기, 둘째 웹하드나 P2P에서 불법 업로드 하지 않기, 셋째 개봉 중인 영화는 극장에서 관람하기이다. 극장에서 영화를 볼 때 관람료를 내는 것처럼 다운로드 받는 영화도 당당하게 값을 치르고 관람해야 한다.

영화 마니아를 위한 정보

영화박물관

http://www.koreafilm.or.kr/museum

영화에 대한 지식을 전달하고 함께 자료를 전시하고 있으며
직접 체험할 수 있는 공간을 두고 있다.

남양주 종합 촬영소

http://studio.kofic.or.kr

시나리오 한 권만 있으면 촬영부터 후반 작업까지 원스톱으로
한 편의 영화를 제작할 수 있는 국내 유일의 영화 촬영 스튜디
오다. 매년 20편 이상의 작품이 이곳에서 촬영되고 있다.

유에프오 필름

http://www.youefo.com/film

단편 영화 무료 온라인 서비스로 단편 영화를 만드는 사람들
과 관객들을 위한 소통의 공간으로 열어 놓고 있다.

영화관 입장권 통합 전산망

http://www.kobis.or.kr/kobis/business/main/main.do

우리나라에서 상영된 역대 상영작의 성적뿐 아니라 상영 중인
영화 정보, 실시간 박스오피스 순위, 매출 정보를 알 수 있다.

4

대중 음악

대중 음악은 우리의 감성을 달래주는 친구이다. 음악을 듣고 노래할 때 우리의 마음은 편안해지고 즐거움을 느낀다. 음악은 단순한 소리가 아니라 제2의 언어이다. 음악을 통해 우리는 자신의 삶을 노래하고, 월드컵 응원가를 함께 부르는 사람들처럼 서로 공감하며 하나가 되기도 한다. 또한 노래는 특정한 사상이나 세계관을 반영하고 사람들을 설득하기도 한다. 전통 음악이 한정된 공간에서 함께 참여하는 것이 특징이라면 대중 음악은 창조적인 생산자가 제작하고 소비자는 즐기는 수동적 입장이다. 오늘날 인터넷 시대에 대중 음악은 일방적으로 생산된 음악을 단순히 소비하는 수준을 넘어서 변형하고 평가하며 공유하는 것으로 발전하고 있다. 이 장에서는 대중 음악이 갖는 기능을 살펴보고, 음악을 제대로 즐기는 방법을 함께 찾아보도록 하자.

◀ 사진: 옥성일

🐌 음악에도 세대가 있다

다음은 방송사 가요 프로그램 홈페이지이다. 부모님이 즐겨보는 음악 프로그램과 청소년이 즐겨 보는 프로그램이 무엇인지 골라 보자.

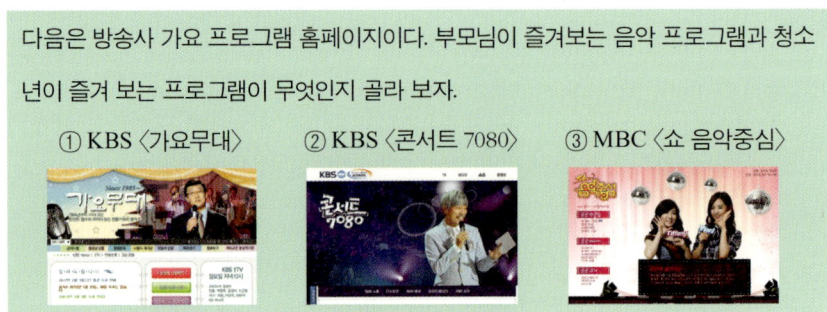

① KBS 〈가요무대〉　　② KBS 〈콘서트 7080〉　　③ MBC 〈쇼 음악중심〉

우리가 하루에 음악을 듣거나 흥얼거리는 시간은 얼마나 될까? 하루 종일 이어폰을 꽂고 음악을 듣는 사람도 있고, 깊은 밤 라디오에서 흘러나오는 음악에 가슴 설레는 사람도 있을 것이다. 좋아하는 사람이 즐겨 들었기에 들으면 행복한 곡도 있을 것이고, 어린 시절 한 순간을 기억하게 하는 음악도 있을 것이다.

좋아하는 음악과 가수만 알아도 그 사람의 세대와 취향을 알 수 있다. 세대마다 대표적인 음악이 있기 때문이다. 젊은 날 좋아하던 노래는 기쁨과 슬픔을 함께 나누는 벗처럼 평생을 함께하게 된다.

나이가 지긋한 어른들은 아이돌 가수들이 나오는 음악 프로그램들을 보면 채널을 돌려 버리곤 한다. 시끄럽고 빠른 랩이 흘러나오는 음악을 거북해한다. 물론 옛날 음악만 계속 흘러나오는 음악 프로그램을 즐겨듣는 청소년도 드물 것이다. 할아버지, 아버지, 자녀 세대별로 즐기는 노래는 뚜렷하게 구분된다. 장년층의 애창 가요를 주로 방송하는 〈가요무대〉, 1970년대와 1980년대의 음악을 다루는 〈콘서트 7080〉, 그 외 방송사마다 10대 위주의 최근 가요를 다루는 음악 프로그램이 따로 있는 것도 이런 이유이다.

음악은 세대차뿐 아니라 개인의 성향을 나타내기도 한다. 가까운 사람을 더 잘 알고 싶다면 좋아하는 음악이 무엇인지 집중해 보자.

 대중 가요의 역사

다음 중 전통 가요는 무엇일까?

① 트로트　　　　　② 민요　　　　　③ 유행가

전통 가요는 민요를 말한다. 민요는 입에서 입으로 전해지는 우리 민족의 노래이다. 요즘은 전통 가요라고 하면 민요보다 트로트, 이른바 뽕짝을 말하는데, 트로트는 일제 시대 일본 엔카에서 유래되었다. 트로트 가수들이 일본에서 활동하는 것도 바로 엔카 수요가 일본에 있기 때문이다. 일본에서는 1960년대에 엔카를 전통 가요라 부르게 되었고, 우리는 1980년대 이후 〈가요무대〉와 같은 프로그램을 통해 트로트를 전통 가요라고 부르게 된다.

3·1운동 후 일본 음계에 트로트 리듬을 붙인 유행 창가가 등장한다. 주로 사랑, 이별, 슬픔 등을 노래했다. 우리가 말하는 유행가는 1930년대 이후 등장하는데, 유행 창가들을 음반으로 제작해 유행하게 된 것이다. 시대 상황과 맞물려 허무하고 무력한 노래들이 많았다.

해방 이후 본격적으로 서구 문화가 들어오면서 라틴 계통의 '맘보,' '차차차' 등이 유행했다. '스탠다드'와 '스윙' 같은 음악도 유입된다.

1960년대에는 미8군 무대에서 성장한 가수들이 가요계에 들어오면서 다양한 음악 장르가 유행하게 된다. 경제가 급성장하고 발전하면서 허무를 노래하던 트로트는 점차 인기가 식어 갔다. 그러나 1964년 이미자가

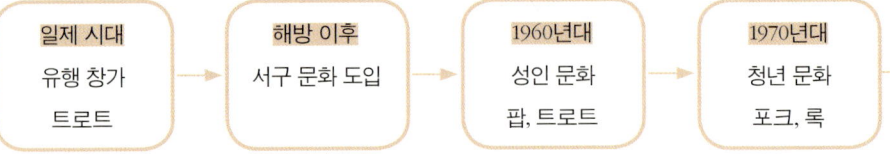

일제 시대	해방 이후	1960년대	1970년대
유행 창가 트로트	서구 문화 도입	성인 문화 팝, 트로트	청년 문화 포크, 록

등장하면서 트로트는 다시 최고의 인기를 누린다. 1960년대 말에는 남진과 나훈아가 등장하면서 인기 경쟁을 벌였고, 1970년대 트로트 전성기를 이끈다.

1970년대에는 미국의 청년 문화와 포크 문화가 들어온다. 당시 통기타와 청바지, 맥주로 상징되는 젊은 음악이 이어져 이후 대학 노래패의 노래 운동으로 발전한다. '세시봉'으로 잘 알려진 송창식, 윤형주, 양희은, 이장희 등과 한대수가 대표적인 가수들이다.

1980년대에는 대학가를 중심으로 노래 운동이 활발하게 전개된다. 트로트, 디스코, 고고 등이 유행했고, 가수 조용필의 전성기였다. 1980년대 후반 이광조, 이문세 등으로 시작된 발라드 전성 시대는 지금까지도 가요계의 중요한 장르로 자리 잡고 있다.

1990년대는 '서태지와 아이들'의 등장으로 랩과 댄스 음악이 가요계를 평정한다. 이때부터 10대가 음반 시장의 주요 소비자로 등장한다. 가요 프로그램도 주로 10대 위주의 음악으로 재편되면서 중장년층은 TV와 음반 시장을 떠나 노래방과 고속도로 음반 등으로 발길을 옮기게 된다.

같은 시기에 한편으로는 홍익대학교 주변의 라이브 클럽을 중심으로 펑크 록이 확산된다. 이들은 대기업 음반사의 대량 유통 구조로부터 벗어나 소규모 독립 음반사indipendent rable를 통해 음악을 유통하였다.

1990년대에 설립되기 시작한 대형 기획사들은 2000년대 들어 잘 다듬어지고 기획된 10대 후반 아이돌들을 내세움으로써 가요계뿐만 아니라 연예계 전반에 영향을 끼치고 있으며, 아이돌 전성 시대를 이끌고 있다.

2010년 들어 오디션 열풍이 불면서 전국적으로 실용 음악 학원이 넘쳐

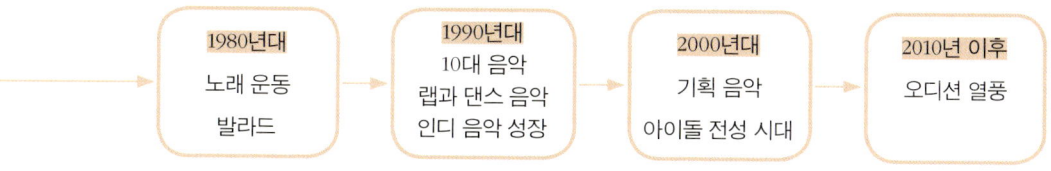

1980년대	1990년대	2000년대	2010년 이후
노래 운동 발라드	10대 음악 랩과 댄스 음악 인디 음악 성장	기획 음악 아이돌 전성 시대	오디션 열풍

나게 되었다.

음악을 사랑하는 민족답게 우리 곁에는 언제나 음악이 함께했고, 과거 딴따라로 무시당하던 가수는 선망의 직업이 되었다. 앞으로 우리가 즐기게 될 음악은 어떤 것이 될까? 음악과 함께 즐거운 생활을 할 수 있는 길은 어디 있는지 찾아보자.

🐌 대중 음악의 장르

다음은 대중 음악의 장르 중 대표적인 몇 가지를 소개한 것이다. 장르의 탄생 역시 그 시대의 산물이며 대중과 함께 호흡해 온 것을 알 수 있다. 자신이 가장 좋아하는 노래는 어떤 장르인지 생각해 보자.

블루스와 재즈: 블루스*blues*는 흑인들의 힘든 삶을 표현한 노래로 4마디 기준의 ABA 형식이 특징으로 재즈의 전신이다. 재즈*jazz*는 20세기 초 미국 흑인의 민속 음악과 백인의 유럽 음악이 융합되어 발생한 즉흥적 음악이다.

리듬 앤 블루스(R&B): 블루스가 스윙 같은 댄스풍 재즈와 섞여 태어난 흑인 음악이다. 블루스가 전자 기타와 만나 강렬해지면서 록의 뿌리인 로큰롤이 탄생했다. 자메이카의 토속 음악과 만나 스카*ska*라는 양식을 탄생시켰다.

록: 기성 세대와 보수적인 사회에 대한 저항감을 폭발적인 소리로 표현하는 음악이다. 전자 기타를 중심으로 키보드, 전자 베이스, 드럼 등이 어우러지는 강한 사운드가 특징이다.

힙합: 1970년대 말 미국 흑인가에서 발생한 음악이다. 흑인 젊은이들이 백인 사회에서 느끼는 불평등에 대한 저항을 직설적으로 표현하였다. 랩, 헐렁한 의상과 춤, 태깅*tagging*(거리 낙서) 등으로 상징되는 하나의 문화적 현상이다. 클래식이나 다른 노래의 일부를 샘플링한 곡들이 많다.

트로트: 4분의 4박자를 기본으로 하며, 강약의 박자를 넣고 주로 장년층이 즐기는 음악으로 고속도로 휴게소에서도 많이 판매되는 음악이다.

포크: 창작자가 불확실하고 자연 발생적으로 오랫동안 전해 내려온 영미권의 민속 음악으로, 현재는 영미권의 민속 음악 풍으로 작곡된 곡을 폭넓게 가리킨다. 우리나라에서는 1970년대에 통기타와 함께 기교없이 자신의 이야기를 노래하는 음악으로 시작했다.

발라드: 중세 유럽의 시 형식에서 유래한 음악으로 사랑의 감정을 담아 부드럽고 느리게 부르는 노래이다. 우리나라에서 1980년대 이후 꾸준히 사랑받는 장르이다.

듣는 음악에서 보는 음악으로: 뮤직 비디오와 영상 음악

1981년 8월 1일, 버글스Buggles가 부른 〈비디오 킬 더 라디오 스타Video Killed The Radio Star〉가 MTV 개국과 동시에 방영되며 본격적인 뮤직 비디오 시대가 열렸다. MTV는 방송 초기에는 별볼일 없는 케이블 채널이었다. 10대들만 좋아했고, 당시 사람들은 음악을 영상과 함께 보는 데 대해 거부감도 컸다. 하지만 1983년 마이클 잭슨의, 단편 영화처럼 제작한 최초의 뮤직 비디오인 〈스릴러Thriller〉가 등장하면서 유명 가수나 팝 그룹의 공연 실황, 노래를 비디오에 담아 방영하는 MTV가 선풍적인 인기를 모으기 시작했다. MTV는 미국 내에서 막강한 파급력을 가진 매체로 급성장했고, 1984년에는 비디오 뮤직 어워드(VMA)를 만들었다.

국내도 케이블 TV에서 초보적인 뮤직 비디오를 보여 주었으나 '서태지와 아이들'의 등장과 함께 수준 높은 뮤직 비디오가 계속 발표되면서 1990년대에 뮤직 비디오 제작이 활발해진다.

영화 같은 화려한 영상이 노래를 압도하는 뮤직 비디오를 처음 보여 준 것은 조성모의 〈투 헤븐〉(1998)을 꼽을 수 있다. 드라마 같은 이야기 전개와 톱스타를 등장시킨 뮤직 비디오는 화제를 몰고 왔다. 이후 뮤직 비디오는 홍보의 필수 조건이 되었고, 강한 인상을 주기 위해 자극적인 영상이 자주 등장하였다. 또한 지나친 음반 제작비의 상승과 공중파 방송에서 방송되지 않으면 인기를 얻기 어려운 문제점이 이어지고 있다.

TV의 등장으로 영화가 사라지지 않았듯이, 라디오는 소리만을 전달하면서 청취자를 상상의 세계로 빠져들게 해주며, 자연스레 전화 연결 등을 통해 DJ와 청취자들의 소통 공간을 만들 수 있다는 특성이 있어 여전히 살아 있다. 그러나 영상 음악으로 대세가 바뀌면서 음악보다 영상과 이미지를 더 중요하게 취급할 때가 많아 음악 애호가들의 비난이 이는 경우도 있다. 외모, 퍼포먼스, 영상을 중요시하는 대중 음악계의 흐름은 바로 이런 맥락에 닿아 있다.

음악의 디지털화, 세계와 접속하다

21세기 대중 음악은 mp3와 온라인 스트리밍 서비스의 등장으로 변화를 맞고 있다. 음악 저작권자들이 온라인 저작권을 강화하고 있고, 다른 쪽에서는 무료로 음원을 공개하는 음악가도 있다. 앞으로도 대중 음악계에 지속적인 변화가 닥처올 것이다.

　인터넷은 또 다른 변화를 불러오고 있다. 이전엔 알려지기 힘들었던 음악이 해외 팬들에게 쉽게 전해지고 동영상 하나로도 유명 인사가 되기도 한다. 2005년 전자기타리스트 임정현은 새롭게 편곡한 〈캐논〉 변주곡 UCC를 유튜브youtube에 올렸고 유튜브가 주최하는 공연에 초청 받기도 했다. 정성하는 초등학생이던 2006년 재미삼아 올린 기타 연주 영상이 인기를 끌면서 점차 유명세를 타고 기타 실력도 늘어 음반을 내고 기타리스트가 되었다. 힙합 그룹 에픽하이의 경우 미국 아이튠즈 iTunes 음악 판매 순위 1위에 올랐다. 2010년 3월 9일 발매한 음반 《에필로그Epilogue》는 아이튠즈에서 발매 당일 20위권에 진입하였고 다음날 1위를 차지하기도 했다. 2010년 7월 아이튠즈에 올린 태양의 솔로 싱글 〈솔라〉가 아이튠즈 R&B 세일 차트에서 미국 2위, 캐나다 1위를 차지하기도 했다. 인터넷을 통해 알려진 여러 K-pop 스타들이 전 세계를 무대로 공연을 펼쳤고, 2012년 세계를 강타한 싸이의 〈강남스타일〉처럼 현지 홍보 활동 없이 유튜브와 유명인의 SNS를 통해서 화제를 몰면서 인기를 끈 예도 있다.

이제는 유튜브와 SNS 등을 통해 이전보다 훨씬 빠르게, 또 지역 장벽을 뛰어넘어 전 세계의 음악이 유통되고 전파되고 있다. 2007년 전 국민의 인기를 끈 원더걸스의 〈텔미Tell me〉는 초중생부터 군인, 직장인까지 모두가 춤을 따라하는 패러디 영상을 찍어 올렸다. 〈강남스타일〉은 홍대 스타일, 강남 연습생 스타일, 경찰 스타일, 다양한 외국 패러디 영상까지 유튜브를 통해 전 세계적으로 패러디되는 등 대단한 인기를 끌었다.

가수야? 엔터테이너야?

다음은 가수 산이San E가 노래한 〈맛있는 산〉 가사 중 일부분이다.

대세는 여자 그룹 아이돌 근데 난 여자 그룹 아이돌 셋 다 아니고

나이도 26살이고 그래도 here I go

요즘 가온 정말 문제가 많아 시험지처럼 노래보다 필요한 건 전신성형

모든 노래 똑같은 후크송에 오토튠

질려 질려 양심이 찔려 빌보드 차트에서 빌려온 실력

들어본 멜로디 표절이 트렌드 그래도 팔리는 짝퉁 브랜드

차렷 모두 열중셋 나는 직접 준비가 된 뮤지션

명품 복근 대신 명품랩 (여기 서비스) 한번 더줄께

자 여러분 맛 좋은 맛 좋은 랩이요 맛 좋은 아주 그냥 죽여줘요 거기 새치기 말고 줄 서줘요

[중략]

예전엔 드렁큰 타이거 힙합을 아느냐? 이젠 우리 할머니도 힙합을 알아!

랩 그냥 그거 빠르게 말하면 돼 빠르게 말하고 빠르기만 하고 좀 다르게 말하면 돼

NO 틀렸지만 참 잘했어요 (힙합은 했지만 랩은 안 했어요)

내 랩을 들어봐 넌 쿨해지고 쟤 랩을 들어봐 넌 우울해지고

나는 키 작고 또 미쳐 보이지만 진짜 쿨한 힙합보이

난 이 시대 10대 20대를 대표해 모두 where u at

위의 노래 가사에서는 가요계의 여러 문제점을 지적하고 있다. 노래를 못 불러도 복근과 예쁜 얼굴처럼 외형이 좋다면 인기를 끌 수 있다는 생각, 인기곡을 쉽게 만들기 위해 외국 히트곡을 적당히 표절하고, 또 중독성 있는 음절을 반복하는 후크송처럼 유행에 쉽게 편승하는 가요계의 세태를 꼬집고 있다.

◆ 후크송*hook song*

소녀시대를 국민 걸그룹의 자리에 앉힌 노래 〈지*Gee*〉를 기억할 것이다. "Gee Gee Gee Gee Baby~"처럼 후크송은 후렴 부분에 있는 단어를 반복한다. 우리나라에서는 2008년부터 가요계를 강타했다. 후크송이 인기를 끈 요인은 귀에 쏙 들어오고 반복적인 부분이 중독성이 있기 때문이다. 음반 시장이 디지털화되면서 정규 앨범뿐 아니라 미니 앨범이나 벨소리 등으로 음원이 이용되면서 매일 수많은 곡들이 쏟아지고 있다. 소비자는 앞 부분만 듣고 노래를 선택하기 때문에 처음부터 노래의 절정을 들려주어서 강한 인상을 주려는 것도 한 요인이다. 절정을 이미 들려주었기 때문에 같은 부분을 반복하게 된다. 가사 역시 기승전결을 따르기보다 단순하고 쉬운 가사를 쓴다. 후크송 자체는 노래의 완성도와 무관하지만 지나치게 남용되면서 국내 가요의 다양성을 해치고 질을 떨어뜨리는 요인으로 비난 받기도 했다.

표절인가 비슷할 뿐인가

과거 공연윤리위원회가 있을 때는 표절의 기준이 있었다. 당시 4음절 이상 같거나 그리고 옥타브를 기준으로 변환시킨 것이거나 정확하지 않아도 4음절 동안 음이 84% 같을 때 표절이라고 정리하였다. 2소절까지의 박자가 같고 음정이 같으면 표절로 인정되는 것이다. 전체적인 분위기로는 표절로 간주할 수 없으며 공연윤리위원회가 제시한 표절 기준에 맞는 부분만이 표절로 간주되었다. 표절로 판정되면 가수 생명이 끝장이었다. 당시 인기 그룹의 리더는 표절로 인해 자살 소동을 벌였고, 탤런트와 가수로 인기 절정이었던 한 연예인은 가수 생활을 은퇴하기도 하였다.

표절 논란이 일면 해당 작곡가가 내세우는 반대 논리 중 가장 대표적인 것이 비슷하게 들린다고 다 표절이 아니라는 것이다. 사실 대중 음악의 특성상 제한된 조건들이 많기 때문에 비슷하게 들릴 가능성이 높다. 우선 짧은 곡 안에 으뜸음이 정해져 있는 조성 음악이기 때문에 한 조성 안에서 비슷한 음계가 나올 수 있다. 둘째, 한정된 음역에서 낼 수 있는 소리가 일정하고 리듬도 한계가 있기 때문이다. 셋째, 창법도 R&B, 힙합 등 유행이 있고 비슷하기 때문이다.

그렇다면 갈수록 표절 논란이 늘어나고 있는 이유는 무엇일까?

첫째, 스타를 키우고 관리하기 위해서는 많은 제작비가 소요된다. 위험성이 높은 음악 시장에서 제작자가 성공 가능성을 높이기 위해 기존에 검증된 곡을 선호하기 때문이다. 외국의 인기곡을 쉽게 변형해 다른 곡으로 만들 수 있고 인기를 끌 수 있다는 점도 큰 유혹이다.

둘째, 한국저작권위원회 산하 표절위원회가 있지만 과거 공연윤리위원회가 맡았던 포괄적 표절 심의와 달리 감정 영역만 관여한다. 더구나 피해자가 500만 원의 비용을 준비해야 되기 때문에 심의를 포기하는 경우가 많다.

인기를 끌 만한 외국의 최신곡을 비슷하게 우려내는 노래와 표절이 사라지지 않는다면 국내 음악 산업은 어느 순간 무너져 버릴 위험성이 있다. 서태지 팬덤의 조직적 대응으로 1996년 시행된 '음반 및 비디오물에 관한 법률'에서 음반 사전 심의가 없어지게 된다. 반면 표절이 급증하는 부작용도 나타났다. 표절은 당사자의 이의가 있을 경우에만 심의를 하기 때문에 별다른 제재 조치가 없어졌다. 심의 자체가 결론이 나기 어렵고 결과가 나온다고 해도 처벌이 미미하기 때문이다. 물론 네티즌의 문제 제기가 있기는 하지만 이미 흥행을 하고 수익을 낸 후 후속 조치를 하는 순서를 밟기 때문에 표절 금지에는 별다른 효과가 없는 형편이다.

표절 논란이 많다 보니 10여 년 전에는 표절 원곡을 모은 음반《디 오리지널》이 발매되기도 하였다. 여기에는 지오디의 〈거짓말〉과 비슷한 알 켈리의 〈아이 빌리브 아 캔 플라이〉, 룰라의 〈날개 잃은 천사〉와 비슷한 세기의 〈오, 캐롤라이나〉 등 15곡이 담겨 있다.

◆ **샘플링이 뭐예요?**

샘플링sampling은 힙합에서 많이 사용하는 기법이다. 특정 곡의 일부분을 따서 그대로 혹은 변형하여 사용하는 창작의 한 방법으로 원저작권자의 허락을 받고 창작물을 모방하는 것이다. 문제는 표절이 아닌 최신 유행을 따른 레퍼런스(참고 자료)라는 주장이다. 이 경우 의도적인 표절인지 가리기는 매우 어렵다. 음악 소비 주기가 매우 빨라지고 수많은 곡이 매일 등장해 사라지는 상황에서 변덕스런 소비자들의 구미에 맞추려면 최신 경향을 따라야 성공 가능성이 높고 안전하다. 작곡가는 일단 유명세를 타게 되면 많은 가수들이 물밀 듯이 곡 제의를 한다. 따라서 작곡가에게 표절의 유혹은 항상 가까이 있기 마련이다.

우리 가요계의 심각한 현실을 그대로 보여준 것이 이효리 사건이다. 이효리는 2006년에도 2집 타이틀곡 〈겟차〉가 브리트니 스피어스의 〈두 썸씽*Do Somethin'*〉을 표절했다는 의혹이 일면서 방송 활동을 쉬게 된다. 2010년에는 작곡가 바누스 바큠이 작곡해 '표절 논란'에 휩싸인 곡은 총 6곡으로 거의 똑같이 베낀 것이라 가요계에 충격을 주었던 사건이었다. 최근에도 가요계에는 표절 시비가 사라지지 않고 있다.

 ## 오디션 프로그램에 왜 열광하는가

오디션 열기를 불러온 〈슈퍼스타 K2〉

여러분이 기획사 사장이라면 어떤 점을 고려해서 신인 가수를 선발하겠는가?
① 화면에 비치는 얼굴 크기
② 끼
③ 춤
④ 가창력

오디션*audition*이란 말은 라틴어 아우디레*audire*에서 유래한 것으로, 과거 오페라 극장에서는 가수를 채용할 때 소리만을 듣고 판단했다고 한다. 오디션은 공개 경쟁, 심사가 원칙이기 때문에 신뢰할 만한 전문가와 공정한 평가 체계가 전제되어야 한다.

오디션 프로그램이 갖는 장점이 있다. 우선 '보는 음악'보다 '듣는 음악'의 중요성이 부각된다. 시청자들은 노래의 힘과 가수의 가창력을 제대로 느낄 수 있게 되었다. 신세대들도 이전 가요를 접할 수 있고, 기존 가요를 새롭게 해석해 부르는 참가자들을 통해 노래의 새로운 맛을 느낄 수도 있다. 사람들은 자신이 좋아하는 가수와 노래에 한 표를 던지며 즐거워한다. 또한 배경이나 외모가 아니어도 실력과 개성을 갖고 도전하고 성공할 수 있는 기회가 주어진다. 오디션 열풍의 시작인 2010년 〈슈퍼스타 K2〉의 우승자 허각은 가장 대표적인 인물이다.

부정적인 측면도 심각하다. 외국 오디션 프로그램과 달리 우리나라는 개인의 애절한 사연을 상품화한다. 출연자의 어려운 이야기에 공감한 시청자들은 그들의 합격과 탈락을 통해 경쟁과 도전에 더 몰입하게 된다. 출연자의 사생활이 지나치게 침해되어 피해를 입기도 하고, 편안한 오락 프로그램에서도 현실보다 더 심하게 경쟁한다. 도전 자체보다는 승패에 더 주목하게 되고 승자가 모든 것을 차지하는 구조 역시 우리의 현실을 더 불행하게 하는 것은 아닐까. 또 수많은 사람들이 오디션 고시를 통과하기 위해 학원에 몰려들면서 오디션 사교육이 급증하는 점도 문제이다.

오디션 프로그램은 대부분 여러 명의 지원자, 도전자들이 매 회를 거치며 탈락하고 마지막 우승자가 살아남는 경쟁 형식을 이루고 있다. 과거 신선한 음악으로 인기를 끌던 〈대학가요제〉가 기존 가요와 비슷해지면서 인기가 식었듯이 지금의 오디션 프로그램 열풍 역시 시청률에만 매달려 새로운 가치를 만들지 못하고 탈락과 경쟁의 요소에만 매달린다면 그 장점을 모두 잃어버리게 될 것이다.

크로스 오버: 대중 음악과 다른 음악의 만남

대중들이 서양 클래식보다 대중 음악을 선호하는 이유는 무엇일까?

① 클래식은 졸려서   ② 듣기 쉬워서   ③ 대중 음악밖에 들어본 것이 없어서

과거에는 대중 음악과 클래식 음악의 벽이 높았다. 학교에서 배우고 음반을 통해 듣게 되는 클래식 음악은 17~18세기의 바흐, 베토벤, 모차르트의 연주이고 대중 매체를 통해 접하게 되는 음악은 대중 가요였기 때문이다. 대중 음악을 저급 문화로 여기는 분위기도 있었다. 그러나 영국의 비틀스 등을 통해 클래식과 인도 음악 등 다양한 음악이 대중 음악과 만나기 시작하였고 이제는 여러 영역을 오가는 음악들이 많이 등장하고 있다.

자신이 즐겨 듣는 록 음악이나 힙합에서 클래식 음악을 사용한다면 강한 음악이나 랩에 익숙치 않은 세대와 신세대가 비슷한 느낌을 공유할 수 있을 것이다. 유명한 클래식이 들어가면 낯설지 않기 때문에 쉽게 다가

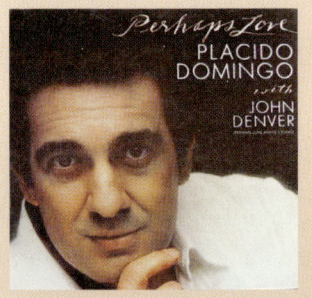

◆ **최고의 명곡 – 팝과 클래식의 아름다운 만남**
1980년 〈아마도 사랑은*Perhaps Love*〉이란 곡이 발표되었다. 세계 최고의 테너 중의 한 사람인 플라시도 도밍고와 컨트리 가수 존 덴버가 만나 서정적인 노래를 세계인들의 가슴에 심어주었다. 국내에도 멋진 곡이 있다. 1989년 이동원과 테너 박인수가 같이 부른 〈향수〉이다. 이 곡은 1927년에 발표된 정지용의 시에 곡을 얹은 것이다. 당시 음악대학 교수들은 성악가가 대중 가요를 부르는 것에 반대하였지만, 오늘날 가장 아름다운 크로스 오버 가요로 남아 있다.

가게 되고, 음악적으로도 풍부한 느낌을 줄 것이다. 드라마 〈베토벤 바이러스〉, 예능 프로그램인 **KBS**의 〈남자의 자격〉 합창 미션 편에서 인기를 끈 〈넬라 판타지아*Nella Fantasia*〉는 익숙한 곡이 되었다. 이 곡은 영화 〈미션*The Mission*〉(1986)에 나온 〈가브리엘의 오보에*Gabriel's Oboe*〉가 원곡이며, 이 곡에 팝페라 뮤지션인 사라 브라이트만이 가사를 붙여 불렀다. 송창식, 이선희 등 유명 가수들도 국악을 접목한 대중 음악을 시도하였다.

 가사를 통해 세상 보기

비슷한 감정을 표현한 다른 노래의 가사이다. 표현이 어떻게 다른지 생각해 보자.

하늘도 슬퍼 비를 내려	→	총 맞은 것처럼 눈물이 흘러나와
사랑이 멀어져 가네	→	꺼져 줄게 잘살아

우리가 따라 부르는 대중 가요의 가사에는 시대상과 같은 시대 사람들의 정서가 담겨 있다. 과거 유행가는 자연에 빗대어서 자신의 감정을 노래하거나 고향과 시골 풍경을 그리는 노래가 많았다. 그러나 1980년대 이후 대부분 도시에 인구가 모여들면서 고향과 자연이라는 주제는 점차 사라지는 추세이다.

경제가 성장하고 사회 분위기가 바뀌면서 자신의 감정과 욕망을 그대로 드러내는 가요가 늘어나고 있다. 가사에 사용된 단어도 보다 직설적이고 강한 느낌을 주고 있다. 사랑을 표현할 때도 '사랑해,' '싫어,' '좋아'보다는 '미쳐,' '죽도록 ○○해,' '날 가져' 같은 표현을 사용한다. 이별의 쓰린 마음도 '총 맞은 것처럼,' '꺼져 줄게, 잘살아'와 같이 강하고 과장된 표현으로 노래한다. 이제는 10대 가수가 부르는 노래에도 노골적이고 유혹적인 가사가 쉽게 등장한다.

핵가족에서 혼자 TV나 게임 등을 하며 성장기를 보낸 세대가 등장하면서 개인주의적인 경향이 강해진다. 또한 자신의 모습을 찾으려 하고 자유를 추구하게 된다. 학업에 지친 청소년들은 기성 제도를 거부하는 노래에 공감하기도 한다. 1997년 IMF 이후 20년 가까이 청년 실업이 심화되면서 사회 진출이 어려운 세대가 가진 불만을 노래로 표현하는 경향도 등장한다.

"이제 그런 가르침은 됐어 / …… 내 사투로 내가 늘어놓을래 / 매일 아침 일곱시 삼십분까지 우릴 조그만 교실로 몰아넣고" (1994년 서태지와 아이들 〈교실 이데아〉)

"청바지 입고서 회사에 가도 깔끔하기만 하면 괜찮을 텐데 / 사람들 눈 의식하지 말아요 즐기면서 살아갈 수 있어요 / …… 다 같이 춤을 춰 봐요" (1997년 DJ DOC 〈DOC와 춤을〉)

"내가 이제 주인이 된 거야 어른들의 세상은 이미 갔다 / 낡아 빠진 것 말도 안 되는 소린 집어 치워" (1997년 H.O.T 〈We Are The Future〉)

"나를 잘 알지도 못하면서 내 겉모습만 보면서 / 춤추는 내 모습을 볼 때는 넋을 놓고 보고서는 / 끝나니 손가락질하는 그 위선이 난 너무나 웃겨" (2010년 Miss A 〈Bad Girl Good Girl〉)

최근 한국 음악이 외국에 알려지면서, 수준 낮게 번역된 가사로 인해 한국 가요가 무시당하는 경우가 있다고 한다. 한국 음악이 제대로 알려지려면 가사를 번역하는 데도 신경써야 한다.

또한 가사 속에는 그 시대의 여성관과 연애관이 반영되어 있다.

다음 네 곡의 가사를 통해 남녀의 관계가 어떻게 그려지는지 정리해 보자.

〈편지〉(어니언스, 1973)	〈이유 같지 않은 이유〉(박미경, 1994)
말 없이 건네 주고 달아난 차가운 손 가슴 속 울려주는 눈물 젖은 편지 하얀 종이 위에 곱게 써내려 간 너의 진실 알아내곤 난 그만 울어 버렸네 멍뚫린 내 가슴에 서러움이 물 흐르면 떠나버린 너에게 사랑 노래 부른다	아무것도 필요 없어 니가 나를 떠나려 한다면 나를 사랑했단 말도 모두 연극처럼 느낄 뿐야 마음이 변했다면 이유를 대지 마 예 내가 싫어진 걸 다 알고 있어 가식적인 말로 나를 위로하려고 하지 마 이젠 기대하지 않아 너의 곁엔 다른 얼굴 다 른 모습뿐야 다시는 나도 돌아가지 않아 너를 위해 더 이 상 나 슬퍼지긴 싫어
〈내 여자라니까〉(이승기, 2004)	〈나만 바라봐〉(태양, 2008)
나를 동생으로만 그냥 그 정도로만 귀엽다고 하지만 누난 내게 여자야 니가 뭘 알겠냐고 크면 알게 된다고 까분다고 하지만 누난 내게 여자야 누나가 누굴 만나든지 누굴 만나 뭘 하든지 난 그냥 기다릴 뿐 누난 내 여자니까 너는 내 여자니까 너라고 부를게 뭐라고 하든지 남자로 느끼도록 꽉 안아줄게 너라고 부를게 뭐라고 하든 상관 없어요	하루에도 몇 번씩 널 보며 웃어 난 수백 번 말했잖아(you're the love of my life) 거짓된 세상 속 불안한 내 맘속 오직 나 믿는 건 너 하나뿐이라고 (가끔 내 맘 변할까 봐 불안해 할 때면) 웃으며 말했잖아 (그럴 일 없다고) 끝없는 방황 속 텅 빈 내 가슴 속 내가 기댈 곳은 너 하나뿐이지만 가끔씩 흔들리는 내 자신이 미워 ye 내가 바람 펴도 너는 절대 피지 마 baby 나는 너를 잊어도 넌 나를 잊지 마 lady 가끔 내가 연락이 없고 술을 마셔도

| 놀라지 말아요 | 혹시 내가 다른 어떤 여자와 |
| 알고 보면 어린 여자라니까 | 잠시 눈을 맞춰도 넌 나만 바라봐 |

　　쉽게 좋아한다는 말을 대놓고 하기 어렵고, 특히 여자이기 때문에 표현이 힘든 시절도 있었다. 이제는 여성도 당당하게 자신의 감정을 표현하고 남자에게 이별을 요구하는 시대가 되었다. 연상연하 커플이 늘어나면서 새로운 남녀 관계를 표현한 노래들이 인기를 끌기도 하였으며, 나쁜 남자를 매력적으로 표현한 노래도 계속 등장하고 있다.

 ## 마음을 움직이는 가사 찾기

다음 노래 가사는 패닉의 〈왼손잡이〉, 카니발의 〈거위의 꿈〉이다. 이 노래가 왜 많은 사람들의 마음을 울렸는지 가사를 잘 살펴보자.

〈거위의 꿈〉(카니발)	〈왼손잡이〉(패닉)
난 난 꿈이 있었죠 버려지고 찢겨 남루하여도	나를 봐 내 작은 모습을
내 가슴 깊숙이 보물과 같이 간직했던 꿈	너는 언제든지 웃을 수 있니
혹 때론 누군가가 뜻 모를 비웃음	너라도 날 보고 한번쯤
내 등 뒤에 흘릴 때도	그냥 모른척해 줄 순 없겠니
난 참아야 했죠 참을 수 있었죠 그 날을 위해	
늘 걱정하듯 말하죠 헛된 꿈은 독이라고	하지만 때론 세상이 뒤집어진다고
세상은 끝이 정해진 책처럼	나 같은 아이 한둘이 어지럽힌다고
이미 돌이킬 수 없는 현실이라고	
그래요 난 난 꿈이 있어요	모두 다 똑같은 손을 들어야 한다고
그 꿈을 믿어요 나를 지켜봐요	그런 눈으로 욕하지 마

저 차갑게 서 있는 운명이란 벽 앞에

당당히 마주칠 수 있어요

언젠가 나 그 벽을 넘고서

저 하늘을 높이 날을 수 있어요

이 무거운 세상도 나를 묶을 순 없죠

내 삶의 끝에서 나 웃을 그날을 함께해요

난 아무것도 망치지 않아

난 왼손잡이야

내가 좋아하는 노래의 가사를 생각해 보자. 사랑, 우정, 아름다운 자연, 젊음의 열정, 이웃 등 다양한 내용을 아름답게 노래한 곡들이 많을 것이다. 주변 친구들에게 추천할 만큼 마음을 움직이는 노래가 있다면 그 가사를 적어 보자. 노래는 리듬과 멜로디 이상으로 가사의 영향력과 힘이 크다.

 ## 코드 읽기: 깜찍함에서 섹시함까지

아이돌 가수들은 앨범과 곡을 발표할 때마다 내세우는 코드가 있다. 귀여움, 여성스러움, 섹시함, 남성다움, 착한 동생, 차가운 도시적 느낌 등. 일반적으로 아이돌 여성 그룹은 귀여움을 강조하다 나이를 먹을수록 여성적 매력을 과시하는 방향으로 변신해 나간다. 물론 처음부터 섹시함을 내세우는 그룹도 있지만 그럴 경우 더 강한 변신이 어렵기 때문에 수명이 짧아질 위험이 크다.

인기 여성 그룹인 카라는 〈허니〉에서 사랑스럽고 귀여운 측면을, 〈미스터〉에서 엉덩이 춤으로 섹시함을 강조했다. 3집에 수록된 〈루팡〉에서는 강한 측면을 보여 주려 했다. 일본 진출 후에는 귀엽고 생기발랄하면서도 여성적인 매력까지 앨범마다 다양한 모습을 보여 주려 시도하였다.

과거 가수들의 모습과 요즘 가수들의 모습의 가장 큰 차이는 무엇일까? 이미자는 1960년대 당시 최고의 인기를 누렸던 가수이며, 애절한 목소리로 아픔을 노래해 트로트 전성기를 이끌었다. 이미자의 앨범 재킷을 보면 자연을 배경으로 꽃나무를 들고 있는 단정한 모습이 도시적인 분위기를 풍기는 요즘 앨범 사진과는 차이가 난다. 오늘날 가요계는 노래에만 집중하던 과거와 달라졌다. 이런 현상은 대중의 시선을 끌기 위해서 끊임없이 새로운 볼거리를 제공해야 하는 치열해진 가요계의 현실을 반영한다.

이미자 골든 히트 앨범.

당신이 한 곡만을 골라야 한다면

"만약에 당신이 트럭에 치여서 길거리에 쓰러져 죽어가고 있다면,

그래서 딱 한 곡 부를 시간밖에 없다면 어떤 노래를 부르겠어요?

당신이 이 지구상에서 보낸 시간들을 신에게 보여 줄 수 있는 딱 한 곡,

당신의 삶을 느끼게 해줄 수 있는 바로 그 딱 한 곡을 골라야 한다면

어떤 노래를 고르겠어요?"

— 밥 보딘, 《WHO 내 안의 100명의 힘》

우리는 좋아하는 음악을 음반이나 음원을 통해 구입하고 있다. 자신이 좋아하는 그 음악은 어떻게 알게 되었을까? TV 가요 프로그램, 라디오, 음원 사이트, 친구의 추천 등 다양한 경로를 통했을 것이다. 그래서 우리는 자신이 좋아하는 음악을 스스로 선택하고 있다고 생각한다.

하지만 막대한 자금과 조직을 갖추고 있는 대기업은 상업적 목적에 따라 물량 공세를 통해 대중들이 일정한 상품을 선택하도록 유도하고 있다. 가장 큰 이유는 대중 음악에 대한 정보를 대부분 TV와 가요 프로그램에 의존하기 때문이다. 가수는 음반 홍보를 위해 노래보다는 예능 프로그램에 나와서 개인기를 선보이며 인지도를 높인다.

또한 안정적인 성공을 추구하다 보면 유행하는 음악이 레게면 레게, 테크노면 테크노 음악을 따라하는 경향이 나타나기도 한다. 요즘의 아이돌은 오랜 기간 훈련을 거쳐 나오기 때문에 춤 실력뿐 아니라 가창력도 뛰어난 가수가 많다. 하지만 아이돌이 아니면 음악 무대에 서기 어려울 정도로 음악이 획일화되는 것은 문제다.

최근 한국 대중 가요가 외국에서 인기를 끌고 있지만 한편에서는 우려의 목소리도 끊이지 않고 있다. 바로 미국 음악과 비슷해지는 것을 경계해야 한다는 것이다. 반면에 우리나라 아이돌과 대중 음악이 캐나다에서 인기를 얻고 있는데, 이는 지나친 성적 묘사나 폭력이 없고 멋진 춤과 리듬감 있는 노래를 즐길 수 있기 때문이다.

우리나라 대중 가요가 미국 음악과 비슷하고, 아이돌 위주의 음악밖에 없다면 대중 음악의 발전도 어려워질 수밖에 없다. 기획사의 틀에 맞춘 음악이 아닌, 자신만의 음악을 하고 싶은 사람들은 대중을 만날 기회를 빼앗기게 될 것이다.

# 일본 아이돌과 한국 아이돌

동방신기, 인피니트와 같은 아이돌 스타들은 자발적으로 구성되어 데뷔한 것일까? 아니면 기획사에 의해 만들어졌을까?

아이돌idol 그룹은 이른바 10대를 대상으로 만들어진 '기획 상품'이다. 한국의 아이돌 시스템은 일본 방식을 발전시킨 것으로 아이돌 전문 소속사의 신인들이 연습생 기간을 거쳐 데뷔하는 방식이다.

한국과 일본의 차이점은 일본 아이돌은 가창력과 춤 실력에서 완벽함을 추구하기보다 귀여움, 깜찍함 등 외모와 이미지에 치중한다는 점이다. 일본에서는 나이를 먹어도 아이돌로 인정받는 경우가 많다. 20년이 넘도록 일본의 국민 아이돌로 불리는 '스마프SMAP'의 경우 노래 실력은 평범한 수준이라는 평가도 있다. 한국의 대형 기획사에서는 춤과 노래, 외모가 출중한 연습생을 몇십 명 뽑는다. 그중에서 목소리, 외모, 분위기 등이 잘 조화되는 멤버들을 모아 철저히 준비 과정을 거쳐 신인 가수로 등장시킨다. H.O.T의 대성공 이후 한동안 여러 기획사에서 길거리 캐스팅 등을 통해 외모만으로 발탁해 많은 그룹이 데뷔하기도 했지만, 이때 데뷔한 아이돌은 실력 부족으로 오래가지 못했다.

1992년 미국 아이돌 그룹 '뉴키즈온더블럭'의 내한 공연 이후 기획사들은 10대들이 열광할 아이돌 그룹을 기획하게 된다. 국내 가요계에서 아이돌 그룹은 H.O.T의 성공을 시작으로 젝스키스, 신화, 클릭비, 동방신기, SS501, 슈퍼주니어, 빅뱅, 비스트 등으로 이어졌다. SES, 핑클로 시작된 10대 여성 그룹도 소녀시대, 원더걸스, 2NE1 등으로 진화해 왔다. 춤, 퍼포먼스, 노래, 외국어 등 모든 분야의 실력을 갖춘 아이돌들이 등장하면서 일본뿐 아니라 세계 시장에서도 관심을 끌게 되었다.

🐌 인기 아이돌은 왜 해체되는가: 아이돌 시스템

가창력과 음악성을 검증받고 인기도 얻은 이들이 진정한 슈퍼스타가 되는 데는 상품화의 과정을 거치기 마련이다. 대중들이 원하는 스타일과 음악을 추구하는 프로듀서들은 개성 넘치는 신인들을 가요 시장의 흐름에 맞게 잘 포장해 내놓으려 하기 때문에 개인기를 연마시키기도 하고 유행하는 음악이나 창법에 맞춰 가르치기도 한다. 문제는 오랜 시간 훈련 과정을 거치면서 자칫 개성을 잃고 정해진 틀에 맞춰 훈련하기 쉽고 어디서 많이 본 음악과 스타일로 등장할 가능성도 높아진다. 이런 현상이 계속되면 유행하는 비슷비슷한 음악만 가득해지게 된다.

댄스가 유행하면 모두 댄스, '소몰이 창법'이 유행하면 모두 그런 류의 노래만 따르게 하고 본연의 개성과 음악의 다양성이 사라질 수 있다. 가요계를 지배하는 것이 '섹시 콘셉트'라면 10대 소녀들도 선정적인 의상과 춤을 보여 주어야 하며, 노골적인 노랫말을 불러야 한다고 생각하게 된다.

자신이 원하는 일이라 해도 어린 나이에 연습생이 되어 길게는 7~8년을 정상적인 생활을 하지 못하고 지나치게 혹사되는 점도 문제다. 긴 연습생 기간을 갖다 보면 대중 앞에 보이는 면에만 초점을 맞추기 쉽다. 가수에게 가창력은 기본이지만 노래를 창의적으로 소화하고 표현하는 능력도 필요하다. 특정 매니지먼트 회사에서 특정한 음색과 창법으로 비슷하게 부르는

◆ **연습생 시간표(합숙 생활을 하는 경우)**

AM 10:00	스트레칭
AM 11:00	헬스 트레이닝과 춤 기본기 연습
PM 12:00	점심 식사
PM 1:00	개인 춤 연습
PM 3:00	보컬 수업(월, 수, 금요일) 춤 연습(화, 목, 토요일)
PM 6:00	저녁 식사(휴식)
PM 7:00	춤 연습
PM 10:00	개인 복습
AM 1:00	보충 연습

참조: 〈조선일보〉, 2010. 3. 11.

것만 연습한다면 긍정적으로 발전하지 못할 것이다. 데뷔 후 인기를 얻는다 해도 그 인기가 오래가기 힘들 것이다.

◆ 가창력을 구별하는 방법?

다음 중 가수의 의미에 가장 적합한 것은?

① 노래를 잘하는 사람　　② 춤을 잘 추는 사람　　③ 춤과 노래를 모두 잘하는 사람

가수의 수준은 무엇이 좌우할까? 가수란 말 그대로 노래하는 사람이다. 노래 실력이 뒷받침되지 않는다면 가수라고 보기 어렵다. 물론 가창력이 뛰어난 그룹도 있지만 요즘처럼 그룹으로 활동하는 경우 음악보다 예능이나 연기 활동을 구상하고 뽑힌 경우도 있다. 노래에서 맡은 부분이 너무 짧거나 노래 실력이 부족한 멤버도 있다.

2010년부터 인기를 끌기 시작한 'MR 제거' 기법은 AR(All Recorded) 파형에서 반주 음원인 MR(Music Recorded) 파형을 컴퓨터 프로그램으로 분리해 목소리 파형만 남기는 것이다.

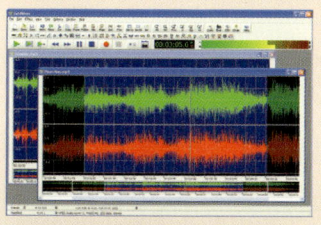

골드웨이브 초기 화면.
출처: http://www.goldwave.com

최근에는 인터넷에서 쉽게 접할 수 있는 프로그램인 '골드웨이브GoldWave' 등을 이용해 작업이 가능하다. 각종 블로그에는 일반 네티즌들에게 'MR 제거 방식'을 친절하게 설명하고 있다.

TV 라이브 무대 영상에서 MR을 제거해 버리면 곧바로 당시 무대에서 반주에 묻혀 있던 실제 가창 목소리가 생생히 흘러나온다. MR 제거 동영상이 등장하면서 가수들의 가창력이 극명하게 드러나게 되었다. 이런 기술이 인기를 끌게 된 것은 그동안 가수라는 말에 어울리지 않게 노래 못하는 인기 가수가 너무 많았기 때문일 것이다.

 스타 시스템과 팬덤

스타에게 주기 위해 모으는 돈을 무엇이라고 하는가?

① 회비 　　　　　② 조공 　　　　　③ 기부 　　　　　④ 선물

팬클럽은 가수를 좋아하는 사람들이 모여 자발적으로 만드는 것이다. 하지만 대형 기획사가 등장하면서 공식적으로 팬클럽을 관리하기도 한다. 팬클럽은 가수의 인기 투표, 공연, 앨범 판매 등 기획사 마케팅에서 중요한 역할을 하기 때문이다.

　스타에게 바치는 돈을 조공이라고 한다. 팬클럽 회장이 회원들에게 5000원씩 모아 1억 상당을 만들어 돈을 들고 잠적한 일이 있었다. 좋아하는 가수에게 선물을 주고 애정을 표현하는 것은 자연스러운 일이다. 하지만 그 정도가 지나칠 경우 이런 불미스런 사건이 일어나기도 한다.

　특정 가수나 아이돌 그룹을 좋아하여 팬클럽에 가입하고 일정을 확인하며 참여하는 사람들은 많다. 과거와 달리 최근에는 중년층도 아이돌 그룹을 좋아하고 팬클럽 활동을 통해 삶의 활력을 얻고 행복을 느끼는 경우도 있다.

　때로는 정도가 지나쳐서 일상적인 생활을 버리고 가수의 일정을 모두 확인해 행사장과 공연장, 숙소까지 빠짐없이 찾아가는 열성팬도 있다. 팬클럽 간의 대립이 일거나 상대를 인정하지 않는 배타적인 태도를 보이기도 한다. 하지만 성숙한 팬일수록 내가 지지하는 가수뿐 아니라 라이벌의 음악까지도 인정해 주는 자세를 보인다.

🐌 음악은 메시지이다: 미디어와 대중 가요

영화 속 여자 주인공이 울고 있다. 만약 이 장면에서 슬픈 배경 음악이 흘러나온다면 우리는 어떤 상황을 상상하게 될까? 누군가와 헤어졌거나 힘든 일이 일어났다는 것을 느낄 것이다. 반대로 힘찬 음악이나 밝은 음악이 연주된다면 주인공의 눈물은 기쁨의 눈물로 해석될 것이다.

음악은 정서와 분위기를 만들어 주고 리듬과 비트, 멜로디와 가사를 통해 메시지를 전해 준다. 사람들의 감성을 자극하는 콘텐츠 중 음악이 들어가지 않는 것이 거의 없을 정도이다. 게임에서도 음악을 통해 긴장감과 흥분을 자극해 게임에 더욱 빠져들게 한다. 거꾸로 모든 작품에서 음악을 제거한다면? 드라마, 영화, 게임에서 극적인 느낌, 긴장감, 행복한 분위기를 표현하기 무척 어려울 것이다. 드라마, 영화 등에 삽입되는 음악은 작품의 성공에 큰 공헌을 한다.

영화 〈건축학개론〉에서는 대학 시절 첫사랑 그녀가 함께 음악을 듣자며 이어폰을 꽂아주는 장면이 등장한다. 이 음악은 영화의 마지막 장면에도 흘러나와 추억에 잠기게 한다. 처음부터 끝까지 노래를 부르는 영화도 있다. 드라마, 광고, 영화의 주제곡(OST)만 들어도 머릿속에 떠오르는 장면들, 그것이 바로 음악의 힘이다. 주인공이나 테마에 맞춰 제작된 주제곡은 작품의 성공에 따라 인기곡이 되는 경우가 많아졌다. 드라마 속에서 보여 준 애절한 사랑 이야기 등을 주제곡이 잘 표현해 주기 때문이다.

 음악의 힘

필리핀 세부섬에 있는 세부도립교도소 CPDRC(Cebu Provincial Detention and Rehabilitation Center)는 세계적으로 유명한 필리핀 교도소이다. 2006년에 새로 부임한 교도소 소장은 매일 연병장에 수감자들을 모아서 마이클 잭슨의 팝송을 틀어놓고 춤을 추게 했다. 처음에는 잘 호응하지 않던 죄수들이 점차 춤추는 재미를 붙이게 되었다. 가끔 가족들을 면회 초청해서, 공연도 관람하게 하면서 서로가 마음을 트고 교도소의 분위기도 변화됐다. 하루에 4시간씩 연습하면서 매월 마지막 토요일에 2시간씩 공연을 한다. 단체로 몇백 명의 수감자들이 춤을 추는 모습은 객석에서 일반인도 관람할 수 있다.

마이클 잭슨의 〈Thriller〉, 〈Dangerous〉, 〈We are the world〉 등 세계적으로 널리 알려진 곡들에 맞춰 춤을 췄고, 이 동영상이 유튜브에 올라오자 교도소는 유명해졌다. 미국 CNN에서 이 필리핀 교도소를 취재하게 되면서 우리나라 TV 프로그램에도 소개가 되었다. 우리나라에는 빅뱅, 원더걸스, 슈퍼주니어의 인기곡의 안무를 연습해 춤을 춘 영상이 소개되었다. 음악에 맞춰 춤을 추면서 죄수들의 심리 치료 효과를 보았고, 재범률이 감소했다고 한다.

음악 연주를 통해 빈민가 아이들을 멋지게 성장시킨 예가 있다. 1975년 가난과 폭력, 마약의 그늘에서 신음하던 베네수엘라의 가난한 아이들에게 악기를 나눠 주고 음악을 가르치는 '엘 시스테마El Sistema' 운동이 시작되었다. 수십만 명의 아이들이 함께 꿈을 꾸며 공동체를 경험하고 성장하였으며 지금은 남미 전역과 미국까지 퍼지고 있다. 그중에는 소년원에서 음악을 접하고 세계적인 지휘자로 성장한 예도 있다.

클래식과 같은 음악을 동식물에게 들려주면 잘 자란다는 것은 널리 알려진 이야기이다. 멋진 음악을 통해 세계인이 즐거움을 나누고, 개인의 삶이 바뀌는 경우도 있다. 음악에는 우리가 생각하는 것보다 더 큰 힘이 있다.

좋아하는 노래에 점수를 준다면

좋아하는 가수라면 무조건 그 음원을 사는 것과 음악을 듣고 좋으면 사고 싫으면 구입하지 않는 태도 중 어떤 것이 더 바람직할까? 물론 선택은 자유이다. 하지만 완성도 높은 음악에 더 애정을 보일수록 음악 생산자들에게 음악 자체에 집중하게 되는 자극제가 될 것이다.

우선, 공중파 방송이나 상업 광고에만 의존하지 않고 스스로 원하는 음악을 찾아 듣는 것은 품이 많이 들지만 좋은 방법이다. 요즘은 인터넷 방송이나 사이버 동호인 위주로 언더그라운드나 인디레이블에서 활동하는 가수나 밴드들의 정보를 쉽게 접할 수 있다.

음식과 마찬가지로 모든 문화의 병은 편식에 있다. 다양한 종류의 음악을 듣고 비교하고 평가할 수 있는 안목을 기른다면 더 깊은 음악의 세계를 느낄 수 있을 것이다. 달콤하고 쉽게 들리는 음악도 좋지만 우리가 살아가면서 느끼는 감정과 정서를 대변하는 음악이 더 많아진다면 훨씬 더 다양하고 흥미롭게 음악을 즐길 수 있을 것이다.

◆ **흥얼거리는 노래 제목을 알고 싶다면**

길을 가다 잠깐 스친 노래를 흥얼거리고 있지만 제목이 떠오르지 않는다. 비슷한 부분만 기억날 뿐이다. 이때 노래 제목을 알고 싶다면 어떻게 하면 좋을까? 미도미(www.midomi. com)에 접속해서 마이크에 대고 10초 정도 흥얼거리면 노래 제목을 알려준다. 비슷한 음악이 있는지 알아보는 데도 도움이 된다. 스마트폰 애플리케이션에도 비슷한 서비스가 있다.

 새로운 음악, 인디의 힘

인디 밴드*indie band*의 의미는 무엇일까?
① 인도 음악을 하는 그룹이다.
② 대형 기획사에 소속되지 않고 독립적으로 음악 활동을 하는 그룹이다.

MP3로 듣는 것과 공연으로 듣는 음악은 무엇이 다를까? 멋진 공연을 감상하게 되면 그 가수의 팬의 되는 경우가 많다. 그만큼 현장에서 듣는 음악은 감동이 크기 때문이다. 하지만 국내 대형 공연은 매우 비싸다. 음악, 공연 전문 시설이 부족해서 완벽한 음향과 무대 장비 등을 설치하려면 비싼 경비가 들기 때문이다.

그렇다면 공연을 쉽게 즐길 수 있는 방법은 무엇일까? 방송사 등에서 개최하는 공개 방송에 참여할 수도 있다. 직접 학교에서 합창부나 밴드부 활동을 하거나 아마추어 밴드에 가입해 활동할 수도 있다. 음악 축제나 소규모 공연장을 찾는 것도 좋은 방법이다.

사실 우리나라에서 아이돌이 아닌 가수들 대부분이 비주류이며 인디 음악을 하는 사람이라고 할 수 있다. 그렇다면 인디 밴드를 하는 사람들은 왜 기획사에 소속되어서 가수의 꿈을 꾸지 않을까? 기획사에 발탁될 실력이 없어서가 아니라 기획사에 소속되면 자신이 원하는 음악을 독립적으로 만들지 못하기 때문이다.

인디 밴드들은 곡 등을 그룹 스스로가 자체적으로 작곡, 작사하고, 레코딩, 엔지니어도 대부분 스스로 해결한다. 그중에서는 인디 음악을 하는 사람들이 모여 음악을 만드는 인디 레이블도 있다. 장기하와 얼굴들이 속한 '붕가붕가레코드'나, 체리필터가 만든 '로켓펀치' 등이 있다.

우리나라 대중 음악을 접한 외국인들은 K팝이 대부분 비슷한 템포와 비슷한 형식의 음악이 많다고 평가한다. 해외 시장에서는 댄스보다 음악과 아티스트 그 자체로 평가하는 경향이 있다. 우리나라 대중 음악의 발전을 위해서도 정형화된 음악의 틀을 깨고 힙합, 록, 인디 등 다양한 음악을 추구하면서, 가수도 무대에서 라이브로 노래하는 기본을 지켜야 할 것이다.

붕가붕가레코드를 소개한 책.

건강하게 음악 듣기

공부하면서 음악을 듣는 것이 효과적인지 아닌지 네 사람이 다른 생각을 갖고 있다. 마음에 드는 의견을 골라 보자.

① 다른 일을 하다가 공부를 시작할 때 잠시 음악을 들으면 좋아. 난 산만하고 잡생각이 많은데 음악을 들으면 집중이 더 잘돼.

② 가사를 들어야 하는 대중 음악은 집중력 향상에 별 효과가 없지만, 클래식이나 연주곡 등은 괜찮아.

③ 처음에는 노래를 들으니 헷갈리기도 했는데, 습관적으로 듣다 보니까 익숙해져서 음악이 없으면 오히려 공부가 잘 안 돼.

④ 개인차가 있겠지만 두 가지를 같이 하는 건 별로인 것 같아. 특히 집중해서 공부할 때나 수험생들을 보면 음악 없이 하는 게 좋을 것 같아.

이어폰으로 음악을 들으면 세상과 격리되어 자신만의 세계로 빠져들 수 있다. 한편 이어폰을 즐겨 사용해 큰소리로 음악을 듣는 청소년 중에서 난청을 경험하는 경우가 적지 않다. 이어폰으로 음악을 들으면 소리가 증폭되어 달팽이관에 바로 전달된다. 더구나 버스, 지하철, 야외 등 시끄러운 장소에서 볼륨을 높인 채 지속적으로 음악을 듣다 보면 소음성 난청이 생길 수 있다. 90dB 이상(지하철 내부 소음)의 소음에 하루 8시간 이상, 105dB 이상(도심이나 지하철에서 이어폰으로 음악 청취)의 소음에 하루 1시간 이상 지속적으로 노출되면 소음성 난청이 발생한다고 한다.

조용한 곳에서 소리를 낮춰 감상하거나 음악 소리가 이어폰 밖으로 새어나오지 않을 정도(최대 볼륨의 70% 이하)로 볼륨을 낮추는 것이 좋다. 장시간 청취하지 않고 중간에 휴식을 해야 한다. 너무 오랫동안 이어폰을 통해 음악을 듣지 말고 중간 중간 쉬어 주는 습관도 중요하다.

◆ 소음성 난청 자가 진단 테스트

1. '스,' '츠'와 같은 고음 소리를 듣는 데 어려움이 있다.

2. 여자나 아이가 말하는 것을 이해하는 데 어려움이 많다.

3. 시끄러운 곳에서 대화하는 데 어려움이 있다.

4. 두 명 또는 그 이상의 사람들과 한번에 대화하는 것이 어렵다.

5. 전화로 통화하는 것이 어렵다.

6. 다른 사람과의 대화를 이해하기 위해 귀를 기울여야 한다.

7. 다른 사람과 말할 때 중얼거리는 것처럼 보인다.

8. 사람들에게 다시 한 번 말해 달라고 요청하는 경우가 잦다.

9. TV 소리가 너무 크다고 사람들이 자신에게 불평한 적이 있다.

10. 말을 잘못 이해하거나 부적절하게 반응한 적이 많다.

11. 귀에서 지속적으로 이명 현상이 있다.

* 하나라도 해당되면 소음성 난청이 의심됨

출처: 대한이과학회

마음을 움직이는 음악

1970년대에 한 자장가 경연대회가 있었다. 여기서는 슈베르트, 브람스 등 세계적인 작곡가의 자장가가 연주되었다. 관객은 아기들이었으며 누구도 아이들을 쉽게 잠들게 하지 못했다. 마지막으로 등장한 한국의 할머니는 단순하고 반복적인 자장 자장을 이야기하듯 노래했다. 효과는 금방 나타났다. 아이들은 어머니 뱃속에서부터 듣던 심장 박동과 같이 반복적인 소리에 금세 편안함을 느끼고 잠이 들어 버린 것이다. 인간이 가장 먼저 경험하는 노래는 등을 토닥이며 불러주던 부모님의 자장가일 것이다.

자신의 마음을 편안하게 하는 음악이 무엇이었는지 생각해 보자. 또한 기분에 따라 적당한 음악, 아침, 낮, 밤에 적당한 음악 등을 목록으로 정리해 보자.

음악 마케팅은 일종의 감성 마케팅으로 1920년대 후반 미국에서 시작되었다. 처음에는 호텔 로비나 사무실에서 클래식 음악을 들려주었다. 산업화와 대중 음악의 발달로 음악 마케팅도 확장되어 다양한 장소에서 여러 음악 장르가 이용되고 있다.

업체별로 고객 성별과 연령, 직업 등을 고려해 고객을 끌어들이는 음악을 선별한다. 커피 전문점은 세련되고 감성적인 재즈나 보사노바, 병원이나 서점은 편안한 클래식 등이 어울린다. 비오는 날, 세일하는 날, 손님이 많은 날, 마감 전 시간 등으로 범주를 달리해 매장 음악을 서비스하는 업체도 있다. 시간대별로도 차이가 있다. 패스트푸드의 경우 아침 출근 시간에는 직장인이 많고, 오후에는 청소년이 많다면 음악 선곡도 달라진다. 매장 음악 서비스 전문 업체는 저작권 문제를 해결할 수 있고 시기와 장소에 맞는 음악을 선별해 주어 인기를 끌고 있다. 국내에서는 2004년 스타일 뮤직이 시작하였으며 KT 뮤직도 이로 인한 매출이 늘고 있다.

1986년 미국 잡지 〈소비자 연구Journal of Consumer Research〉에 실린 로널드 E. 밀리만Ronald E. Milliman의 연구에 따르면 비트가 빠른 음악을 들려주면 시간이 빨리 흐른다고 느끼기 때문에 체류 시간이 짧아진다. 음악 속도에 따라 고객의 이동 속도가 달라지고 매출에 영향을 주는 것이다. 고급 매장은 느리고 고급스러운 음악을, 세일 기간에는 빠른 음악으로 고객 회전율을 높이는 것이 수익에 도움이 된다.

블로거를 위한 추천 사이트: 무료 음원

jamendo.com http://www.jamendo.com/en/

미리듣기 및 위젯을 제공하며, mp3 다운로드도 가능하다. 장르별, 뮤지션별로 정리되어 있다.

ccMixter Korea http://ccmixter.or.kr

국내 사이트로 저작권에 대한 명확한 서비스를 제공하고 있다. 미리듣기, 스트리밍 서비스와 mp3 다운로드가 가능하다. 위젯은 제공되지 않는다.

BLAYER http://blayer.co.kr/

SYRUS가 2008년 7월 1일 공식적으로 시작한 블레이어는 인디 음악을 제공하는 블로그 배경 음악 서비스이다. 저작권 문제 없이 블로그에서 음악을 들을 수 있다. 개인 블로거들은 자신의 블로그에 미니 블레이어를 설치하고 인디 음악을 홍보해 주는 지원자가 되고 인디 뮤지션은 블로거들에게 자신의 음악을 평가 받고 발전의 기회로 삼는 것을 목적으로 개설되었다. UCC 배경 음악으로 사용하려면 따로 지불해야 한다.

5

만화와
애니메이션

누구에게나 만화나 애니메이션에 대한 추억이 있다. 부모님 세대에는 〈들장미 소녀 캔디〉, 〈마징가Z〉, 〈로보트 태권브이〉, 〈요술공주 밍키〉 등이 시작할 시간이면 신나는 바깥놀이도 그만두고 아이들이 집에 돌아올 정도였다. 만화와 애니메이션은 시대를 막론하고 어린이와 청소년들에게 매우 인기 있는 매체이다. 그들은 만화와 애니메이션을 왜 좋아할까? 그리고 만화와 애니메이션에서 무엇을 느끼고 배울까? 이번 장에서는 우리가 좋아하는 만화와 애니메이션을 살펴보고, 이를 통해서 새로운 세계를 경험하는 기회를 가져 보자.

만화의 재미

만화를 이르는 말은 아주 많아서 혼동을 겪는 경우가 있다. 우리말로는 만화지만 '코믹스,' '카툰,' '캐리커처,' '애니메이션' 등 다양한 이름으로 불린다. 그럼 이들의 차이점은 무엇일까?

- 카툰*cartoon*: 사회를 풍자하거나 비판하는 줄거리가 있는 한 컷이나 여러 컷의 만화.
- 코믹스*comic*: 대사에 의해 진행되는 연속적 장면의 만화. 보통 4컷 이상의 그림으로 스토리가 있으며 '코믹 스트립스'라고도 함.
- 캐리커처*caricature*: 사물의 특징을 과장해서 풍자적 의도에 따라 그린 작품.
- 만화: 보통 '카툰'을 말하지만 우리나라에서는 '코믹스, 캐리커처' 등 모든 작품을 만화라고 함.
- 애니메이션*animation*: 그림이나 필름을 연속적으로 보여 주어서 마치 살아있는 것처럼 움직이게 하는 제작 기술이다. 만화 영화가 대표적인 애니메이션이지만 만화 영화 외에도 '플래시,' 영화의 'CG,' '픽실레이션' 등도 애니메이션의 하나이다.

만화의 재미는 무엇보다 단순한 그림과 과장된 표현에 있다. 어린 나이일수록 복잡한 것보다 단순한 것이 쉽게 눈에 들어온다. 얼굴의 표정에서도 미묘하면서도 작은 움직임보다 크고 과장된 표현이 눈에 띈다. 그래서 만화는 복잡하고 섬세한 묘사보다 특징적인 모습을 간단하게 그리는 기법을 사용한다. 만화는 작은 움직임보다 큰 움직임과 과장된 모습을 표현하는 경우가 많다. 그래서 작은 자극에도 우리가 흔히 '오버'한다고 할 정도로 엄청나게 큰 반응을 보인다. 때로는 사랑하는 사람을 보면 눈이 하트로 변해 튀어나오는 장면이나 기쁜 장면에서는 폴짝 폴짝 공중으로 높이 뛰는 장면도 쉽게 볼 수 있다. 이런 큰 반응들이 보는 이들을 웃게 만

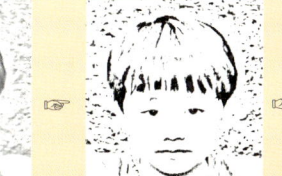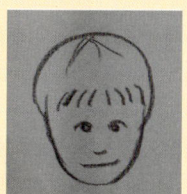

만화가 단순화되는 과정.

드는 요소가 된다. 결국 이런 단순화와 과장된 표현들이 유아나 어린이들이 재미있어하는 이유가 된다.

애니메이션 속 캐릭터가 살아 움직이는 것처럼 느껴지는 것은 잔상 효과 때문이다. 잠시 다음 장에 있는 왼쪽 그림을 30초간 응시하다가 곧바로 오른쪽 그림을 보자!

무엇이 보이는가? 마치 어항 속에서 물고기가 헤엄치는 것이 보이지 않는가? 이 원리가 바로 잔상 효과이다. 잔상 효과란 이미지가 이미 사라졌음에도 불구하고 사람의 눈이나 뇌에 계속 남으려고 하는 현상이다. 이 잔상 효과 때문에 이미지가 조금씩 변형되면서 마치 움직이는 것처럼 보이는 것이다. 애니메이션은 기본적으로 1초에 24장의 그림을 빠르게 움직이는 것으로 표현되는데, 이것이 실제로 움직이는 것같이 보이는 것이다.

이런 잔상 효과를 이용한 애니메이션은 우리가 쉽게 만들어 볼 수 있다. 플립북은 종이에 그림을 그리고, 다음 종이의 같은 위치에 그림을 조금씩 변형시켜 그린 그림이다. 이를 차례로 넘기면서 보면 마치 그림이 살아움직이는 것처럼 움직이는 잔상 효과를 경험할 수 있다.

영화도 잔상 효과의 원리를 이용한 기술이다.

플립북.

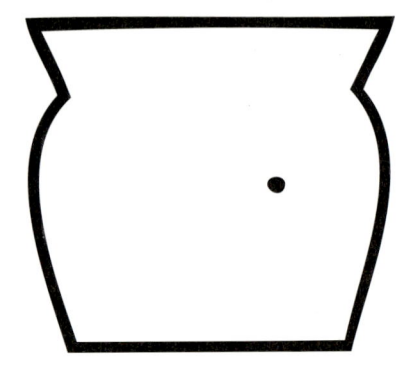

왼쪽 그림만을 30초간 응시한 후 바로 오른쪽 그림을 보자.

영화와 애니메이션은 기본적으로 원리가 같다. 흔히 애니메이션은 그림을 그린 것이고 영화는 카메라로 찍은 것으로 알고 있는 경우가 많다. 그러나 영화와 애니메이션의 가장 큰 차이는 '시간의 변형'이다. 카메라로 찍은 것도 화면의 속도에 변화를 주면 전혀 다른 효과가 나오는데, 이런 기법을 '픽실레이션*Pixilation*'이라 한다. 즉 실제 움직이는 모습 그대로 카메라를 촬영하여도 필름의 시간 구성에 변화를 주면 전혀 다른 느낌을 줄 수 있다. 예를 들어 사람이 높이 점프할 때 가장 높은 위치의 사진을 찍은 뒤, 한 발씩 앞으로 이동하여 점프하면서 찍은 모습을 연결하면 사람이 공중 부양한 채로 날아가는 모습의 효과를 줄 수 있다. 이 밖에 청소년들이 사진을 연속으로 찍어서 연속 보기 하는 것도 픽실레이션 기법의 애니메이션이다.

 애니메이션의 역사

 다음 중 가장 오래된 애니메이션은?

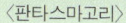

〈판타스마고리〉　　　　　〈증기선 윌리〉　　　　　〈토이 스토리〉

〈판타스마고리*Fantasmagorie*〉는 최초로 애니메이션 기법을 활용한 만화 영화이다. 에밀 콜Emile Cohl이 1908년 제작하였으며 당시 음성은 포함되지 않았다. 〈증기선 윌리*Steam Boat Willie*〉는 1928년 디즈니가 제작한 최초의 유성 애니메이션이다. 대사 없이 배경 음악을 이용하여 제작되었고, 이후 디즈니가 애니메이션의 대명사가 되는 데 일조했다. 〈토이 스토리*Toy Story*〉(1995)는 최초로 촬영 장비 없이 컴퓨터로만 제작된 애니메이션이라는 점에서 큰 의미가 있다.

 슈퍼 영웅 캐릭터의 탄생

2차 세계 대전이 한창이던 1938년, 빨간 망토와 파란 쫄쫄이 옷을 입고 나쁜 악당들을 물리치던 슈퍼 영웅 만화가 엄청난 성공을 거두었다. 바로 《슈퍼맨》이었다. 이후 만화계에서는 슈퍼 영웅이 줄이어 만들어지고 이로 인해 만화의 황금 시대가 시작되었다.

　　먼저 《슈퍼맨》으로 영웅 신화를 탄생시킨 DC코믹스는 이후 배트맨, 원더우먼, 플래시, 호크맨, 아쿠아맨, 로빈 등을 만들었다. 이들은 대체로 착하고 정의감 넘치는 캐릭터로 등장하여 나쁜 악당들을 물리친다.

반면《스파이더맨》으로 대표되는 마블코믹스는 헐크, X-맨, 아이언 맨, 캡틴 아메리카, 데어데블 등의 슈퍼 영웅을 만들었다. 그런데 마블코믹스의 슈퍼 영웅과 악당들은 DC코믹스와 다른 면이 있다. 마블의 슈퍼 영웅은 현실에서 잘 적응하지 못하거나 항상 착한 것은 아니다. 때로 자신의 처지에 대한 갈등과 고민을 한다. 또 악당도 나름대로 악한 행동을 하게 되는 원인이 있어 악당에 대한 동정심도 어느 정도 갖게 만든다.

만화의 황금 시대는 2차 세계 대전이 끝나면서 조금씩 내리막길을 걷게 된다. 공공의 적이 사라지면서 슈퍼 영웅이 할 일이 없어지고, 평화의 시대에는 슈퍼 영웅에 대한 필요성이 줄어들었기 때문이다.

 애니메이션의 종류

다음 중 애니메이션 재료로 사용되지 않는 것은?

① 찰흙   ② 국수   ③ 모래

애니메이션의 재료는 다양하다. 단순히 물감이나 페인트를 가지고 그린 2차원의 그림을 넘어서 다양한 방식의 애니메이션이 가능하기 때문이다. 찰흙으로 인형을 만들어 조금씩 움직이는 모습을 담아 애니메이션으로 제작한 '클레이 애니메이션'(예: 〈월래스와 그로밋*Wallace & Gromit*〉), 국수를

◀◀ 클레이 애니메이션의 대표작인 〈월래스와 그로밋〉.
◀ 국수 애니메이션 〈볼록이 이야기〉.

한쪽에서 조금씩 밀면서 모형을 만든 후 카메라에 담은 핀 스크린 방식의 '국수 애니메이션'(예: 〈볼록이 이야기〉(김진만, 2003)), 모래를 이용하여 그림을 그린 후 조금씩 변형시켜 만든 '모래 애니메이션' 등 매우 독창적이며 다양한 방식의 애니메이션이 제작되고 있다.

우리가 볼 수 있는 애니메이션 중 가장 많은 것은 '셀 애니메이션'이다. 셀 애니메이션은 등장 인물을 투명한 필름에 그린 후 배경 그림 위에 겹쳐서 촬영한다. 이후 등장 인물을 조금씩 변형시켜서 움직이는 듯한 효과를 준다. 셀 애니메이션은 장면이 변환되기 전까지 등장 인물만 새로 그리면 되기 때문에 적은 비용으로 큰 효과를 거둘 수 있다.

 신문 만화에서 만화 전문 잡지까지: 만화의 역사와 진화

옆 사진은 조그만한 만화책을 보고 있는 장면이다.

이런 만화책은 어떤 용도로 제작된 것일까?

사진: 박진성

1970년대와 1980년대에는 풍선껌을 사면 그 속에 껌 크기의 만화가 들어 있었다. 이 만화책을 보는 재미 때문에 30원에서 50원 하던 풍선껌을 사

기도 했다. 내용은 주로 민담이나 동화, 건전한 내용의 코믹 장르가 많았으며, 옆으로 길쭉한 컷으로 구성되어 있었다. 포장지에 수수께끼 만화 그림이 있어서, 만화도 보고 친구들과 수수께끼도 주고 받는 등 다양한 재미를 느낄 수 있었다.

현재 우리나라 만화는 많은 어린이와 청소년들로부터 사랑받고 있다. 부모들이 직접 만화책을 사주는 사례도 많다. 그러나 과거에 우리 부모 세대는 만화책을 보기 위해 만화방이라는 곳에 가서 만화책을 보곤 했다. 좁고 환풍도 잘 안 되는 어두컴컴한 곳에서 만화책을 돈 주고 보거나 아니면 더 비싼 가격에 집으로 빌려오는 이들이 많았다. 그러나 이때에는 만화에 대한 인식이 좋지 않아서 만화방에 가는 것을 반대하거나 심지어 혼을 내는 부모들이 많았다.

1980년대 초기까지는 〈어깨동무〉나 〈새소년〉 등의 어린이 잡지 안에 만화가 연재되는 형태였다. 잡지의 내용은 대부분 기사이고 만화는 일부에만 실렸으므로 만화 전문 잡지라 할 수 없었다. 그러다 1982년에 육영재단에서 〈보물섬〉을 창간했다. 당시 460페이지가 넘는 두꺼운 잡지는 대부분 만화로 채워져 있어 본격적인 만화 잡지 시대를 열게 되었다. 〈보물섬〉은 약 20여 개의 작품을 연재하면서 매회 애독자 카드를 통하여 인기 여부를 물었는데, 이를 통해 인기 있는 작품들은 단행본 만화로 출판

왼쪽부터 우리나라 최초의 신문 만화가 실린 〈대한민보〉(1906), 최초의 만화 잡지 〈만화 세계〉(1956), 본격적인 만화 잡지 시대를 연 〈보물섬〉(1982).

하는 반면 인기 없는 작품들은 발빠르게 연재를 중단하고 새로운 만화를 올리는 '만화 산업 시스템'이 시작되었다. 〈아이큐 점프〉, 〈소년 챔프〉 등의 만화 잡지가 증가하였으며 이로 인해 새로운 만화 작가가 등장할 수 있는 창구 역할을 하게 되었다. 만화 잡지의 발달로 만화 애독자도 증가했다. 그리고 애독자 증가는 자연스럽게 단행본 만화책 출간으로 이어져 만화책을 '빌려보는 것'에 그치지 않고 '사서 보는 것'으로 변화하는 계기를 만들었다.

 웹툰의 등장

웹툰webtoon은 웹web과 카툰cartoon의 합성어로 인터넷을 통해 볼 수 있는 만화를 말한다. 웹툰은 원래 만화책으로 출판된 것이 인터넷을 통해서 다시 출간되는 경우와 처음부터 웹 기반으로 그려진 것으로 나눌 수 있다.

웹툰은 종이 만화와 달리 화면을 내려서 다음 장면을 보게 된다.

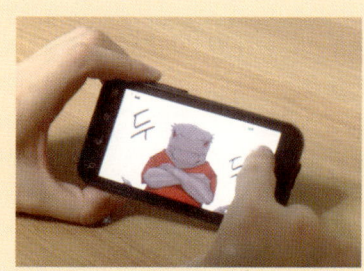

웹툰과 종이 만화 비교

	웹툰	종이 만화
매체	인터넷	책
읽는 순서	세로로 읽는다	좌에서 우로
시의성	빠르다	느리다
소통	댓글을 통해 즉시 소통	소통이 어려움

웹툰은 세로 방식으로 구성되어 있다. 종이 만화의 경우는 페이지를 넘기다 우연히 양쪽 페이지의 많은 그림을 미리 볼 수 있다. 그러나 세로 방식은 스크롤할 때까지 미리 볼 수 없다는 특징이 있다. 그리고 댓글을 통해 즉시 쌍방향 소통이 가능하다. 웹툰은 인터넷상에서 만화를 꿈꾸는 사람들이 자유롭게 연재할 수 있다. 이중에서 조회수가 높거나 인기를 얻으면 실제 계약으로 이루어져, 진짜 만화가로 데뷔하고 작품료도 받을 수 있다. 최근에는 컴퓨터보다 스마트폰이나 태블릿PC로 웹툰을 보는 비중이 점점 높아지고 있다. 이런 환경은 언제 어디서나 간편하게 만화를 볼 수 있도록 만들었으며, 종이 만화로만 보던 만화의 고정관념을 벗어나게 만들었다.

# 디즈니와 드림웍스

> 디즈니 영화에 등장하는 악당들의 공통점은 무엇일까?
>
> ① 악당이 주인공보다 착한 행동을 자주 한다.
>
> ② 주인공이 악당을 폭력으로 응징한다.
>
> ③ 주인공 피부는 흰색, 악당 피부는 검은색에 가깝다.

전통적인 디즈니 애니메이션에서는 권선징악의 요소가 많다. 주인공은 항상 선하고, 악당은 항상 악하다. 그래서 주인공이 악당을 벌하는 내용이 많다. 그러나 디즈니 애니메이션에서 주인공이 살인을 하지는 않는다. 디즈니 영화의 주인공은 악당에게 복수하려다가 감정을 절제하고 악당을 살려준다. 그러나 살려준 악당이 뒤돌아선 주인공을 죽이려다 오히려 죽음을 당한다는 내용이 많다.

주인공과 악당의 색을 자세히 들여다보면 항상 주인공이 악당에 비해 하얗다. 〈신데렐라〉, 〈인어공주〉, 〈라이언킹〉, 〈아나스타샤〉 등 최근작을 제외하고 거의 모두가 악당을 주인공보다 검게 그렸다. 이로 인해서 디즈니 영화는 인종에 대한 편견을 담고 있다고 비판받아 왔다. 이뿐 아니라 디즈니 영화에서는 여성의 행복과 성공은 왕자를 만나는 것으로 결정되는 구조를 가지고 있다. 그래서 남성 우월주의라는 비판을 받아왔다.

사람들은 디즈니 애니메이션의 캐릭터들을 월트 디즈니가 그린 것으로 알고 있다. 디즈니는 만화 작가가 아니라 제작, 기획, 홍보, 판매를 주로 담당한 제작자다. 초창기에는 어브 아이웍스Ub Iwerks(〈만화 나라 앨리스〉(1923) 등)와 윌프레드 잭슨Wilfred Jackson(〈판타지아〉, 〈신데렐라〉, 〈피터팬〉 등) 등이 주로 작품을 만드는 역할을 담당하였다. 이후에도 버트 질렛Burt Gillett(〈꽃과 나무〉(1932), 〈아기 돼지 삼형제〉 등)이나 데이비드 핸드David

Hand(〈백설공주와 일곱난장이〉(1937) 등), 벤 샤프스틴Ben Sharpsteen(〈피노키오〉(1940) 등) 등이 이어 받았다. 대부분의 애니메이션에서는 감독이 드러나지만 유독 디즈니의 영화에서는 감독의 이름보다 제작사인 디즈니가 부각되는 사례가 많았다. 이 때문에 디즈니는 아이들에게 꿈과 희망을 주는 제작사로 이름을 알리게 된다.

다음 중 다른 작품과 결말이 다른 것은 무엇일까?

위 영화들은 모두 키스와 관련이 있다. 대부분의 영화에서 키스를 하면 마법이 풀린다. 야수는 멋진 왕자로 변하고 잠들었던 공주는 깨어난다. 이 때문에 우리는 키스가 마법을 풀고 해피엔딩으로 끝나게 되는 중요한 단서로 생각한다. 디즈니 영화들은 이 법칙을 충실하게 지켜왔다. 후발 주자인 드림웍스는 이 법칙을 완전히 비틀었고, 〈슈렉Shrek〉의 피오나 공주는 키스를 해도 아름다운 모습으로 변하지 않고 추한 모습 그대로 남게 된다. 드림웍스는 이처럼 사람들의 기대와 반대되는 내용으로 인기를 끌게 된다. 요정은 악하고, 주인공은 못생기고, 왕은 왕비에게 쩔쩔매며 권위를 모두 잃어버렸다.

1998년에 개봉된 〈앤트Antz〉(드림웍스)와 〈벅스 라이프A Bug's Life〉(디즈니)에서도 디즈니는 철저하게 기존의 문화에 순응하면서 행복을 추구하지만 드림웍스의 주인공은 저항과 개혁을 꿈꾼다. 드림웍스 애니메이션은

픽사Pixar는 컴퓨터 애니메이션 회사이다. 1986년 스티브 잡스가 애플을 그만두고 나서 컴퓨터 그래픽 회사를 인수하면서 픽사가 시작되었다. 픽사는 컴퓨터를 파는 회사였다. 컴퓨터를 팔기 위한 홍보용으로 존 라세티가 짧은 단편 영화를 만들었는데, 이 작품이 많은 사람의 찬사를 받았다. 이것을 계기로 픽사는 애니메이션에 본격적으로 뛰어들었다. 이후 디즈니와 손을 잡고 픽사에서 만들면 디즈니가 판매하는 식의 방식으로 〈토이 스토리〉(1, 2), 〈벅스 라이프〉, 〈몬스터 주식회사Monster, Inc.〉, 〈니모를 찾아서Finding Nemo〉, 〈카Cars〉 등의 작품들을 제작하였고, 이 작품들은 엄청난 성공을 이뤘다. 이후 디즈니는 정식으로 픽사를 인수하였고, 픽사의 스티브 잡스는 개인 최대 주주가 되었다.

이후에도 노예로 사는 이스라엘인들이 이집트에서 탈출하는 〈이집트 왕자The Prince of Egypt〉(1998), 닭장에서 탈출을 일삼는 〈치킨 런Chicken Run〉(2000), 육식을 거부하고 채식을 주장하는 상어 〈샤크Shark Tale〉(2004), 뉴욕의 동물원에서 뛰쳐나간 네 마리의 동물 이야기 〈마다가스카Madagaskar〉(2005), 평생 꿀만 모아야 한다는 사실에 회의를 느낀 꿀벌 이야기 〈꿀벌 대소동Bee Movie〉(2008) 등 대부분의 영화들이 기존 질서에 저항하는 내용으로 꾸며진다. 이처럼 드림웍스는 디즈니와 완전하게 대비되는 전략으로 창업 후 짧은 시간 만에 디즈니와 쌍벽을 이루게 되었다.

 아톰과 일본 애니메이션

아톰과 악당이 상징하는 것이 무엇인지 다음 포스터를 보고 생각해 보자.

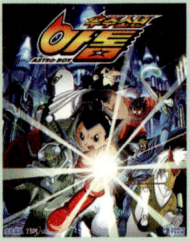

	아톰	악당
머리색	검은색	다양한 색
키	작다	크다
무기	적다	매우 다양하다

아톰은 데츠카 오사무가 1952년부터 연재한 만화 〈철완 아톰〉의 주인 공이다. 1963년 TV 애니메이션으로 제작되어 전 세계적으로 방영되며 선풍적인 인기를 끈 일본의 대표적 작품이다. 1980년에는 컬러 TV용으로 새롭게 제작되어 높은 시청률을 거두기도 했다.

아톰이 처음 소개된 1950년대는 일본이 2차 세계 대전 후 백인에 대한 패배 의식이 매우 팽배한 시기였다. 키도 작고 무기도 초라한 일본인이 덩치도 크고 다양한 무기를 가진 백인들을 상대하기엔 역부족이었다. 그러나 아톰은 달랐다. 아톰은 악당들에 비해 키도 작고 무기도 초라하지만 항상 커다란 덩치의 악당들을 물리쳤다. 이때 아톰의 검은색 머리는 일본인을 상징하는 코드였다. 아톰은 2차 세계 대전 패전국으로 절망에 빠진 일본인들에게 희망을 갖게 해 주었다. 일본에서 데츠카 오사무는 단순한 만화 작가가 아니라 일본의 정신을 드높인 영웅으로 인정받는다.

다음 작품을 만든 감독은 누구일까?

위 작품들은 모두 미야자키 하야오의 작품이다. 미국에 디즈니와 드림웍스가 있다면 일본에는 미야자키 하야오가 만든 '지브리'가 있다고 말할 정도로 일본 애니메이션에 큰 영향을 미쳤다. 지브리 스튜디오는 수많은 작품들을 만들었는데 만드는 작품마다 일본의 애니메이션 역사를 바꿀 정도로 많은 관객들을 끌어들였다. 미야자키 하야오의 작품은 자연과 휴머니즘을 나타내는 작품들이 많은데, 일본의 도시화 속에서 향수를 자극하고 인간과 자연의 소중함을 일깨우는 내용이 성공의 요인으로 여겨진다. 최근에는 그의 작품들이 〈아바타Avatar〉(2009) 등 서양 작품에도 많은 영향을 미치고 있다.

일본 애니메이션에서 빼놓을 수 없는 장르 중 하나가 '사이버 펑크Cyberpunk'이다. '사이버 펑크'는 원래 사이버 공간으로 대표되는 첨단 과학 기술에 비판적인 태도를 말한다. 그래서 사이버 펑크 영화는 사이버와

사이버 펑크 장르의 대표작 〈공각기동대〉, 〈메모리스〉, 〈아키라〉.

 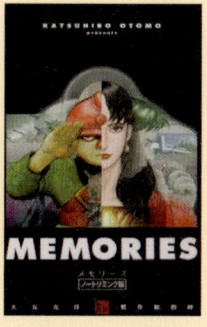 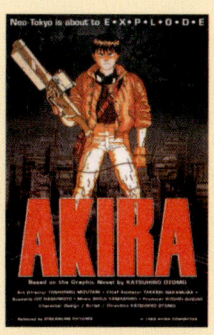

첨단 과학 문명으로 인한 영향을 비관적으로 본다. 일반적으로 사람들은 과학이 미래 사회를 좋게 만들 것이라고 생각하지만 사이버 펑크 영화들은 과학이 인간성을 파괴할 수 있으며, 인류의 미래를 해칠 수도 있다는 경고의 메시지를 보낸다. 〈아키라〉(오토모 가츠히로, 1988), 〈공각기동대〉(오시이 마모루, 1995), 〈메모리즈〉(오토모 가츠히로, 1995) 등이 있으며 이들 애니메이션은 할리우드 영화 〈매트릭스*The Matrix*〉(1999) 등에 영향을 주었다. 사이버 펑크 영화에서는 비가 내리거나 어두운 색을 많이 사용하여 미래의 암울한 이미지를 자주 보여 준다.

◆ 애니메이션과 문화

일본 애니메이션에는 유독 칼이 많이 등장한다. 첨단 무기를 장착한 로봇 장르에도 칼이 등장한다. 이는 일본의 사무라이 문화 때문이다. 사무라이는 일본의 중세 봉건 시대에 활동한 칼을 든 무사를 칭하는데, 이들은 칼을 매우 소중하게 생각하였다. 사무라이는 칼만큼 '충' 사상을 중요하게 생각했다. 그래서 전쟁에서 승리하지 못한 사무라이는 할복하는 것을 당연하게 여겼다. 자신의 죽음을 통해서라도 충성을 다한다는 사무라이 정신은 애니메이션에도 영향을 주었다. 미국 애니메이션이 주로 해피엔딩으로 주인공이 끝까지 살아남는다면 일본 애니메이션에서는 주인공이 자신의 장렬한 희생을 통해 악당을 무찌르고 승리하는 결말이 많다. 또 일본 애니메이션은 조상과 자연을 숭배하는 일본 종교의 영향도 많이 받았다. 동물과 나무의 정령을 숭배하거나 인간이 고양이나 개와 이야기를 주고받는 설정은 만물에 정령이 있다고 믿는 일본 종교의 영향이다. 이처럼 우리의 문화 또는 우리의 가치관과 비교해 가며 애니메이션을 본다면 다양한 문화를 이해하는 데 도움이 될 것이다.

산업으로서 애니메이션

만화 영화에서 가장 큰 수입원은?

① 영화 입장료 　　　　　　　　 ② 비디오, DVD 판권

③ 캐릭터 상품 판매 　　　　　　 ④ TV 프로그램 판매

⑤ 인터넷과 모바일 유료 서비스 　 ⑥ OST 판매

⑦ 게임 판권

애니메이션은 대표적인 OSMU(one source multi use) 상품이다. 하나의 상품으로 다양한 수입원, 즉 위 예시에 있는 모든 방법의 이익을 창출한다. 이 중에서도 캐릭터 상품은 가장 큰 수익을 거둔다. 인형, 완구, 생활용품, 의류 등 다양한 곳에 캐릭터를 활용할 수 있다. 이로 인해 최근에는 아예 처음부터 캐릭터 상품 판매를 목적으로 애니메이션을 만드는 사례도 등장할 정도이다.

팽이를 충돌시켜 경쟁하는 내용의 한 애니메이션은 아이들에게 가장 인기 있는 캐릭터 중 하나다. 이 애니메이션이 한창 인기를 누릴 때는 한 개에 8000원~1만 3600원 하는 팽이들이 없어서 못팔 정도였다. 이런 팽이를 한두 개도 아니고 수십 개씩 가진 아이들도 부지기수였다.

애니메이션의 인기는 장난감의 가격 상승을 유도하고 있다. 비슷한 제품도 캐릭터 때문에 훨씬 높은 가격에 책정되고, 이로 인해 경쟁사도 캐릭터 그림만 넣어 놓고 똑같이 가격을 높인다. 이런 악순환으로 현재 어린이 장난감 하나에 10만 원을 웃도는 제품들까지 등장하게 되었다.

우리가 보는 애니메이션의 제작비는 얼마나 될까? 보통 극장용의 경우 우리나라는 〈마리 이야기〉(이성강, 2002) 7억 원부터 〈원더풀 데이즈〉(김문생, 2003) 120억 원까지 제작비의 폭이 넓다. 요즘 극장용 애니메이션이 많

이 나오지 않는 추세라서 정확한 비교는 어렵지만 대개 20억~40억 원 정도라고 볼 수 있다. 일본의 경우에는 2000년대 이후 대략 100억 원에서 500억 원 정도의 규모로 제작되고 있다. 그리고 미국의 경우엔 메이저 제작사의 경우 대략 1000억 원을 넘는 경우도 흔히 볼 수 있다.

반면에 TV 시리즈 경우에는 국가마다 큰 차이를 보이지 않는다. 20분 ~25분 정도 분량 한 편당 7000만 원에서 10억 원 정도의 편차를 보인다. TV 시리즈는 한 번 방송되면 일정 기간 계속 되기 때문에 사람들이 한 번 이상 또는 잠깐이라도 방송을 볼 가능성이 매우 높다. 이는 캐릭터를 노출시킬 확률이 비교적 높다는 것을 의미한다. 이런 결과들을 종합하면 극장용은 성공과 실패에 대한 부담이 매우 크다. 성공하면 많은 돈을 벌지만 실패하면 엄청난 위험을 감수해야 한다. 텔레비전의 경우에는 편당 제작비가 비교적 적고, 성공과 실패의 경제적 차이가 크지 않다. 일본이나 우리나라의 경우 먼저 텔레비전 방송을 통해서 어느 정도 검증이 이루어진 후 영화로 제작하는 사례들이 많다.

브랜드 가치가 약 4000억 원이며, 117개국에 수출되는 우리나라의 캐릭터는 무엇일까?

EBS에서 방영한 〈뽀롱뽀롱 뽀로로〉 4기

정답은 바로 〈뽀롱뽀롱 뽀로로〉(아이코닉스)이다. 뽀로로는 유럽의 많은 나라에서 시청률 1위를 했던 우리나라의 TV 애니메이션이다. 어린이들의 대통령이라는 의미의 '뽀통령'이라 불릴 정도로 인기가 높다.

〈뽀롱뽀롱 뽀로로〉는 2003년 EBS에서 방영되면서 인기를 얻었다. 기존의 미국과 일본 애니메이션이 초등학생 이상의 청소년을 대상으로 만들어진 데 비해 유아와 유치원 어린이들을 주 시청 대상으로 하는 애니메이션은 별로 없었다. 〈뽀롱뽀롱 뽀로로〉는 유아들을 대상으로 한 애니메이션이 대성공을 거두는 계기가 되었다. 어린이 프로그램답게 귀여운 캐릭터들이 등장해서 다양한 에피소드를 통해 서로 배려하고 협력하며 재미있게 사는 모습을 그려내고 있다.

〈마당을 나온 암탉〉(오성윤, 2011)은 황선미의 동화를 원작으로 2011년에 개봉한 작품이다. 제작비 30억 원에 마케팅 비용으로 20억이 들어간 이 작품은 220만 명의 관객이 입장하여 166억 원 이상의 매출 효과[1]를 얻었다. 이 외에 중국에서 3000개 극장, 이탈리아, 프랑스, 러시아 등 50여 개 나라에서 상영 계약을 맺었다. 이 밖에도 〈마당을 나온 암탉〉은 앱북과 애니코믹스를 만들어 수입을 다변화하였다. 모성애라는 보편적인 감정을 다루고 있어서 감동을 주므로 세계적으로도 인정을 받고 있다. 폴란드에서는 원작 소설이 2012년 최고의 책으로 선정되기도 했다.

이 외에도 한국의 애니메이션은 〈로보카 폴리〉, 〈꼬마버스 타요〉, 〈우당탕탕 아이쿠〉, 〈구름빵〉 등 유아 대상으로 크게 인기를 얻고 있으며, 캐릭터 상품뿐만 아니라 뮤지컬 등 공연 예술의 영역까지 확대되고 있다.

유아들을 대상으로 하는 애니메이션은 부모가 안심하고 보여 줄 수 있어야 하기 때문에 교육적인 내용이 많다. 특히 우리나라의 유아용 애니메이션은 폭력적인 내용이 거의 없고 건전한 가치관을 강조하는 내용이 많아 괴물

국내 애니메이션 중 성공작으로 꼽히는 〈마당을 나온 암탉〉.

1. 2011년 국회 문광위 김재윤 의원의 국정감사 발표 자료.

이나 악당과 싸우는 애니메이션과는 차이가 있다.

일본의 고유 장르: 로봇 메카닉과 순정 애니메이션

일본은 미국 애니메이션에서 잘 다루지 않는 두 가지 장르를 개척하였다. 로봇 메카닉과 순정 애니메이션으로 대표되는 일본 애니메이션은 시간이 흐르면서 세대별 특징들을 나타내고 있다.

나가이 고는 만화책으로 연재되던 〈마징가Z〉를 1972년 TV 시리즈로 만들었다. 〈마징가Z〉는 처음으로 타는 로봇을 구상했다. 이전까지 로봇 (〈철인 28호〉)은 대개 무선 조종 방식이었는데, 마징가Z는 로봇의 머리 위로 조종 비행기가 들어가서 로봇을 조종하는 방식이다. 마징가Z는 다양한 무기 체계를 가졌다는 점과 로봇에 남녀 구분을 두었다는 점에서 새로운 시도였다. 〈마징가Z〉의 성공은 이후 많은 로봇 애니메이션에 영향을 미쳤다.

◆ **로봇 메카닉의 변천**

– 제1세대(1980년대 이전): 〈마징가Z〉, 〈그레이트 마징가〉 등

구체적인 무기 체계, 조종 비행선을 통해서 로봇에 탑승, 날개처럼 필요한 도구들이 결합됨.

– 제2세대(1980년대): 〈건담〉 등

여러 개의 로봇이 변신·결합하여 하나의 초거대 로봇이 탄생, 조종사가 그룹화됨, 배경이 우주 공간으로 진출.

– 제3세대(1990년대): 〈신세기 에반게리온〉

사이보그 생체 병기의 출현(머리는 사람, 몸은 생체 로봇), 로봇과 일체감 형성, 현실과 이상 사이에서 주인공의 고뇌와 갈등을 표현.

일본의 로봇 메카닉 애니메이션의 변천을 보여 주는 〈마징가Z〉, 〈건담〉, 〈에반게리온〉(왼쪽부터).

1976년에 처음 방영된 〈들장미 소녀 캔디〉의 주인공 캔디는 많은 청소년들의 사랑을 받았다. 특히 캔디의 신데렐라식 줄거리와 선과 악의 대립 구도, 복잡하지 않고 단순한 이야기 구조이면서도 강한 캐릭터 설정 등은 트렌디 드라마의 원형이 되었다. 이 작품은 이후 일본과 한국의 드라마 형식에 많은 영향을 주었다. "외로워도 슬퍼도 나는 안 울어"라는 가사로 시작하는 캔디의 주제가는 한때 '국민적 노래'로 불려졌다. 재미있는 것은 유럽과 미국을 배경으로 하는 〈들장미 소녀 캔디〉에 등장하는 대부분의 인물들이 키도 크고 얼굴이 작은 데 비해서 많은 남자에게 사랑받는 주인공 캔디만 작은 키에 큰 얼굴을 가진 동양적 인물로 등장한다. 캔디의 성공은 이후 공주 시리즈의 만화 영화를 양산하였다. 밍키와 세리로 대변되는 공주들은 변신을 통해서 문제를 해결하는 캐릭터로 변화하였다. 여성이 나약한 존재가 아니라 문제를 직접 해결하는 강한 캐릭터로 변화하여 캐릭터의 가치를 높였다.

여자 주인공이 문제를 직접 해결하는 강한 캐릭터로 변화해 간 순정 애니메이션의 대표작 〈들장미 소녀 캔디〉와 〈요술공주 밍키〉.

◆ 순정 애니메이션의 변천

– 제1세대(1980년대 이전): 〈들장미 소녀 캔디〉

　 캐릭터의 정형화, 신데렐라식 줄거리(가난한 여주인공이 부자집 남자를 만남), 여성스러
　 운 주인공.

– 제2세대(1980년대): 〈요술공주 밍키〉, 〈요술공주 세리〉

　 주인공이 여전사로 변신: 캐릭터 연계 전략(반다이, 다카라 회사)

　 기승전결의 구조 중 클라이막스 때 변신: 변신 이전엔 주인공의 수난이 계속되다가 변신
　 이후 모든 갈등이 해소됨, 캐릭터의 상품화.

– 제3세대(1990년대 이후): 〈세일러문〉

　 주인공이 다수로 늘어남: 캐릭터 상품의 다양화.

 일본 애니메이션의 변신 장면

일본 애니메이션에서 변신할 때 장소는 항상 다르지만 변신할 때의 영상을 보면 배경이 항상 똑같다. 변신 장면에서 필름을 반복해서 사용하기 때문이다. 애니메이션 제작사는 이 장면 덕분에 45초에서 70초 정도의 필름을 절약할 수 있다. 변신 장면의 반복 사용은 두 가지 특징을 갖는다. 첫째, 주인공이 변신할 때 악당이 공격을 안 한다. 둘째, 주인공은 변신하지만 악당은 변신을 잘 안 한다. 악당이 매일 다른 악당으로 바뀌기 때문에 악당이 변신 장면 중 끼어들면 다음부터 변신 장면을 재사용할 수 없고 다음 작품에서는 새로운 악당이 출현하기 때문에 악당이 굳이 변신할

변신 과정은 항상 똑같고
매 회 반복된다.
〈세일러문〉의 변신 장면.

필요가 없다.

　주인공이 나중에 변신을 하는 것은 변신한 캐릭터의 효과를 극대화시키기 위해서이다. 애니메이션이 시작되고 어느 정도 시간이 흘러서 클라이막스에 이르렀을 때 가장 집중력이 높아지고, 주인공과 시청자가 하나되는 감정이 가장 높아진다. 이때 주인공의 모든 갈등을 해결하는 캐릭터가 등장해야 더 돋보이게 되는 것이다. 그래서 순정 애니메이션에서는 주인공이 변신하면서 옷이 바뀌거나 마법의 지팡이가 나오고, 로봇 메카닉에서는 변신과 합체가 등장하거나 총이나 칼 같은 무기가 등장한다.

 짱구는 아동용?

일본에서 〈짱구는 못말려〉의 처음 등급은?

① 전체 관람가

② 7세 미만 관람불가

③ 12세 미만 관람불가

④ 15세 미만 관람불가

⑤ 19세 미만 관람불가

〈짱구는 못말려〉는 우리나라에서는 어린이뿐만 아니라 유아들도 즐겨 보는 프로그램이다. 그런데 내용을 보면 가끔 선정적인 내용이나 예의없는 말투와 행동 때문에 당혹스러울 때가 있다. 일본에서 만든 〈짱구는 못말려〉가 바로 '성인용'이기 때문이다. 〈짱구는 못말려〉의 원래 제목은 〈크레용 신짱〉으로 제작 당시 아동이 아니라 성인을 대상으로 만들었다. 그런데 우리나라에는 만화라는 인식 때문에 어린이들이 볼 수 있는 등급으로 들어 왔다. 만화는 어린이가 보는 것이라는 편견이 성인 등급의 만화를 유아들이 볼 수 있는 등급으로 정해져 미취학 아동들이 가정에서 아무 제재 없이 보고 있다. 심지어 어린이집이나 유치원에서 아이들에게 단체로 보여 주는 곳도 있다고 한다.

원래 〈크레용 신짱〉의 의도는 다섯 살짜리 꼬마의 눈으로 본 어른 세계의 모순을 비판하는 것이었다. 그래서 다섯 살짜리 꼬마이지만 성적인 부분에 민감하고, 어른들에 대한 예의가 전혀 없다. 오히려 어른을 놀리고 버릇없이 행동한다. 성인에 대한 모순을 지적하는 짱구의 나이는 어린이로 설정되어 있지만 짱구의 실제 시각은 어른들의 생각을 반영하고 있다. 그래서 어른들을 놀리고 조롱함으로써 성인들의 문제점을 지적한다. 이런 내용을 어린이들이 보면서 영향을 받을 수 있다. 어린이들 눈에 어른을 놀리는 짱구가 통쾌하고 재미있을 것이다. 그러나 어린이의 모습을 한 짱구의 능글맞은 비난은 일반적인 부모나 어른들에 대해 맹목적인 불신을 심어줄 수 있다. 아이들이 짱구의 행동을 그대로 따라한다면 문제가 될 수 있다.

만화와 애니메이션은 이제 어린이들만의 전유물이 아니다. 만화가 유치하거나 시시한 내용으로만 채워져 있다는 생각은 바뀌어야 한다. 만화는 재미없는 이야기를 재미있게 풀어내고, 흥미없던 공부를 즐겁게 할 수 있게 만들어 주는 효과적인 매체다. 유아들이 읽는 그림책과 만화책의 경계는 어디라고 확실하게 선을 그어 말할 수 있을까? 그럼에도 그림책은 읽히면서 만화책은 안 된다는 것은 편견이다. 이러한 편견이 사라질 때 등급의 기준도 새롭게 만들어질 것이다.

예술로 인정받는 유럽 만화

다음 만화들의 공통점은 무엇일까?

〈땡땡의 모험〉　　　〈개구쟁이 스머프〉　　　〈아스테릭스〉

위의 작품들은 모두 유럽에서 엄청난 인기를 얻었던 작품이다. 맨 왼쪽의
〈땡땡의 모험*Les Aventures de Tintin*〉은 벨기에 작가 에르제Hergé가 평생 동
안 쓰고 그린 만화로, 전 세계 50개의 언어로 번역되어 3억 부가 팔린 세
계적인 만화이다. 프랑스 드골 대통령은 "나의 유일한 라이벌은 땡땡이
다"라고 말한 바 있다.

　〈개구쟁이 스머프*The Smurfs*〉는 벨기에 작가 페요Peyo가 만든 만화로,
1981년 텔레비전 시리즈로 제작되어 우리나라에서는 1983년 방송되었다.
전 세계 30여 국에 방송되었으며, 애니메이션 영화로도 제작되었다.

　〈아스테릭스*Astérix*〉는 프랑스의 르네 고시니René Goscinny가 쓰고 알
베르 우데르조Albert Uberzo가 그린 만화로 1959년 발표되었다. 1993년까
지 전 세계 3억 5000만 권이 팔린 유럽의 대표적 만화이며 영화로도 제작
되었다.

　프랑스 만화의 특징은 예술로서 인정받고 있다는 점이다. 그래서 만화
를 앨범이라 부르며, 표지를 비롯하여 종이의 질도 고급 코팅 용지로 되어
있는 경우도 많다. 그림 한 장 한 장이 예술이라는 관점에서 만화책 가격
도 매우 비싼 편이다.

유럽 만화의 또 다른 특징은 실험성이 강하다는 점이다. 내용도 다양하지만 제작 방법도 다양하다. 이런 다양한 실험 정신은 애니메이션에도 이어져 핀이나 쿠키 등 생활 속의 다양한 재료들을 가지고 작품을 만들어낸다. 이러한 실험 정신은 국제 만화 축제를 통해서 장려하고 보급하는 데 도움을 주고 있다. 프랑스에서는 세계 최고의 만화 축제로 일컬어지는 '앙굴렘 국제 만화 페스티벌'이 매년 1월에 개최되고 있다. 더불어 세계 제일의 애니메이션 축제인 안시 애니메이션 페스티벌은 2년에 한 번씩 열린다.

만화와 애니메이션의 세계로 초대합니다

◆ 만화

만화의 이해

스콧 맥클라우드 지음 | 김낙호 옮김 | 비즈앤비즈

만화에 대한 전반적인 이해를 만화로 설명한 만화책이다. 만화책이지만 만화에 대한 설명을 매우 심도 있게 다룬다. 이 책을 보고 나면 만화를 보는 새로운 눈을 가질 수 있을 것이다.

그대를 사랑합니다

강풀 지음 | 재미주의

포털사이트 다음을 통해 연재된 웹툰이다. 한국 사회에서 소외된 노인의 사랑을 그린 만화로 고령 세대를 이해하고 가깝게 느끼게 한 작품이다. 연재 기간 동안 총 300만 누적 방문수를 기록하기도 했으며 영화로도 제작되었다.

21세기 키워드 1, 2, 3

이인식 글, 홍승우 그림 | 애니북스

미래 우리 삶의 이야기와 미래 과학에 관련된 개념들을 만화를 통하여 쉽게 설명하고 있다. 학습 만화라는 생각을 잊을 수 있도록 내용과 재미를 동시에 거두었으며, 미래 삶에 대하여 다양한 상상력을 더할 수 있는 책이다.

◆ 애니메이션

검정 고무신

감독 김이태, 송정율 ｜ 1999

1960년대 할아버지 할머니까지 3대가 모여 사는 초등학생 기영이와 중학생 기철이의 가족과 학교 이야기를 그린 애니메이션이다. 가난했던 부모님 세대의 어린 시절을 이해할 수 있는 작품으로 부모님과 같이 보면서 서로를 이해할 수 있는 감동이 있는 작품이다.

게리의 게임

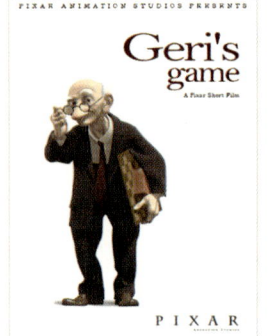

감독 잰 핑카바 ｜ 1997

한 할아버지가 왔다 갔다 하면서 혼자 체스를 두고 있는 모습을 담았다. 노인의 고독을 담아내고 있지만 두 역할의 노인을 비교하면서 본다면 그 속에 담겨진 상징들을 찾을 수 있어 영화를 보는 재미가 더할 수 있다. 아카데미 단편 영화상을 수상하였다.

아버지와 딸

감독 마이클 두독 드 위트 ｜ 2001

2001년 안시, 자그레브, 히로시마 애니메이션 축제에서 대상을 수상하고, 아카데미 단편 애니메이션 부분상도 수상한 바 있는 2001년 최고의 애니메이션이다. 떠나간 아버지를 그리워하는 마음을 담은 서정적인 영상과 음악이 돋보인다.

◆ 만화와 애니메이션 박물관

춘천애니메이션박물관

http://www.animationmuseum.com

춘천애니메이션박물관은 애니메이션과 관련된 다양한 자료가 전시되어 있으며, 음향을 직접 만들어 볼 수 있는 소리 스튜디오, 캐릭터실, 애니메이션 전용 상영관 등이다.

서울애니메이션센터

http://www.ani.seoul.kr

명동역 5분 거리에 있는 서울애니메이션센터는 애니메이션 관람, 교육, 편집 등을 직접 할 수 있다. 또 만화 캐릭터 전시실과, 만화 도서실이 있어 만화를 무료로 마음껏 볼 수 있다.

한국만화박물관

http://www.komacon.kr/museum/

한국만화박물관은 만화 문화의 확산을 위해 만화 박물관, 만화 도서관, 애니메이션 상영관이 하나로 어우러진 복합적 만화 문화 공간으로 만화 관련 전시실, 4D상영관, 체험실, 만화책을 직접 볼 수 있는 만화방 등이 있다.

◆ 세계 애니메이션 페스티벌

안시 국제 애니메이션 페스티벌 ｜ 프랑스

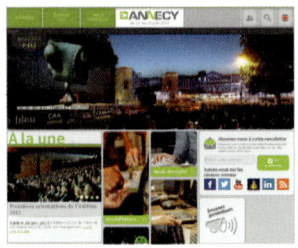

알프스 산에 둘러싸인 프랑스의 작고 아름다운 도시에서 열리는 안시 국제 애니메이션 페스티벌은 1956년 '칸 영화제'의 애니메이션 부문 행사로 진행되다가 1960년부터 독립되었다. 처음엔 홀수년에 열리다가 1997년부터 매년 5월 말에 개최되고 있는데 다른 축제와 달리 학술회의가 개최된다. 이를 통해 많은 전문가들이 참여하여 애니메이션의 발전과 미래를 위한 나눔들이 진행된다는 특징이 있다.

오타와 국제 애니메이션 페스티벌 ｜ 캐나다

1976년부터 캐나다의 오타와에서 2년마다 한 번씩 10월에 열리는 애니메이션 페스티벌이다. 북미 최대 페스티벌인 오타와 애니메이션 페스티벌은 실험 정신과 예술성 높은 작품들이 많이 상영되는 것으로 유명하다.

히로시마 국제 애니메이션 페스티벌 ｜ 일본

히로시마 국제 애니메이션 페스티벌은 '사랑과 평화'라는 주제로 1985~1987년 개최된 이후 1990년부터 짝수해 8월 말에 열리고 있다. 히로시마의 원폭 사건이 다시는 일어나지 않기를 기원하는 취지의 축제이다. 히로시마 국제 애니메이션 페스티벌은 철저하게 비상업주의와 순수 애니메이션을 추구하고 있다.

자그레브 국제 애니메이션 페스티벌 │ 크로아티아

크로아티아의 수도 자그레브(과거 유고슬라비아)에서 격년제로 열리는 애니메이션 페스티벌로 1972년부터 시작되었다. 일반, 학생, 어린이를 위한 애니메이션으로 나누며 어린이를 위한 부분에서는 어린이들이 직접 심사를 하고 있다. 자그레브 국제 애니메이션 페스티벌은 정부의 적극적인 지원 아래 장편 부분과 단편 부분을 격년제로 공모하는데, 짝수 해에는 단편을 홀수 해에는 장편 부분을 공모하고 있다.

6

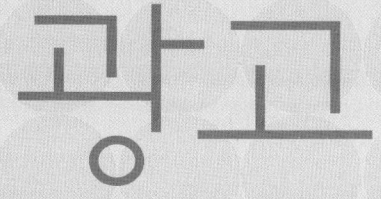

광고

광고 없이 생활할 수 있을까? 현대 사회에서 광고의 접촉 없이 사는 것은 불가능할 정도로 광고는 우리 삶에 깊숙하게 자리 잡고 있다. 따라서 광고를 제대로 이해하는 것은 매우 중요한 의미가 있다. 광고를 무비판적으로 받아들이면 불필요한 소비나 과소비의 유혹에 노출될 수 있다. 때로는 상업주의가 추구하는 잘못된 가치관에 물들 수도 있다. 반면에 광고에 대해 알면 광고를 효과적으로 이용할 수 있다. 현재의 광고는 현대 사회의 트렌드를 반영하며, 수많은 정보를 담고 있다. 따라서 현대 사회에서 광고를 제대로 이해한다면 더 효율적인 생활을 누릴 수 있다. 이 장에서는 다양한 광고를 통해서 광고의 메시지를 해석해 보고 그 영향과 활용 방법을 알아보고자 한다.

◀ 출처: http://pixabay.com

# 우리는 광고의 세계에서 산다

광고 없는 세상에서 살기 위해서는 아무것도 없는 골방에 갇혀서 지내거나 눈귀를 막고 집 안에서 누워 있어야만 할 것이다. 현대 사회에서 광고는 우리가 살고 있는 모든 곳에서 볼 수 있는 '또 하나의 환경'이 되었다.

광고는 기업이 상품을 팔기 위해 광고 회사에 돈을 주고 광고 영상이나 인쇄물을 만든 후 미디어를 통해서 제품을 소개하는 것을 말한다. 반면에 꼭 돈을 주고 광고물을 만들지 않아도 제품을 알리는 방법이 있다. 바로 신문이나 뉴스의 일반 기사에 상품에 대한 정보를 싣거나, 인터넷 등을 이용하여 사람들에게 알리는 방법이 있다. 이처럼 광고 회사를 통하지 않고 제품에 대한 정보를 제공하는 방법을 홍보라 한다.

최근에는 직접 간접적으로 언론에 대가를 지불하는 홍보성 광고가 많아지고 있다. 새로운 자동차나 휴대전화가 출시되었다는 기사, 해외에서 제품 판매량이 급증하고 있다는 기사들이 대표적이다. 이런 기사들은 기업에서 제품 홍보를 위해 기자들에게 정보를 제공하여 실리는 기사들이다. 때로는 기업의 사장이나 회장 인터뷰를 통해 기업 이미지를 높이는 사례도 있다. 이런 기사 역시 대가를 지불한 홍보성 기사인 경우도 있다. 따라서 신문이나 뉴스를 볼 때 이러한 제품 기사가 홍보성 기사인지 비판적으로 봐야 한다.

광고는 기업이 상품을 알리는 대표적인 수단이다.
동아제약의 박카스 광고.

◆ 광고, 선전, 홍보, PR

– 광고: 돈을 주고 상품이나 생각 또는 정책 등을 세상에 알려 상품을 팔거나 추구하는 목
적을 알리고자 하는 활동. "꼭 이 제품을 사 줘."

– 선전: 사물의 존재·효능·주장 등을 남에게 설명하여 동의를 구하는 활동. "너도 내 생각
에 동의해 줘."

– 홍보: 기업이나 단체 또는 관공서 등이 커뮤니케이션 활동을 통하여 스스로의 생각이나
계획·활동·업적 등을 널리 알리는 활동. "내 생각은 바로 이거야."

– PR(Public Relations): 기업이나 조직이 대중과의 관계 속에서 좋은 이미지를 구축하기
위한 모든 활동. "나에겐 이런 좋은 점이 있단다!"

🐌 정보인가 광고인가

다음은 건강 정보 프로그램의 예이다. 의사들이 출연하는 방송 프로그램이 많아진 이
유는 무엇일까?

가장 큰 이유는 사람들이 건강에 관심이 많아졌기 때문일 것이다. 또 하
나는 의사들도 방송을 통한 홍보에 관심이 커졌기 때문이다. 방송에서 고
정으로 출연하거나 병원이 소개된다면 그 병원은 전국적으로도 높은 인
지도를 보이고 엄청난 홍보 효과를 거둘 수 있다. 그래서 많은 의사들이

방송에 출연하기 위해 방송 관계자들을 만나고, 방송 프로그램에 협찬을 한다.

비슷한 예로 음식 프로그램이 있다. 식사 시간대 프로그램을 잘 살펴보면 음식에 관련된 프로그램들이 많다. 특히 아침 7시 시간대와 저녁 6시 시간대 프로그램에는 뉴스와 섞여서 정보 프로그램임을 표방하지만 상당 부분이 음식 관련 소재를 다루고 있음을 알 수 있다. 또 주부들이 자녀를 학교에 보내고 나서 이제 점심 시간이 가까워 오면 요리 프로그램들이 방영된다. 이처럼 식사 시간대에 음식에 관련된 내용들이 많이 나온다. 식욕이 왕성할 때 텔레비전에서 맛있는 요리가 나오면 그 음식을 먹고 싶어지는 강한 충동을 느끼기 마련이다. 결국 이러한 편성은 음식에 관련된 업계에서 전략적으로 광고를 활용한 것과 관계가 있다.

음식점 거리에 가면 'TV에 방영된 집'이라는 간판이 많다. 도시는 물론 시골이나 관광지 곳곳까지 몇 걸음만 걸으면 쉽게 눈에 띌 정도이다. 특히 음식 체인점에 이 같은 광고가 많은데, 체인점 중 한 곳이 방송이 되면 전국에 모든 체인점에 같은 간판이 걸리기도 한다. 실제로 찾아간 그 음식점은 방송에 나오지 않았을 수도 있다. 이 밖에도 광고 효과를 위해서 연예인의 사진이나 연예인 '사인'을 걸어 놓은 곳들도 있다. 이런 곳들도 체인 점포 중 한 곳의 사진을 전국에 똑같이 걸어놓는 경우가 있다.

시대에 따른 광고의 변화

다음은 1970년대 인쇄 광고와 2010년의 인쇄 광고를 나타낸 것이다. 시대별로 인쇄 광고의 특징은 어떤 차이가 있을까?

1970년 삼양라면 광고   2010년 삼양라면 광고

위 광고를 통해 과거와 현재 광고의 차이점을 추론해 볼 수 있다.

첫째, 과거 광고는 제품의 기능이나 장점을 설명하는 데 초점을 둔다. 포스터에는 글자가 많이 포함되고 영상에서는 말이 많은 편이다. 그러나 최근 광고에서는 설명이 적고, 제품의 이미지를 보여 주는 사례가 많다. 이는 과거처럼 경쟁 제품의 수준차가 크지 않고, 기술의 발전 속도가 빨라졌기 때문이다.

둘째, 색과 관련된 마케팅이 가능해졌다. 1970년에는 대부분의 신문 광고가 흑백이었다. 이후 컬러 인쇄가 가능해지면서 제품의 이미지에 관련된 다양한 색상이 사용된다. 오른쪽 삼양라면 광고는 아래쪽에 주황색이 배치되는데, 이는 삼양라면 포장지가 전체적으로 주황색이기 때문이다.

셋째로 스타를 활용한 마케팅이다. 물론 과거에도 스타를 활용한 마케팅이 있었다. 그러나 어디까지나 스타는 제품을 설명해 주는 역할에 머물렀다. 현대에 와서는 스타의 이미지를 제품에 투영시키는 '이미지 마케팅'을 사용하고 있다. 위 그림에서는 소녀시대의 젊고 발랄함이 '친구'라는 이미지를 투영시켜 삼양라면이 마치 오래된 친구 같다는 점을 부각시키고 있다. 그래서 '오래된 친구라면'이라는 광고 카피를 사용하여 광고 효과를 극대화하고 있다.

이처럼 광고는 시대에 따라 같이 변화한다. 때로는 이성을 자극하고, 때로는 감성을 자극하며, 그 시대의 기술과 정서들을 총동원하여 소비자들을 소비의 장으로 끊임없이 유혹하고 있다.

효율적으로 광고를 하려면

아무리 좋은 상품이라 해도 사람들에게 알려지지 않으면 아무 소용이 없다. 따라서 광고는 상품의 성패를 가르는 중요한 수단이다.

가장 효과적인 광고는 전국적으로 빠른 시간에 많은 사람에게 전달할수 있는 텔레비전, 라디오, 신문, 잡지, 인터넷이다. 하지만 내가 사는 지역의 범위에서만 광고하려 한다면?

비싼 광고 대신 지하철이나 버스 또는 택시의 광고를 활용해서 상대적으로 저렴하게 광고할 수 있다. 교통 수단을 이용한 광고도 교통의 특성상 저마다 특징이 있다. 버스나 택시의 경우에는 지상에서 운행되기 때문에 창문을 통해 주위에 볼거리가 많다. 그런데 비해 지하철의 경우에는 창문 밖에도 상가나 건물 등이 거의 없다. 따라서 볼거리가 많지 않아 상대적으로 광고에 주목하는 비중이 높다.

지금까지 4대 광고라 하면 텔레비전 광고, 신문 광고, 라디오 광고, 잡지 광고였다. 최근에는 인터넷 광고의 비중이 높아져서 4대 광고보다 많은 비중을 차지한다. 앞으로는 스마트폰으로 대표되는 모바일 광고가 이들 광고를 뛰어넘을 것으로 보인다.

신문 광고와 텔레비전 광고의 특징

신문 광고	TV 광고

– 제품에 대한 자세한 설명이 가능하다.
– 독자의 의지에 따라 보고 싶은 시간에 다
  시 볼 수 있다.
– 광고비가 비교적 다양하고 싼 편이다.
– 2차원적인 그림에 의존한다.
	– 시각과 청각이 합해져 쉽게 기억되어 홍보
	  효과가 크다.
	– 움직이는 영상과 시나리오가 가능하여 시
	  청자들을 끌어들일 수 있다.
	– 가격이 비싸다.

　인터넷 광고는 주로 화면 외곽에 배너 형식으로 만들어졌다. 그 이외에 스폰서 링크 방식, 자신의 정보를 제공하거나 게임을 통해 할인 쿠폰을 받는 식으로 이루어진다. 이처럼 인터넷 광고와 기존의 4대 광고는 광고주가 광고 매체를 통해 소비자에게 보여 주는 방식이었다. 물론 스마트폰 광고도 기존의 방식을 따르지만 일부 스마트폰 광고는 소비자가 상품의 할인을 받기 위해 적극적으로 광고를 찾아다니는 방식으로 변화하고 있다.

광고의 매체별 특성

매체	특징
인쇄 광고(신문, 잡지)	– 시각에만 한정되어 광고 효과가 작다. – 전국적이며 설득적, 이성적 방법에 효과적이다.
전파 광고(라디오, 텔레비전)	– 시간과 공간의 제약이 있다. – 시청각을 이용한 광고 효과가 크다. – 연령대별 또는 성별 주 시청 시간대에 맞춰 제품 성격에 맞는 홍보를 할 수 있다.
인터넷 광고	– 해당 사이트 접속이 이루어져야 광고가 노출된다. – 시간과 공간의 제한이 없다.
스마트폰 광고	– 소비자가 능동적으로 광고를 찾아다닌다.

빨간 주유소, 노란 마트: 광고는 색으로 말한다

기업 이름을 보고 연상되는 색을 찾아 줄을 연결하라.

- SK
- 삼성
- E마트
- 풀무원

SK주유소는 모두 빨간색이다. 이것은 SK가 빨간색의 열정의 이미지를 기업의 상징색으로 삼았기 때문이다. 그래서 SK텔레콤도 빨간색 나비를 로고로 사용하며 SK프로야구단도 빨간 유니폼을 입고 있다. E마트는 마트 차량색과 직원복도 노란색이다. 삼성은 모든 스포츠 구단의 유니폼이 삼성 로고의 색깔인 파란색이고, 풀무원은 초록색을 강조한다. 이처럼 기업들이 특정한 색을 중요하게 생각하는 이유는 색이 가지는 이미지 때문이다. 빨강은 열정과 자유를, 노랑은 따뜻함과 친절을, 파랑은 안정감과 미래를, 초록은 자연과 건강을 상징한다.

색은 사람의 심리에도 영향을 준다. 2000년 영국 스코틀랜드의 산업도시 글래스고의 뷰캐넌에서는 도시 경관을 바꾸어 보기 위해 거리의 가로등을 파란색으로 교체하였다. 그러자 뷰캐넌의 범죄 발생률이 크게 감소하는 효과가 나타났다. 이 소식이 알려지자 일본의 나라시에서도 파

기업 로고나 브랜드 로고는 색이 갖는 이미지를 반영해 만든다.

란 가로등을 설치하는 실험을 감행하였다. 실제 나라시의 범죄 발생률이 30% 감소하였다. 이 밖에도 파란 가로등은 전철의 투신 자살을 막는 효과가 있다고 보고되어, 일본의 전철역에서도 파란 가로등이 증가하고 있다. 현재 시즈오카현 등의 많은 지방 자치 단체가 파란 가로등을 늘리고 있으며, 국내에서도 경기도 시흥의 능곡 힐스테이트에서는 아파트 주변에 파란색의 가로등을 설치하였다. 이처럼 파란 가로등이 범죄나 자살을 예방하는 이유는 파란색이 심리적으로 안정감을 주고 차분해지도록 만들기 때문이다. 푸른색을 보면 뇌의 시상하부가 자극을 받아 심리적 안정감을 주는 세로토닌이라는 호르몬이 분비되기 때문이다. 이처럼 색이 미치는 영향은 광고에도 그대로 반영된다. 그래서 여름에 많이 팔리는 갈증 해소 음료는 파란색이 많고, 겨울에 추위를 극복하기 위한 음식들은 빨간색이 많다.

다음 광고 카피를 보고, 해당 제품을 찾아보자.

① 情
② 그 날의 피로는 그 날에 푼다.
③ 우리 강산 푸르게 푸르게
④ 골라 먹는 재미가 있다!

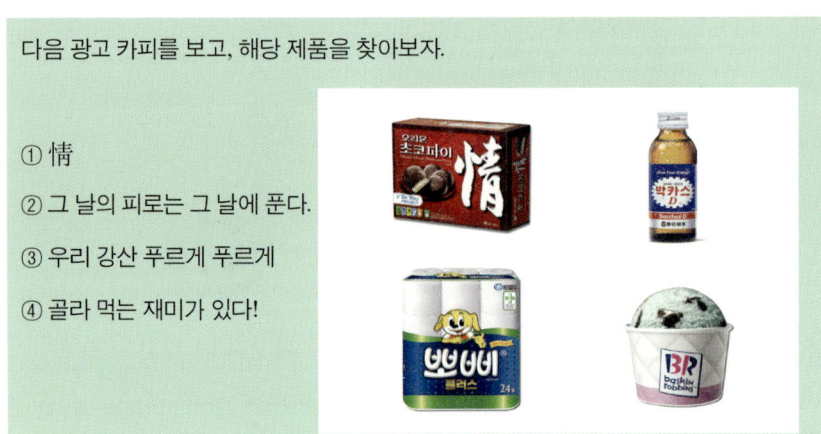

'카피copy'란 '베낀 것'이나 '사본' 등의 의미로 많이 사용하지만 '광고 카피'란 일반적으로 광고에서 사용된 단어나 문장을 말한다. 광고에서 카피는 제품의 이미지나 정보를 전달하는 데 매우 중요한 요소다. 광고 카피 때문에 제품의 홍보 효과가 엄청나게 높아지는가 하면, 광고 카피만 유명해지고 제품은 전혀 기억하지 못하는 사례도 있다. 광고 카피가 때로는 사회의 유행을 이끄는 트렌드가 되었던 사례도 자주 볼 수 있었다.

위 문제에서 '情'은 오리온 초코파이의 오랜 광고 카피다. 사랑하는 사람에게 내 마음을 전달해 주는 '情'의 의미를 초코파이에 자연스럽게 담아내고 있다. 초코파이를 주는 것이 정을 나누는 것이라는 점을 부각시켜 비슷한 많은 아류작들과 차별하였다. 오리온 초코파이는 이 광고로 2003년 단일 품목 처음으로 1조 원을 돌파하는 기록을 세웠다.

'그 날의 피로는 그 날에 푼다'는 동아제약의 박카스 광고 역시 감성적 광고를 통해서 장수 제품이 되었다. '젊은 날의 선택! 지킬 것은 지킨다,'

'박카스와 함께 좋은 사람을 만나러 갑니다' 등의 유명한 카피를 남겼다. 박카스 광고는 사람의 감성을 자극하는 카피와 함께 전철에서 자리 양보하기, 군대에 자원하기 등의 공익적 캠페인 광고와, 버스 운전기사, 환경미화원 등 땀 흘리는 서민들의 모습을 보여 주며 많은 호응을 얻었다.

유한킴벌리는 화장지를 만들기 위해 나무를 베어야 하기 때문에 '환경을 망치는 기업'으로 인식될 수 있다. 유한킴벌리는 이런 단점을 극복하기 위해서 오히려 오랜 시간 나무 심기 캠페인을 벌이며 '우리 강산 푸르게 푸르게'라는 광고를 하였다. 이 카피를 통해 화장지 회사가 '환경을 푸르게 만드는 기업'이라는 이미지로 변신하게 된다.

'골라먹는 재미가 있다'는 베스킨라빈스의 광고 카피는 여러 가지 아이스크림 중 선택할 수 있다는 장점을 극대화한 광고이다.

🐌 방송은 야구를 좋아한다: 스포츠와 광고

야구와 축구는 대한민국 국민들이 가장 좋아하는 스포츠이다. 사람들에 따라서 야구를 더 좋아하는 사람이 있고, 축구를 더 좋아하는 사람도 있다. 그러나 방송사는 방송 환경 때문에 선호하는 스포츠가 결정된다.

방송사는 시청률이 비슷하다면 광고를 더 많이 유치할 수 있는 프로그램을 선호한다. 야구와 축구를 비교해 보자. 야구 중계는 시작 전은 물론 1회부터 9회까지의 공격과 수비 사이에 총 19번의 광고를 내보낼 수 있다. 최근 야구 경기는 투수 교체 시에도 광고가 방송된다. 이로 인해 대부분의 야구 한 경기에서 노출되는 광고 횟수는 25회 이상이다. 반면, 축구는 시작과 끝 그리고 전반전 종료 후에만 광고를 내보낼 수 있다. 따라서 축구보다 야구가 훨씬 많은 광고를 내보낼 수 있다. 물론 시청률이 아주

야구 선수복에는 각종 광고들이 새겨져 있다.

높은 월드컵이나 국가대표의 축구 경기는 비싼 가격에 광고를 유치할 수 있지만 평소에는 광고 수가 많은 야구에 비해 매력이 덜할 수밖에 없다.

과거에 축구는 전반 끝나고 10분 동안 계속 광고를 방송했다. 10분이라는 긴 시간 때문에 많은 사람들은 광고 시간에 다른 채널을 보다가 후반전 시작할 즈음 다시 축구 채널로 돌렸다. 광고 시청률은 매우 낮았고 광고주의 불만이 늘었다. 지금은 광고 중간에 전반전 주요 장면들을 재편집해서 보여 주고 전반전 평가와 함께 후반전을 예상하는 내용을 방송한다. 광고 시간은 줄지만 이로 인해 채널을 돌리는 이들이 줄어 광고 시청률이 증가하는 효과를 얻었다. 이로 인해 더 높은 광고료를 받을 수 있다.

1999년 이전 아마추어 농구 경기는 전후반 20분씩 치렀다. 1997년 프로 농구가 출범하면서 쿼터제로 바뀌었다. 총 경기 시간은 같지만 10분의 휴식 시간을 두고 있다. 덕분에 선수들은 매 쿼터마다 공격적이고 집중적인 경기를 펼칠 수 있다. 더불어 쿼터 사이 휴식 시간 동안 광고를 삽입할 수 있다. 작전 시간까지 활용 광고 횟수를 늘릴 수 있어 방송사가 농구 중계를 유도하는 매력적인 시스템이다.

야구는 정적인 순간들이 많이 등장한다. 투수가 공을 던지기 전 화면에 투수와 타자를 클로즈업할 수 있는 여유가 있다. 이때 선수들의 옷과 모자, 헬멧엔 큰 글씨와 작은 글씨의 광고가 여러 개 새겨져 있다. 또 타자와 포수 뒤 펜스에도 광고 문구가 정지된 채 선명하게 화면에 잡힌다. 그러나 축구의 경우엔 대부분이 빠르게 움직이는 상황이 계속되므로 시청자들이 광고를 차분히 볼 수 있는 여유가 상대적으로 적다. 더불어 클로즈업도 야구에 비해서 덜하기 때문에 축구 선수의 유니폼에는 큰 글씨로 새겨진 광고만이 표시된다.

프로 스포츠 경기는 기업의 이미지에도 많은 영향을 미친다. 경기장의 사람들은 자기 팀을 응원하기 위해서 기업의 이름을 연호한다. "사랑해요 ○○," "○○ 이겨라," "○○ 최고야" 등등 누가 시키지 않아도 많은 사람들이 이구동성으로 자신이 응원하는 팀의 기업을 목소리 높여 외치게 한다. 이를 통해 기업의 이미지를 높이는 간접 광고 효과를 누릴 수 있다.

 비교 광고 속의 상징

광고 1에서 버거킹을 사먹는 사람은 맥도날드 캐릭터의 옷을 입고 있다. 버거킹이 너무 맛있어 맥도날드 직원도 버거킹을 사먹을 정도라는 것을 강조한다. 이 광고는 비교 광고라 할 수 있다. 코트를 입고 있긴 하지만 코트 이외의 모습만으로도 맥도날드를 상징한다는 것을 쉽게 알 수 있다. 광고 2도 비교 광고다. 광고에서 나오는 알파벳 두 번째 'M'은 바로 맥도날드 로고를 똑같이 사용하였다. 따라서 버거킹 햄버거 속 고기 두께는 맥도날드의 XXL 크기 정도로 매우 크다고 광고하고 있다.

국내에서도 비교 광고가 가능해지면서 경쟁 회사와 자사의 제품을 비교하는 광고들이 꾸준히 제작되고 있다. 비교 광고를 찾아보고 어떤 점을 강조하는지 따져 보면 이전에 몰랐던 상징들이 드러날 것이다.

 ## 마감 시간이 임박했습니다: 홈쇼핑 광고의 전략

홈쇼핑의 주 공략 대상은 누구일까?

① 초등학생 ② 중고등학생 ③ 대학생 ④ 주부 ⑤ 할아버지 할머니

홈쇼핑의 주 고객은 주부이다. 여성들이 텔레비전 시청 시간이 많고, 특히 인기 있는 프로그램들이 가장 적은 낮 시간대에 시청이 가능한 계층에는 주부들이 많기 때문이다. 둘째 이유는 가정용품의 구입을 결정하는 사람이 주로 주부들이기 때문이다.

홈쇼핑 광고의 가장 큰 특징은 마감 시간에 대한 압박이다. 정해진 시간 동안만 특별 가격이나 사은품을 줌으로써 사람들이 생각할 시간을 제한한다. '몇 분 남았습니다'라는 말을 자주 반복한다. 사람들은 시간에 쫓겨 제품이 필요한 제품인지 차분하게 생각하기 어렵고, 좋은 기회를 놓칠까 봐 충동 구매를 하게 된다.

홈쇼핑 역시 광고이기 때문에 장점만 부각하고 단점은 말하지 않는다. 예를 들어 컴퓨터 광고에서 집중적으로 이야기하는 내용은 CPU나 메모리의 크기, 그래픽 카드 등의 성능과 크기이다. 얼핏 보면 매우 고사양의

컴퓨터를 싸게 파는 것처럼 보인다. 그러나 쇼핑 광고에서 이야기하지 않는 부분들을 확인해 볼 필요가 있다. 메인보드를 비롯하여 주요 부품들이 저렴하고 낮은 사양의 제품으로 구성된 경우에도 이 사실을 밝히지 않는다. 따라서 제품 전체를 따져 보면 뛰어난 제품이 아닐 경우도 많다.

홈쇼핑 광고는 제품을 직접 보지 못한다. 따라서 홈쇼핑 출연자들의 말에 전적으로 의지할 수밖에 없다. 그러나 출연자들은 제품 판매를 위해서 제품의 장점만 부각된 각본에 따라 말할 수밖에 없다. 이로 인해 소비자들이 생각하는 제품이 실제 제품과 차이가 날 수도 있다. 심지어 '환불 보장'이라는 문구를 붙이고도 실제로 환불이 까다로운 경우도 있으므로 신중하게 구입해야 한다.

◆ 대형 마트엔 창문과 시계가 없다!

대형 마트나 백화점엔 창문과 시계가 없다. 판매자들은 마트나 백화점에서 시간 가는 줄 모르고 쇼핑을 해야 유리하다. 그런데 창문이 있으면 창문으로 비치는 햇빛의 강약과 그림자의 길이 등을 통해서 시간을 느낄 수 있다. 사람들이 시간이 지나는 것을 알면 쇼핑에 집중하지 못하기 때문에 대형 마트와 백화점에서 창문은 불필요한 요소이다. 시계 판매점에서도 수많은 시계의 시간을 따로 따로 맞추어 놓는다. 즉 현재 시간을 가리키는 시계는 여러 개 속에 섞여 있기 때문에 주인이 아니면 어떤 시간이 현재 시간을 가리키고 있는지 전혀 알지 못한다.

광고와 스타

교복은 전국의 중고생들이 모두 입고 일정하게 꾸준히 팔리는 매우 큰 시장이다. 반면에 시장이 한정되어 있어서 한 회사가 독점하면 다른 회사는 그만큼 적게 팔 수밖에 없다. 그래서 수많은 대형 회사들과 중소 회사들

◆ 광고에 스타가 등장하는 이유

청소년층에 인기 있는 스타가 등장하는 교복 광고.

– 스타의 이미지가 제품에 자연스럽게 투영된다.

– 스타가 등장하면 소비자들의 시선을 집중시킬 수 있다.

– 스타가 입은 예쁜 옷을 보면서 나도 저 옷을 입으면 스타처럼 멋있고 예뻐질 것이라는 환상을 갖게 한다.

– 스타에 대한 충성도가 작용해 이왕이면 자기가 좋아하는 스타의 홍보 제품을 구입하려 한다.

의 경쟁이 매우 뜨겁다. 특히 대형 회사들은 교복을 구매하는 시기가 다가오면 자사의 제품을 홍보하기 위해 엄청난 광고비를 쏟아붓는다. 청소년들이 좋아하는 가수들을 동원하여 교복 이름 대신에 가수 이름을 붙이기도 한다. 한때 중고등학교에서는 자신들이 좋아하지 않는 가수의 교복을 입었다고 해서 친구들과 다투는 사례도 있었다. 이처럼 청소년들은 교복의 재질보다 자기가 좋아하는 스타와 관련된 상품들을 구입하는 경향이 있고, 기업은 이를 적극적으로 이용한다.

대부분의 광고에서는 어김없이 스타가 출연한다. 또 스타의 주 수입원이 광고인 경우도 많다.

815콜라와 노스페이스: 브랜드의 힘

많은 사람들이 제품을 고를 때 품질을 따진다고 하면서 당연히 브랜드 제품의 품질이 좋다고 말한다. 그러나 상표를 제거하고 실험을 하면 품질의 차이를 인식하지 못하는 사례가 많았다. 미국 베일러 의대의 리드 몬태규 Read Montague 교수는 눈을 가린 채 코카콜라와 펩시콜라를 마시게 하면서 뇌의 활성 상태를 조사하였는데, 결과적으로 펩시콜라를 먹을 때 훨씬 활성화가 컸다. 즉 펩시콜라를 맛있다고 느꼈다는 말이다. 그러나 실험자들은 대부분 자신은 코카콜라가 더 맛있다는 모순된 답을 보였다고 한다. 이것은 사람들은 진짜 맛으로 제품을 선택하는 것이 아니라, 브랜드에 대한 편향된 이미지가 제품을 선택하는 중요한 역할을 한다는 것을 의미한다.

제품을 선택하는 데 왜곡된 영향을 미치는 것 중 하나는 가격이다. 우리는 비싼 제품이 품질이 좋다고 생각한다. 기업은 이런 생각을 이용하기도 한다. 특히 우리나라는 가격에 대하여 상당히 왜곡된 시각이 있다. 자신에게 적합한지보다 비싼 제품이 무조건 좋다는 인식을 하는 사람들이 있다. 또한 유행하는 고가품을 구매하여서 신분 상승 효과를 누리는 사람들이 있다. 기업은 이런 점을 이용하여 원가가 낮거나 외국에서 저가로 판매되는 상품을 고가로 판매하는 경우가 많다.

우리나라 청소년들이 '국민 교복'처럼 입었던 등산복 노스페이스는 외국에서 비교적 저가의 제품임에도 한국에서 고가 전략이 성공한 대표적 사례다. 노스페이스의 전 세계 매출은 2조 원 정도라고 한다. 그중 2010년 12월까지 우리나라 매출이 약 5000억 정도였다. 우리나라가 미국

소비자의 유명 브랜드 선호 의식을 이기지 못하고
참패한 815콜라.
사진: 김연기

과 일본에 본사를 두고 있는 노스페이스를 살렸다고 할 정도다. 브랜드에
대한 맹목적 소비는 가격 상승을 불러일으킬 뿐만 아니라 중소기업의 좋
은 제품들이 시장에 진입하는 것을 막는다.

　1994년 우리나라에서 만든 콜라가 출시했다. 이전까지 모든 콜라는
콜라 원액을 외국의 본사에서 가져와 물과 희석하는 방식으로 제조되었
다. 세계에서 콜라 원액을 만들 수 있는 사람은 극소수에 불과하였을 정
도로 콜라 시장은 코카콜라와 펩시콜라가 절대 다수를 차지하고 있을 때
였다. 많은 사람들이 자신은 코카콜라의 맛을 정확히 기억하고 있으며
815콜라는 맛이 확실히 떨어진다고 했지만 블라인드 테스트 결과로는 정
확히 구별하는 사람이 거의 없었다. 한때 거의 14%에 육박하던 범양식품
의 815콜라는 결국 유명 음료업체의 집중 견제와 사람들의 유명 브랜드
선호 의식을 이기지 못하고 2004년 부도를 내고 말았다.

 광고와 상상력

네스카페 커피 광고

도요타 자동차 광고

커피를 싫어하는 사람들의 이유 중 하나는 잠을 못자기 때문이다. 그래서 왼쪽 광고는 커피를 먹어도 잘 잘 수 있다는 내용을 담은 광고다. 오른쪽 광고는 지도가 쓸모없어졌다는 것을 의미한다. 즉 자동차의 내비게이션 기능이 너무 좋아서 앞으로는 지도가 필요 없어질 것이라는 것을 암시하는 광고다. 이처럼 광고는 기발한 상상력이 발휘되는 사례들이 많다. 보통 광고를 만드는 사람들은 3개월에서 6개월간의 회의를 통해서 나온 아이디어를 몇 장의 그림이나 짧은 동영상으로 나타낸다. 광고의 그림을 자세히 살피면 그 속에는 수많은 상징들이 숨어 있어서 재미있는 것들도 많다.

무설탕 사탕 광고 ▲
작지만 강한 차라는 점을 부각시킨 광고 ▼
종이팩을 활용한 휘트니스 광고 ▶▶

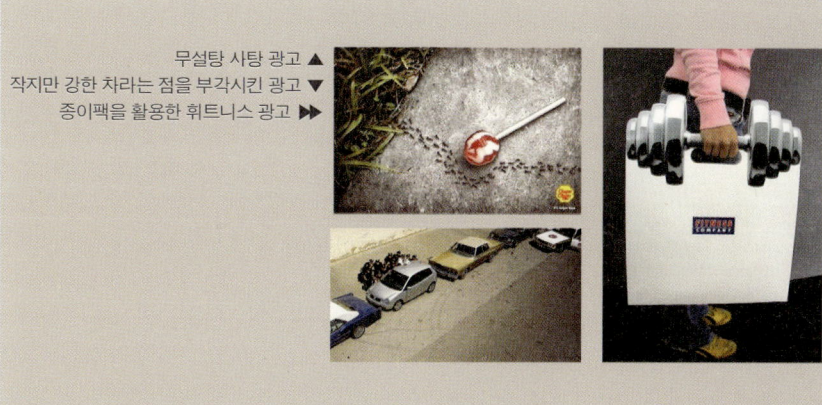

# 유행! 모방할까 창조할까

유행을 만드는 곳은 어디일까?

① 소비자   ② 생산자   ③ 정부   ④ 시민단체   ⑤ 인터컬러

우리는 유행을 만드는 것이 소비자라고 생각한다. 그러나 소비자가 유행을 따르도록 다양한 환경을 조성하여 유행을 만드는 곳이 있다. 이곳이 바로 인터컬러이다. 인터컬러는 국제유행색위원회(International Commission for Fashion and Textile Colors)의 줄임말이다. 인터컬러는 2년 후에 유행할 색을 정하기 위해 각국의 전문가들이 매년 두 차례씩 모인다. 여기에서 2년 후 유행할 색을 정한다. 그리고 이를 바탕으로 6개월에서 1년 후 국제 소재 전시회를 열어 패션의 소재도 정해지게 된다. 그러면 각 나라의 디자이너나 관련 산업들은 이를 바탕으로 한 생산품을 만들고, 미디어를 통한 활발한 광고 전략을 수행하여 올해의 유행으로 자리 잡게 된다. 따라서 우리가 입게 되는 올해 패션의 유행은 2년 전부터 준비되어 1년 전부터 철저한 계획하에 만들어지는 것이다.

그럼 유행은 왜 만드는 것일까? 기업의 입장에서는 유행을 만들어야 계속해서 새로운 소비가 이어진다. 유행이 없다면 몇 년 전의 옷을 입어도 전혀 무관하게 되어 새로운 상품의 구매 가능성이 적어진다. 따라서 매년 유행을 바꿔 줌으로써, 유행이 지난 옷을 입으면 왠지 시대에 뒤떨어진 사람이라는 느낌을 갖게 만든다. 이 때문에 소비자들은 최근에 유행하는 새로운 상품을 찾는 것이다.

인터컬러에서 지정한 2013 봄/여름 시즌 유행 색상.
출처: 국제유행색위원회

유행의 순기능과 역기능

순기능	역기능
– 소비를 촉진시켜 경제를 활성화시킨다.	– 과다한 소비를 조장하여 사치와 낭비를 가져온다.
– 생산량이 많아져 생산 단가가 낮아지고, 유행 상품을 생산하는 생산자가 많아져 가격 경쟁이 이루어진다.	– 개성을 무시하고 획일주의 문화를 심화시킨다.
– 유행을 따르는 사람들에게 보편적·평등 문화에 적응한다는 심리적 만족감을 준다.	– 물질 만능주의와 인간의 상품화 현상으로 인해서 인간 소외를 심화시킨다.
– 유행은 어떤 메시지를 강력하게 대중들에게 전달하는 도구가 된다.	– 세대 간 이질감을 느끼게 한다.
	– 문화의 본질을 왜곡시킬 수 있다.

본능에 충실한 그대: 광고 속의 가치관

다음은 새우깡 광고 사진이다. 왼쪽은 과거의 광고 사진이고 오른쪽은 보다 최근의 광고 사진이다. 두 광고의 차이점을 찾아보자.

첫 번째는 과자 봉지다. 예전의 광고는 진짜 상품이 직접 사용되었다. 그래서 상품의 뜯는 부위가 매끄럽지 않고 꾸깃꾸깃하다. 그러나 최근 광고에서는 진짜 제품이 아니라 특수 제작한 플라스틱 류의 용기가 사용된다. 그래서 실제 크기보다 훨씬 크고 반짝 반짝 빛이 난다. 구김도 전혀 없다. 그래서 화면에서 제품이 돋보인다.

둘째로 과자를 먹는 장면에서의 차이이다. 예전 광고는 한 봉지를 여럿이 나누어 먹었다. 그러나 최근 광고는 상품을 뺏어 먹거나 한 사람이 하나씩 따로 따로 먹는 모습이 자주 등장한다. 너무 맛있어서 나누어 줄 수 없다는 것이다.

광고는 반복해서 방영되기 때문에 계속 노출되면 이러한 내용들이 가치관에 영향을 준다. 즉 '먹는 것은 따로 따로 혼자 먹는 것이다'라거나 '맛있는 것은 뺏어 먹어도 된다'라는 생각이 자연스럽게 들 수 있다.

광고는 어떤 사람을 원할까? 광고의 효과가 가장 높은 사람을 생각하면 쉽게 알 수 있다. 첫 번째로는 생각하지 않는 사람이다. 광고를 보면서 '아, 저거 사고 싶다'하고 생각하고 바로 구매로 이어져야 하는데, 생각하는 사람은 쉽게 현혹되지 않는다. 생각이 많은 사람은 자신에게 필요한 물건인지 따져 보고 가격을 비교한다. 결국 자신에게 딱 맞는 조건이 아니면 소비로 이어지지 않을 확률이 높다. 그래서 광고는 이성보다 감성을 자극한다. 두 번째로 광고는 이기적이고 욕심 많은 사람을 능력 있고 멋있게 묘사한다. 상품을 나누고, 같이 쓰면 아무래도 덜 팔릴 것이다. 따라서 같이 쓰는 사람보다는 따로 쓰는 사람, 나누어 쓰기보다는 새것을 선호하고 이기적인 사람이 되라고 부추긴다.

 포인트 카드의 진실

마트에서 물건을 구매할 때 포인트를 적립해 주는 이유는?

① 멀리 마트까지 와서 물건을 비싸게 대량 구매해 준 사람들이 너무 고마워서

② 포인트를 적립해 주면 또 오기 때문에

③ 고객의 정보와 물건 구매 습관들을 모두 제공해 주는 대가이기 때문

마트에서 물건을 구매하면 포인트를 적립해 준다. 많은 사람들은 이 포인트 적립이 공짜라고 생각한다. 그러나 사실 이 적립금은 공짜가 아니라 고객이 물건을 구매할 때 모든 정보들을 제공한 대가이다. 마트에서 포인트 적립을 하면, 해당 고객이 어느 요일에 어느 제품을 주로 구입하는지 관련 정보들이 저장된다. 이 정보들이 쌓이면 해당 고객이 주로 이용하는 필수 품목과 물건을 구매할 때 중요하게 생각하는 기준, 그리고 어떤 제품에 관심을 갖는지가 기록된다. 마트에서 고객 정보가 쌓이게 되면 상품의 매장 배치나 가격 등을 통해서 이윤을 크게 남기기 위한 다양한 전략이 수행된다. 예를 들어 필수품의 경우 꼭 구매할 때쯤 되면 가격이 오른다. 어

린이날 전에는 장난감 가격이 오르고, 추석 전에는 과일값이 오른다. 어떤 고객에게 우유가 필수품이고, 라면이 충동적으로 구매하는 상품이라고 가정하자. 그리고 이 고객은 라면을 구입할 때 가격이 쌀 때 주로 구매한다는 정보가 분석되었고, 마트에서는 라면의 유통 기한이 점점 다가오고 있다. 그러면 마트에서는 우유 옆에 이벤트 코너를 마련하여 라면을 배치하고, 라면 한 개를 보너스로 주거나 가격을 일시 할인하며 라면을 구매하도록 유도할 수 있다. 이로 인해 사지 않아도 될 라면을 고객이 사도록 만들고, 마트 측에서는 유통 기한이 지나면 폐기할 라면을 일시에 정리하는 효과뿐만 아니라 가격이 싸다는 이미지 개선 효과도 거둘 수 있다.

바겐 세일! 핫 세일! 가격 폭락!

많은 사람들이 이런 글에 관심을 집중한다. 정가보다 훨씬 싼 금액으로 원하는 제품들을 살 수 있다는 매력 때문이다. 그러나 때로는 필요하지도 않은데 가격이 싸다는 이유로 구매하여 창고나 방 한 켠에 그대로 방치한 물건들이 있을 것이다. 가격이 싸다는 것은 소비자에게 큰 매력이다. 그렇기 때문에 최대 이윤을 추구하는 상품 판매자들은 이 점을 이용한다. 판매자들이 할인을 할 때는 반드시 이유가 있다. 유통 기한이 다가오는 제품, 품질에 작은 문제가 발생한 경우, 제품 포장에 문제가 있는 경우, 회사가 어려워져 제품 AS나 업그레이드가 어려워진 경우 등 다양한 문제로 인해서 정가에 팔 수 없을 때 세일을 한다. 음식점에서 오늘의 요리는 대부분 해당 재료가 오래되어서 재료가 며칠 지나면 팔기 힘들어질 가능성이 있을 때 주로 한다. 재료를 빨리 소비해야 하기 때문에 '오늘의 요리'로 지정하여 세일을 하고 소비자들이 구매하도록 유도한다.

대형 마트의 경우 가격이 제시되어 있는 공산품의 경우는 가격이 싸다. 그래서 사람들이 원래 가격과 비교해서 마트가 싸다고 생각하게 된다. 실제로 싼 제품도 있지만 일부는 착각일 때도 있다. 예를 들어 우유의 경우에 일반 슈퍼에서는 1000ml나 200ml를 팔지만 대형 마트의 경우에는 900ml나 180ml의 제품이 많다. 따라서 양과 가격을 함께 비교해 보면 실제 할인 가격이 그리 크지 않은 경우가 있다. 원 플러스 원의 묶음 판매도 할인 가격에 또 하나를 추가해서 주는 것처럼 보이지만 그때의 가격을 보면 평상시보다 비싼 가격에서 묶어서 팔 때가 많기 때문에 자세히 살펴야 한다. 대형 할인 마트에서 공산품이 싸니까 모두 싼 것처럼 생각하기 쉽지만 권장 소비자 가격이 없는 채소나 과일의 경우에는 재래 시장이나 동네 슈퍼보다도 비싼 경우가 있다. 이러한 이미지나 상술에 현혹되지 않도록 현명한 소비를 해야 할 때이다.

세계 주요 광고제

세계 여러 나라에서 만들어진 뛰어난 광고를 보면 깜짝 놀랄 만큼 기발한 아이디어가 넘쳐난다.

칸 국제 광고제

http://www.canneslions.com
클리오 국제 광고제와 함께 가장 권위 있는 광고제이다. 1953년 개최 당시는 극장용 광고 위주였으나 점차 TV 광고를 대표하는 광고제로 발전하였다. 1992년부터 인쇄, 1998년 사이버, 1999년 매체 부문상을 신설하였다.

클리오 국제 광고제

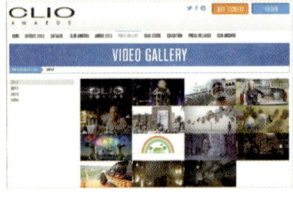

http://www.clioawards.com

1959년 미국의 TV·라디오 위주로 개최되었으며, 이후 국제적인 광고제로 발돋움하였다. 1966년에 TV와 극장, 1971년 인쇄, 1974년 라디오, 2000년 뮤직 비디오 부문을 추가하였다.

뉴욕 국제 광고제

http://www.newyorkfestivals.com

1957년 비방송 매체 분야 위주로 시작되었다. 1970년 TV와 영화, TV 프로그래밍과 프로모션, 1982년 라디오, 1984년 디자인, 사진, 일러스트, 이후 인터랙티브 멀티미디어 분야를 신설하였다.

런던 국제 광고제

http://www.liaawards.com

1985년 전 매체 광고를 대상으로 설립되었다. 세계 3대 광고제는 클리오 국제 광고제, 칸 국제 광고제, 뉴욕 국제 광고제이며, 런던 국제 광고제는 세계 4대 광고제에 포함된다.

7

사진

우리는 사진을 통해 가족과 친구들의 모습, 말로 표현하기 어려운 순간들을 기록으로 남기고 함께 나눌 수 있다. 화가가 그림을 그리는 과정과 달리 사진은 카메라만 있으면 누구나 보이는 것을 쉽게 이미지로 담을 수 있는 장점이 있다. 카메라는 한때 집안의 가보일 정도로 귀한 것이었다. 하지만 기술의 발달로 가격이 저렴해지고 소형화되었고, 카메라가 장착된 기기는 날로 늘어나고 있다. 사진을 찍어 전송하고 홈페이지나 블로그 등에 올리는 것이 생활의 일부가 될 정도로 카메라는 흔해졌다. 과거보다 엄청난 양의 사진을 찍으며 생활하지만 그것에 담긴 의미를 깊이 생각해 본 경우는 많지 않을 것이다. 사진의 생산자이며 소비자로서 사진을 잘 활용하는 방안을 찾아본다면 삶을 더 풍요롭게 할 수 있을 것이다. 이 장에서는 사진을 통해 세상을 새롭게 바라보고 더불어 행복해지는 방법에 대해 생각해 보도록 하자.

◀ 사진: Gerd Altmann, 출처: http://pixabay.com

어두운 방에 잡힌 세상: 카메라의 원리와 구조

다음 그림에서 한 남자가 보고 있는 것은 무엇일까?

초등학교 때 한번쯤 만들어 보았던 바늘구멍 사진기에는 카메라의 원리가 담겨 있다. 바늘구멍 사진기는 '카메라 옵스큐라*camera obscura*'(어두운 방, 암실)로 불리며, 카메라라는 말도 여기에서 유래한 것이다.

벽에 뚫려 있는 작은 구멍으로 빛이 들어오면 바깥 풍경의 상이 거꾸로 맺힌다. 그림 속 사람은 이렇게 비친 상을 보면서 건물의 높이를 측정하고 있다. 과거부터 작은 구멍을 통해 들어온 빛이 상을 맺는다는 것은 알려져 있었다. 아리스토텔레스는 이 방법으로 일식을 관찰하기도 했다. 중세에는 화가들이 밑그림을 그릴 때 이용하였고, 르네상스 시대에는 비치는 상을 또렷하게 보기 위해 구멍에 볼록렌즈를 끼워 넣었다. 이후 카메라 옵스큐라는 휴대가 가능할 만큼 점차 작아지게 되었고, 감광 기술이 발달하면서 사진기로 발전하게 된다.

오늘날에도 카메라 렌즈 대신 조그만 바늘구멍으로 촬영이 가능한 핀홀 카메라(바늘구멍 사진기)를 구입할 수 있다. 핀홀 사진을 좋아하는 이들은 성냥곽이나 필름통, 쓰레기통 등 다양한 재료에 구멍을 뚫고 감광 용지를 넣어서 사진을 찍기도 한다.

사람의 눈과 카메라

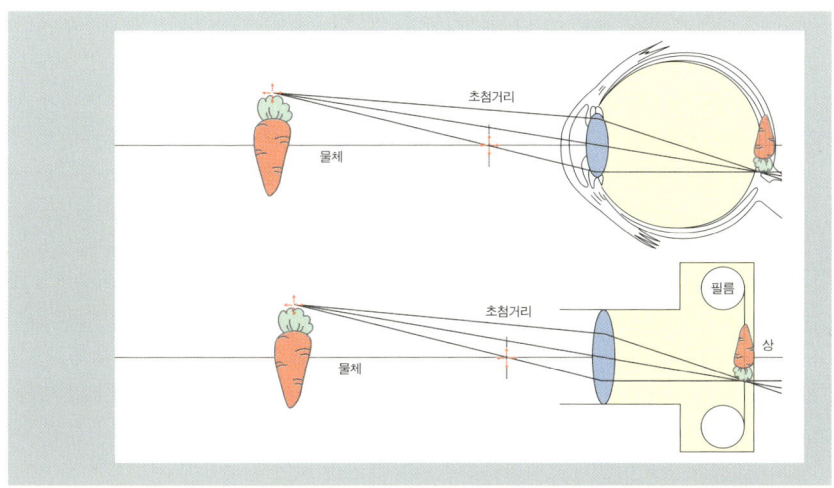

카메라와 눈은 비슷한 면이 있다. 렌즈는 빛을 모아 주며 눈의 수정체 역할을 한다. 필름은 망막처럼 영상을 맺히게 하며, 조리개는 눈의 홍채처럼 빛의 양을 조절한다. 렌즈의 초점거리를 조절하고 선명하게 하는 것과 비슷한 기능을 눈의 모양체로 한다. 렌즈 뚜껑은 눈꺼풀처럼 렌즈를 보호하는 역할을 한다. 디지털 카메라는 필름 역할을 이미지 센서로 대신해서 전자적으로 빛 신호를 감지한다.

눈으로 보는 것과 렌즈를 통해 사진을 담는 것은 차이가 있다. 눈으로 사물을 바라볼 때는 주관적이고 관심이 가는 부분만 주목해서 보인다. 반면 사진은 모든 것이 찍히기 때문에 자칫 산만하게 보이기 쉽다. 사진을 찍기 전 잘 살펴보고 찍는 습관을 길러 보자.

사진   193

렌즈의 특징

눈으로 사물을 볼 때는 줌zoom 기능이 없기 때문에 언제나 같은 화각(눈에 보이는 각도)의 화면을 보게 된다. 고개를 돌리면서 넓게 보거나 가까이 다가가거나 멀리서 대상을 바라보게 된다.

카메라는 보통 줌렌즈를 통해 넓게 보거나 당겨서 좁게 볼 수 있다. 렌즈 교환식 카메라의 경우에는 렌즈를 바꿔 가면서 다양한 화각을 경험할 수 있다. 표준 렌즈는 보통 35~50mm에 해당하는 렌즈로, 눈으로 보는 화각과 비슷하다. 이보다 넓게 보이는 광각 렌즈나, 이보다 더 멀리 있는 대상을 당겨서 보여 주는 망원 렌즈를 사용하면 새로운 표현이 가능하다.

사진: 옥성일

사진: LoggaWiggler, 출처: http://pixabay.com

▲ 광각 사진

위의 사진처럼 한 장에 넓은 지역을 담을 수 있다. 가까운 곳과 먼 곳의 원근감이 잘 나타난다.

▲ 망원 사진

옆의 사진처럼 다가가기 힘든 장면을 당겨서 찍을 수 있다. 뒷 배경이 서로 가까이 있는 것처럼 압축되는 효과가 있다.

🐌 '르 그라의 집에서 본 풍경": 필름에서 디카까지

요즘은 셔터를 누르면 바로 사진이 찍힌다. 하지만 최초의 사진은 감광 재료로 아스팔트와 비슷한 물질을 사용했기 때문에 8시간 동안 노출을 해야 했고 한 장밖에 만들 수 없었다.

1880년대 말 조지 이스트먼George Eastman이 설립한 코닥사는 롤필름을 제조해 사진의 대중화에 공을 세웠다. 필름 기술이 발달하면서 사용하는 필름 크기에 따라 35mm 소형, 120mm 중형, 대형으로 구분되었다. 오늘날 널리 사용하는 35mm 표준 카메라의 시작은 1925년 시판된 라이카Leica 카메라였다. 앙리 카르티에 브레송Henri Cartier Bresson과 같은 사진 작가들은 작고 가벼운 35mm 카메라의 장점을 극대화한 작품을 남겼다. 필름의 발달로 셔터 속도도 수천분의 1초까지 빨라지게 된다. 운동선수의 빠른 움직임이나 자동차의 질주도 담을 수 있게 되었다.

필름 대신 이미지 센서를 사용하는 디지털 카메라는 1975년 미국의

필름의 발달로 빠른 움직임도 쉽게 촬영할 수 있다.

코닥 연구실에서 스티븐 J. 세손Steve J. Sasson이 발명하였다. 가로·세로 100픽셀의 흑백 사진을 촬영할 수 있었고 덩치가 크고 1장을 저장하는 데 23초가 걸렸기 때문에 상품으로 출시되지는 않았다. 그러나 2000년대 중반 이후 필름 시대는 막을 내리고 디지털 카메라가 대세가 되었다. 많은 필름 회사들이 문을 닫았고 코닥사마저 긴 역사를 마감하게 되었다.

　이제 카메라는 쉽게 다룰 수 있는 도구이다. 디지털 카메라로 필름을 걱정하지 않고 찍을 수 있고, 그 자리에서 바로 사진을 확인할 수 있기 때문이다.

내게 맞는 카메라 고르기

다음 세 사람이 카메라를 고르는 기준 중에서 가장 마음에 드는 것을 골라 보자.

①
사진은 화질이 좋아야 해.
상황에 맞게 렌즈를 바꿔 끼면서 다양하게 찍을 수 있으면 좋겠어.

②
뭘 그렇게 힘들게 사진을 찍냐? 요즘 사진기 다 잘나와. 저렴한 것도 잘 찍혀. 휴대하기 쉽고 간편하게 촬영하는 게 최고야.

③
편리한 디카도 좋지만 필름 카메라가 매력 있더라. 바로 확인 못하니까 어떤 사진이 인화되어 나올지도 기대되고 말이야.

과거의 사진기는 매우 크고 기능도 불편하였다. 하지만 점차 소형화되고 편리하고 재미난 기능들이 추가되면서 생활필수품으로 자리 잡았다.

요즘은 대부분 디지털 카메라를 사용하며 필름 카메라는 소수만이 이용한다. 카메라는 크게 렌즈 교환을 하는 DSLR과 일반적으로 사용하는 작고 아담한 콤팩트 카메라가 있다. 이 두 가지의 장점을 모두 갖고 싶은 사람들을 위한 '미러리스 카메라'도 인기를 끌고 있다.

대형 인화를 하지 않는다면 요즘 나오는 어떤 카메라를 사용해도 상관없을 정도로 전반적인 카메라 성능이 좋아졌다. 자신이 사용할 용도에 맞는 카메라를 고르면 된다. 사진 공유 사이트인 플리커(www.flickr.com)에서 가장 많은 사람들이 사용한 카메라는 스마트폰이다. 어디서나 들고 다닐 수 있는 휴대성이 좋고, 기능도 향상되었기 때문이다.

◆ 카메라의 종류

– 콤팩트*compact* 카메라　작고 휴대가 편리한 자동 카메라. 일명 '똑딱이'로 불린다. 요즘은 스마트폰으로 대체되는 추세이다.

– 하이엔드*high-end* 카메라　콤팩트 카메라보다 고가이나 화질과 성능이 우수한 고급 카메라이다.

– DSLR(Digital Single Lens Reflex) 카메라　렌즈와 필름 사이에 반사경을 통해 화상을 보고 찍을 수 있어 보는 것과 동일한 사진을 얻을 수 있다. 렌즈 교환이 가능하고 화질이 매우 우수한 고급 카메라이지만 본체와 렌즈 가격이 고가이고 무거워 휴대가 어렵다.

– 미러리스*mirrorless* 카메라　DSLR 카메라처럼 렌즈의 교환이 가능하지만, 내부에 거울이 없기 때문에 크기가 작아 하이브리드*hybrid*(혼합) 카메라로도 불린다. DSLR보다 휴대성이 뛰어나지만 여전히 가격이 높은 편이다.

사진　197

내가 즐기는 사진: 사진의 분류

다음 중 사람들이 가장 많이 찍는 사진은 어떤 것일까?

① 인물   ② 풍경   ③ 다큐멘터리와 보도   ④ 광고와 패션

초창기에는 사진이 회화(그림)를 대체하는 인물(초상) 사진과 풍경 사진 분야에서 인정을 받았다. 옛날에는 초상화나 그림은 왕족이나 귀족만 소유할 수 있었기 때문이다. 이후에 사진은 그림보다 정확하고 값이 싸서 서민들도 사진을 이용하게 되었다.

사람들은 추억을 남기기 위해 특별한 날이나 특별한 장소에서 인물과 풍경을 꾸준히 기록한다. 사진 촬영이 쉬워지면서 일상의 소소한 장면들을 담는 경우도 늘어나고 있다. 기술이 발달하면서 사진의 쓰임새도 늘어났다. 대체로 순수 사진, 보도(다큐) 사진, 상업 사진(광고와 패션), 의학 사진, 천문 사진 등으로 분류되지만 명확하게 나누기 어려운 경우도 있다.

사진은 기록이다   사진은 기록을 남기는 데 중요한 역할을 해왔다. 다큐멘터리(다큐) 사진은 사진가의 관점으로 시대적 현실을 그대로 전달해 주는 사진이다. 사진 인쇄술이 발달하고 신문, 잡지가 널리 보급되고 보도(저널리즘) 사진이 늘면서 다큐멘터리 사진이 널리 자리 잡게 된다. 전쟁과 가난한 현실 등 시대 상황에 주목했던 다큐 사진은 개인적이고 사소한 이야기를 다룬 다큐멘터리 사진으로 발전한다.

사진은 즐거운 놀이다   사진은 언제나 '기록성'이 중요한 특징이었다. 사진은 기록이기 때문에 사실이며 진짜라는 생각을 갖게 한다. 오늘날 디지털 사진이 발달하면서 포토샵 같은 프로그램을 통해 수정이나 변형이 쉬워

졌다. 사진은 찍는 것이기도 하지만 만드는 것이라는 생각이 널리 퍼지고 있다.

디지털 카메라의 대중적 확산과 인터넷 발전은 새로운 문화를 만들어 냈다. 이제 사진으로 의사소통하기(비주얼 의사소통), 자기 표현, 정보 공유, 기발한 아이디어로 재미있게 사진 합성하기 등을 하며 사진을 새로운 놀이 문화로 받아들이고 있다.

 얼짱 각도의 비밀

휴대폰으로 셀카를 찍을 때 즐겨 쓰는 방법은?

① 얼굴 아래쪽에서 위를 향하게 하고 찍는다.

② 정면에서 눈을 최대한 크게 뜨고 웃으며 찍는다.

③ 카메라를 눈높이보다 높게 들고 찍는다.

휴대폰이나 웹캠으로 사진을 촬영할 때 얼짱 각도로 불리는 45° 각도로 찍는 사람이 많다. 보통 사진보다 눈이 더 커 보이고 턱은 갸름하게 보이기 때문이다. 일반적인 카메라 렌즈와 달리 휴대폰이나 웹캠용 렌즈는 넓게 찍히는 광각 렌즈이다. 광각 렌즈는 가까운 곳과 먼 곳의 차이가 크게 보인다. 따라서 각도에 따라 렌즈와 가까운 눈은 크게 보이고 조금 떨어져 있는 턱은 실제보다 갸름하게 보인다.

카메라를 어느 각도에서 바라보고 사물을 찍느냐에 따라 전혀 다른 느낌을 연출할 수 있기 때문에 영화, 광고, 정치적 선전물 등 의도적인 표현을 할 때 선택적으로 사용된다.

사진   199

▲ 아이레벨 앵글

eye level angle

피사체를 눈높이로 찍은 화면이다. 친근하고 안정감 있기 때문에 가장 많이 사용하는 앵글이다. 특히 키가 작은 아이나 동물들을 눈높이에서 촬영해 보면 매력적인 사진을 얻을 수 있다.

▲ 로우 앵글

low angle

아래에서 위로 올려 보면서 건물을 찍으면 웅장하게 표현된다. 카리스마 넘치는 이미지로 촬영할 때 로우 앵글을 시도한다면 피사체의 매력을 더욱 부각시킬 수 있다. 다리가 길어 보이는 효과도 있다.

▲ 하이 앵글

high angle

위에서 아래로 내려다보면서 찍는 앵글이다. 부감 숏 *bird's eye view shot*이라고도 한다. 인물인 경우에는 억압당하거나 애원하는 느낌을 주며 귀여운 모습을 강조하기도 한다. 격정, 슬픔, 동정 등의 감정을 표현하기도 한다.

 세상을 사각에 담다: 프레이밍

옆 사진을 천천히 본 후, 다음 세 사진처럼 촬영한다면 어떤 점이 강조될지 생각해 보자.

사진은 눈에 보이는 것 중 일부분만을 담게 된다. 전체 중 일부를 선택하는 것을 프레이밍*framing*이라고 한다.

어떤 부분을 잘라내느냐에 따라 전혀 다른 사진이 되기 때문에 사진가의 의도에 따라 강조하는 부분이 달라질 수 있다. 같은 장면에서 꽃봉오리를 강조할 수도 있고, 새가 주제일 수도 있다. 또 봄꽃과 운동장에서 축구하는 사람들을 통해 봄이 왔다는 사실을 보여 줄 수도 있다. 강당에서 강연을 듣는 장면을 떠올려 보자. 대부분 집중하였다 해도 일부는 졸거나 잡담하는 친구도 있을 것이다. 만약 꾸벅꾸벅 졸고 있는 사람을 찍어서 그날의 강연을 소개했다면 이런 사진을 본 사람은 그 강연을 어떻게 평가하게 될까? 사진은 촬영자의 의도에 따라 강조점이 달라지며, 심한 경우는 현실을 과장하거나 왜곡할 수도 있다.

사진을 찍을 때 한 대상에만 집중하지 않고 주변 상황을 보여 주는 사진은 다양한 정보를 통해 여러 가지 사실을 설명해 준다. 풍경뿐 아니라 인

사진   201

물 사진도 마찬가지이다. 인물을 일터나 집을 배경으로 담는다면 얼굴만 있는 사진보다 그 사람에 대해 더 많은 것을 나타낼 수 있을 것이다.

반면 대상을 위주로 찍은 사진은 다른 부분이 보이지 않기 때문에 그 대상에 집중할 수 있는 사진이다. 얼굴의 표정이나 눈빛을 읽을 정도로 당겨 찍은 사진은 산만하지 않고 호소력이 있다.

시선을 끄는 사진을 찍고 싶다면

다음 세 사진 중 안정감 있고 시선이 오래 머무는 사진을 골라 보자.

① ② ③

사진을 멋지게 찍는 법을 소개하는 책은 많다. 특히 구도를 알고 찍으면 보기 좋은 사진을 찍기가 쉬워진다. 하지만 정해진 몇 가지 구도에 얽매이지 않도록 노력해야 한다. 주제나 분위기에 어울리게 구도를 잡는다면 더 설득력 있는 사진이 되기 때문이다.

일반적인 경우라면 두 번째 사진이 가장 시선이 오래 머무는 사진이다. 첫 번째 사진처럼 대상이 가운데 있는 구도는 증명 사진이나 공식적인 사진에 많이 사용된다. 강조할 것을 가운데 두기 때문에 말하고자 하는 것이 분명하고 집중이 되는 사진이지만 때로는 밋밋한 사진이 될 수 있다.

세 번째 사진은 대상이 한쪽 구석에 지나치게 치우쳐 있기 때문에 불안한 느낌을 준다. 불안감이나 외로움처럼 안정감이 느껴지지 않을 때 사용할 수도 있다.

두 번째 사진처럼 대상이 화면의 1/3 정도에 해당하
는 지역에 위치하게 되면 시선이 가운데로 몰리지 않기
때문에 심심하지 않은 사진이 된다. 삼분할법은 화면을
삼등분하여서 균형감과 긴장감이 조화되는 네 위치에
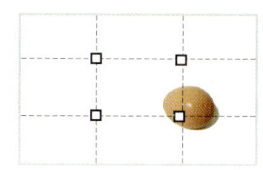
대상을 놓는 것으로 가장 널리 이용되는 방법이다.

사진에 정답은 없다. 표현에 맞는 자유로운 구도를 사용하는 열린 마
음이 더 중요하다.

배경　배경이 지저분할 경우 시선이 흩어지기 때문에 좋은 사진이 되기
어렵다. 단순한 배경에서 인물을 촬영하면 깔끔한 사진이 된다. 앞의 달걀
사진은 흰색밖에 없는 단순한 배경이기 때문에 달걀에 시선이 집중된다.

단순한 배경이 아니어도 주제에 어울리는 배경과 함께 멋진 사진을 담
을 수도 있다. 배경을 적절히 사용하면 더 멋진 사진이 될 수도 있다. 여행
지에서 인물만 찍기보다 팻말, 건물, 주변 상황 등 배경을 함께 담으면 그
곳에 대한 정보를 잘 드러낼 수 있다.

의도적으로 배경을 선택하는 경우도 있다. 기업체가 후원한 행사에서
연예인을 촬영할 때 의도적으로 후원사의 상표나 로고가 적혀 있는 배경
에서 촬영하게 하기도 한다. 방송에서는 이 부분을 모자이크 처리한 것을
보았을 것이다.

기다림　좋은 구도와 멋진 순간을 담기 위해서는 기다릴 줄 알아야 한다.
적절한 순간이 왔을 때 그 순간이 아니면 찍을 수 없는 사진을 찍는 것이
중요하다. 서터를 누르는 그 순간을 '셔터 찬스'라고 한다. 결정적인 순간
은 꾸준히 사진을 찍는 사람에게 다가오는 행운인 경우가 많다.

다음 사진을 보면 노을이 진 하늘을 배경으로 비행기가 지나가고 있

사진　203

셔터 찬스를 잘 잡으려면 때를 기다려야 한다.

다. 하루가 지고 사람들은 집으로 돌아가고 있는 시간, 하늘 멀리 떠나가
는 비행기를 같이 찍고 싶다면 그 순간 카메라를 들고 있어야 한다. 또한
해가 적당한 높이에 있을 때, 비행기의 위치와 잘 어울리는 순간에 셔터
를 눌러야 한다. 멋진 순간은 기다리는 자에게 허락된 축복이다.

 세상을 바꾸는 사진

> 베트남 전쟁 때에는 사진을 통해 전쟁의 생생한 비극을 그대로 볼 수 있었다. 하지만
> 이라크 전쟁이나 아프가니스탄 전쟁처럼 최근에 벌어지는 전쟁에서는 참혹한 현장을
> 그대로 담은 사진을 보기가 어렵다. 그 이유는 무엇일까?
> ① 전쟁 종군 기자들이 안전을 더 중요시하기 때문이다.
> ② 정부에서 사진을 검열하기 때문이다.

사진 기자는 사건을 긴 글 대신 한 장의 사진으로 말한다. 결정적인 사진
한 장을 얻기 위해 위험한 시위 현장과 전쟁터에서도 카메라를 들이댄다.
로버트 카파Robert Capa(1913~1954)와 같은 종군 기자들은 생생한 사진을

풀리처상 사진전은 해마다 뛰어난 보도 사진을 뽑는 풀리처상 수상작들을 전시하는
세계적인 보도 사진전이다. 출처: 풀리처상 홈페이지(http://www.pulitzer.org)

미국 사회의 모순을 사진으로 담은 루이스 W. 하인의 〈일하는 아이들〉(1908). 이 사진은 미성년노동법을 강화하는 계기가 되었다.

찍으려고 전쟁터에서 뛰어 들었다가 생명을 잃기도 한다. 우리가 매일 보는 뉴스 속의 사진이지만, 사진 한 장이 때로는 세상을 바꿔놓는 때도 있다. 국내에는 매년 한국 보도 사진전이 열린다. 세계적인 보도 사진전으로는 퓰리처상 사진전이 있다.

우리가 사는 세상에는 아름다움과 함께 어두운 뒷모습도 있다. 전쟁이 대표적인 예이다. 사진의 위력이 크기 때문에 최근 전쟁에서는 정부가 철저한 검열을 하고 있다. 베트남 전쟁 당시에는 〈라이프*Life*〉 같은 사진 잡지들이 현지에 사진 작가를 보내서 생생한 사진을 담아왔다. 수많은 종군 사진 작가들은 2차 대전 때의 흑백 사진과 달리 붉은 피를 담은 컬러 사진을 담았다. 래리 바로즈Larry Burrows(1926~1971)의 사진은 미군이 멋지게 싸우는 모습보다 부상당하고 괴로워하는 모습들을 담았다. 이런 생생한 사진들이 던진 파문은 컸다. 전쟁을 홍보하려던 미국 정부는 당황했고, 미국 내 반전 운동도 거세졌다.

경제 사정이 어렵고 약자에 대한 배려가 없는 사회일수록 가장 피해를 입는 사람들은 아마도 힘없는 계층일 것이다. 루이스 W. 하인Lewis W. Hine(1874~1940)은 미국 사회의 모순을 담은 개척자이다. 20세기 초 일하

사진   205

아폴로 17호에서 찍은 지구(1972).
출처: NASA(http://www.nasa.gov)

는 아이들의 모습을 그대로 담은 사진으로 여론을 움직였고, 워싱턴의 하원 의원들에게 미성년노동법을 강화하도록 촉구하는 계기가 되었다.

미나마타병은 이타이이타이병과 함께 현대의 가장 대표적인 공해병으로 꼽힌다. 이 병은 일본 미나마타 지역의 주민들이 수은으로 오염된 바다의 물고기를 섭취하면서 뒤틀림 등의 증세가 나타난 불치의 병으로 아직도 완전히 사라지지 않았다. 〈목욕하는 도모코*Tomoko Uemura in Her Bath*〉(1972)는 세계적인 보도 사진 작가 윌리엄 유진 스미스William Eugene Smith(1918~1978)의 작품이다. 도모코는 수은에 중독된 어머니로 인해 태어날 때부터 미나마타병을 가지고 있었으며, 1976년 21세의 나이로 사망한다. 이 사진으로 인해 전 세계적으로 공해병에 대한 경각심이 높아졌다.

또 우주선이 지구 외부에서 최초로 지구를 찍어 보내자 사람들은 그 모습에 감탄하였다. 드디어 초록별 지구의 아름다운 모습을 보게 된 것이다. 사람들은 환경의 중요성을 절감했고, 환경 운동이 활성화되었다.

이처럼 사람들은 사진을 통해 세상을 새롭게 바라보고 세상을 바꾸게 된다. 카메라를 들고 주변을 돌아보자. 작은 꽃송이, 흔들리는 가지에서도 아름다움을 찾을 수 있다. 주름진 할머니의 손에서도 역경을 이겨낸 세월의 무게를 느낄 수 있을 것이다. 사람들이 사진을 찍으면서 평범하게만 여기던 주변을 새롭게 볼 수 있다면 우리가 살아가는 세상은 달라질 것이다.

사진은 진실일까

다음 두 사진은 무엇을 찍은 걸까?

사진: LoggaWiggler, 출처: http://pixabay.com

사진: 옥성일

왼쪽 사진은 수련 꽃의 중심 부분을 가까이에서 찍은 것이다. 오른쪽 사진을 보고 과녁이나 솥뚜껑을 떠올린 사람도 있을 것이다. 이것은 화장품 용기를 위에서 찍은 것이다. 한 사람을 바로 위에서 혹은 밑에서 찍었다고 생각해 보자. 우리가 늘 보던 모습과 전혀 달라질 것이다. 동일한 사물도 보는 위치에 따라 전혀 다르게 보이기 때문이다. 대상의 일부분만 찍어도 원래 모습을 알기 어렵다.

사진가가 특별한 표현을 위해 평범한 대상도 다른 이미지로 찍을 수 있다는 것을 기억하자.

특별한 표현을 위해 평범한 대상도 다른 이미지로 찍을 수 있다.
사진: Gerd Altmann 출처: http://pixabay.com ▼
사진: 옥성일 ▶

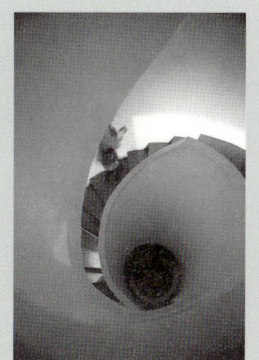

사진 기자가 세 장의 사진 중 선택한 것은 무엇이었을까? 그 이유를 생각해 보자.

①

②

③

출처: http://www.sree.net/teaching/lateditors.html

이 사진은 2003년 걸프전 때 영국군과 이라크 민간인들을 촬영한 사진이다. 두 번째 사진은 병사의 동작이 밋밋하고, 세 번째 사진은 아기를 안은 아버지의 시선과 주변 사람들의 동작도 어수선하다. 누가 보아도 첫 번째 사진이 극적인 느낌이 잘 살아 있는 사진이다. 〈LA 타임스〉에 실린 사진 역시 첫 번째 사진이다.

전쟁터를 돌아다니며 수많은 사진을 찍는 사진가의 입장에서 생각해 보자. 첫 번째 사진과 같은 완벽한 순간을 잡기란 쉬운 일이 아니며 어느 정도 운도 따라야 한다. 〈LA 타임스〉의 사진가 브리언 왈스키Brian Walski 는 전쟁의 긴박감을 표현하기 위해 두 사진을 합성해 첫 번째 사진을 만들었다. 그는 이 사실이 발각되어 해고되었다. 실제 이런 식의 조작으로 인해 세계적으로 뉴스가 되는 사진도 있다.

사진으로 찍힌 장면은 진실이라고 생각하는 경향이 있다. 눈에 보이는 그대로 카메라에 담기기 때문이다. 하지만 사진이 언제나 진실을 말하는 것은 아니며, 과거에도 히틀러, 스탈린처럼 사진에서 정적을 지우는 등 정치적인 의도를 위해 사진을 조작한 경우도 있었다.

보도 사진의 경우 공신력을 위해 정직한 사진이 필요하지만 사진가는 극적인 상황을 연출하기 위해 사진을 조작하고 싶은 유혹에 빠지기 쉽다. 오늘날에도 국내외 사진전에서 수상한 작품이 합성으로 밝혀져 수상이 취소된 경우들이 있다.

반대로 사진의 지평을 늘이고 다양한 기법으로 합성과 왜곡을 통해 작품을 제작하는 디지털 아트digital art 분야에서 활동하는 작가들도 늘어나는 추세이다.

사진   209

같은 대상, 다른 느낌

합성이나 조작을 하지 않아도 얼마든지 다른 표현이 가능하다. 같은 대상을 여러 명이 찍어도 다른 느낌의 사진이 나온다. 변할 것 같지 않은 같은 장소도 시간이나 계절, 날씨에 따라 전혀 다른 풍경으로 보인다. 사람도 의상이나 주변 환경, 표정이나 행동에 따라 이전과 전혀 다른 모습으로 보이기도 한다. 우리가 그중 어떤 장면을 담느냐에 따라 사진을 보는 사람에게 전혀 다른 느낌과 이야기를 전달할 수 있다.

같은 장소도 시간이나 계절, 날씨에 따라 전혀 다른 풍경으로 나온다.
◀◀ 저녁 무렵
◀ 눈 내리는 오후

화장품 모델은 완벽한 모습일까: 사진과 신체 이미지

다음은 어느 광고의 장면들이다. 이 광고에서 강조하는 점은 무엇일까?

꾸미기 전　　　　　화장　　　　　포토샵 작업　　　　　광고

대중 매체에 등장하는 멋진 외모와 긴 다리의 사진은 실제일까? 매일 광고를 통해 접하는 여성의 이미지는 사실 실생활과 다른 왜곡된 모습이다. 위의 사진은 2006년 칸 광고제에서 대상을 받은 도브의 진화evolution 광고이다. 이 광고는 한 여인을 꾸미고 다듬어 사진을 찍은 후, 그 사진을 다시 조작해서 광고로 만드는 과정을 보여 준다. 이 광고에서 강조하는 것은 여성에게 광고에 현혹되지 말고 자기 모습 그대로 아름답다는 것을 자각하라는 것이다. 실제 많은 여성들이 자신의 몸을 혐오하고 있다는 조사 결과를 바탕으로 사회적으로 해를 끼치는 아름다움에 대한 생각을 바로잡고자 시도한 광고이다.

다음 사진은 독일 출신의 사진 작가 이본느 테인Ivonne Thein의 홈페이지에 전시된 사진으로 '32kg(Thirty-Two Kilos) 시리즈' 중 하나이다. 이 작품은 마른 몸매를 위해서 극단적으로 음식 섭취를 거부하는 거식증을 보이는 젊은이들을 비판하는 것이다. 사진처럼 마른 모델들이 촬영을 거부해 정상적인 몸매의 모델을 촬영하고 포토샵으로 수정했다고 한다. 실제 모델이라면 근육마저 없어지고 뼈가 드러나지만 이 사진은 포토샵을 이용해 부피만 줄였다.

유럽 국가들이 잇따라 광고나 잡지 사진 속 인물의 얼굴과 몸매를 가공하는 이른바 포토샵을 규제하는 법률 제정을 추진하면서 사회적 이슈가 된 적이 있다. 지나치게 비현실적으로 완벽한 모습으로 인해 일반 여성들에게 자괴감을 줄 수 있다는 이유에서 이 법안이 제출되었다. 실제 유명 배우의 화장품 광고 사진이 현실과 다르다며 과장 광고 판정을 받아 금지된 일도 있다. 만약 이런 법안이 우리 나라에서 시행된다

마른 몸매를 위해 극단적으로 음식 섭취를 거부하는 젊은이들을 비판한 이본느 테인의 32kg 시리즈.
(http://www.ivonnethein.com)

사진   211

면 어떤 일이 벌어질까?

베이글녀(아기처럼 어린 얼굴에 글래머 몸매를 지닌 여성), 근육질의 남성, 길고 늘씬한 여성 등 우리가 늘 접하는 사진 속 이미지는 우리가 이상적으로 생각하는 몸매와 신체 이미지에도 영향을 주고 있다.

사진의 저작권과 초상권

다음 사진 중 블로그에 올려도 초상권이나 저작권에 문제가 없는 것은?

① 내가 찍은 친구의 굴욕 사진

② 뉴스 사이트에 올라온 사진

③ 공연장에서 찍은 연예인 사진

공개적인 장소에서 여러 사람이 지나가는 풍경을 찍었다면 별다른 초상권 문제가 없다. 상대방이 동의해서 찍은 사진이라면 자신의 홈페이지에 올려도 괜찮다. 연예인 사진의 경우 사진을 허락하지 않는 공연이라면 찍지 않는 것이 좋다. 가까운 사람이라 하더라도 상대방이 원치 않는 사진이라면 전체 공개되는 곳에 올리는 것도 삼가야 한다. 남이 찍은 사진이나 온라인에서 사진을 복사해 와서 올린다면 작가의 허락을 받아야 법적인

플리커 검색 사이트로 동물을 검색한 화면(http://compfight.com).

책임을 피할 수 있다.

블로그에 마음에 드는 이미지를 올리는 좋은 방법이 있다. 바로 무료 사진 공유 사이트를 이용하는 것이다. 퍼블릭 도메인Public Domain(Public-Domain-Photos.com)이나 이미지베이스베이스ImagebaseBase(http://imagebase.davidniblack.com) 등의 이미지는 제한 없이 무료로 이용 가능하다. 무료 사진 공유의 대표적인 사이트는 플리커로 다양한 검색 사이트가 있다. 그중에 CCL에 따라 저작자를 표기하는 등의 조건을 달고 공개하는 이미지들을 따로 검색해 주는 Confight가 유용하다.

◆ CCL 표시

CCL은 자신의 창작물에 대하여 일정한 조건하에 모든 이의 자유 이용을 허락하는 내용의 라이선스license이다. CCL 표시가 있다고 마음대로 도용할 수 있는 것은 아니다. 인터넷에 올라온 사진에 다음 표시 중 일부가 있다면 그 사항을 기억하고 이용해야 한다.

ⓘ 저작자 표시 ⓢ 비영리 ⊜ 변경 금지 ⓞ 동일 조건 변경 허락

(출처: http://www.creativecommons.or.kr)

 찍고 싶은 사진: 주제와 대상

다음 사진집은 각각 소나무, 골목, 딸의 성장기를 주제로 삼고 있다. 자신이 가장 사진에 담고 싶은 대상과 주제는 무엇인지 생각해 보자.

 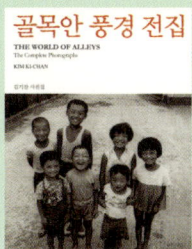 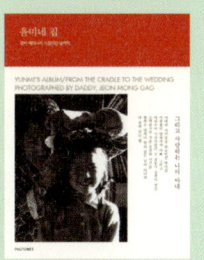

사진   213

내가 좋아하는 대상이나 주제를 정해 보자. 어떤 사람은 자기 모습을 주로 찍는다. 가족 사진을 찍으며 행복을 느끼는 이들도 많다. 친구와 동료들, 멋진 풍경, 세월, 행복, 웃는 얼굴, 구름 등 주제를 정해 찍다 보면 그 분야에서 누구보다 멋진 사진을 찍는 사람이 될 것이다. 사진의 깊은 맛도 느끼게 될 것이다.

사진가 배병우는 소나무 사진으로 세계적인 명성을 얻은 작가이다. 그는 소나무 외에도 한국의 자연에 주목해서 꾸준히 작업하고 있다. 김영갑 작가는 부여 태생이지만 제주도에 매료되어 30년간 제주 사진을 찍었다. 그는 제주 하면 떠오르는 인물이 되었고 죽기 전에 폐교를 하나 얻어서 두모악이라는 갤러리를 만들었다. 이제는 제주도 관광 코스에 포함되었다.

주제를 담는 가장 좋은 방법은 꾸준히 찍는 것이다. 만약 1년마다 한 장씩 100년 동안 한 사람이나 한 지역을 꾸준히 찍는다면 최고의 사진으로 남을 수 있을 것이다. 사진은 기록이자, 추억이며 예술이 된다. 김기찬 작가는 서울 중림동과 행촌동 등지에서 함께 이야기를 나누고, 지내며 골목길을 30년 넘게 기록했다. 그의 작품은 사라져 가는 골목길을 담은 최고의 사진으로 통한다. 아마추어 사진가였던 전몽각의 사진을 모은 《윤미네 집》도 좋은 사례다. 큰 딸이 태어나서 시집갈 때까지 26년을 기록한 이 사진집에는 아버지의 따뜻한 시선이 담겨 있다. 뛰어난 기술과 빼어난 예술성 이상으로 중요한 것이 바로 세상에 대한 애정과 꾸준히 찍는 노력이라는 점을 잘 보여 준다.

사진으로 표현하기

다음 두 장의 사진을 보고 어떤 느낌이 드는지, 의도는 무엇인지 생각해 보자.

사진: 옥성일

두 사진의 주인공은 같은 사람이다. 하지만 전혀 다른 느낌의 사진으로 표현되었다.

사진으로 무엇인가 표현하는 것에 정답은 없다. 계획을 가지고 의도적으로 찍은 사진도 있으며, 떠오르는 생각대로 찍은 사진도 있다. 다양한 시도를 통해 멋진 사진을 얻을 수도 있고 마음을 움직이는 장면을 담을 수 있다.

사진을 찍을 때 떠오르는 느낌이나 감정을 표현해 보자. 기쁨, 희망, 웃음 등 긍정적인 감정도 좋고 슬픔, 짜증, 분노 같은 부정적인 감정을 떠올려도 된다. 중요한 것은 자신의 기분을 표현하는 사진을 찍어 보는 것이다. 자신의 생각과 느낌이 사진에 묻어난다면 얼마나 멋진 일인가? 아마도 잊지 못할 재미난 경험이 될 것이다.

막상 이런 사진을 찍는 것이 막막하게 느껴진다면 다음 과정을 통해 나를 표현하는 사진을 찍어 보자. 우선 자신을 찍거나 좋아하는 대상 등을 찍는다. 그중에서 자신을 잘 드러내는 것을 고른다. 한 장일 수도 있고,

사진   215

여러 장일 수도 있다. 선택한 사진이 자신을 잘 드러내는 이유를 적어 본다. 이 방법이 어느 정도 익숙해졌다고 생각되면 아래의 방법으로 새롭게 도전해 보자.

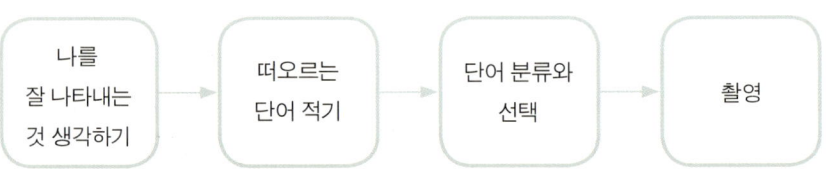

| 나를 잘 나타내는 것 생각하기 | → | 떠오르는 단어 적기 | → | 단어 분류와 선택 | → | 촬영 |

재미난 사진 만들기

요즘의 사진은 재미난 놀이다. 사진이 놀이라면 사진기는 어른도 갖고 노는 장난감이기도 하다. 재미난 사진처럼 사람들을 즐겁게 하는 것도 많지 않다. 인터넷에서 재미있고 발랄한 사진들을 보면 한바탕 웃게 될 것이다. 꼭 멋진 풍경과 무거운 주제를 다룬 사진만이 좋은 사진일 필요는 없다.

원근감의 원리를 이용한 사진.
사진: 박시현

원근감　옆의 사진을 보면 마치 로마에 있는 오벨리스크를 손으로 쥐고 있는 것처럼 보인다. 큰 피사체도 멀리 있으면 작게 보이는 것이 원근감의 원리이다. 이 원리를 이용해 피사체를 적절한 위치에 두고 찍는 연습을 몇 번 해 보면 요령을 터득하게 된다. 마치 기울어지는 건물을 지탱하거나 상대방을 손바닥에 올려 놓은 것 같은 장면도 멋지게 성공할 수 있을 것이다.

빠른 셔터 속도를 이용해 순간적인 정지 동작을 담은 사진.
사진: 옥성일

빠른 셔터 스피드　　공중 부양 사진을 찍으려면 빠른 셔터 속도를 이용해 순간적인 정지 동작을 담으면 된다. 마치 공중에 뜬 것과 같은 장면을 연출하려면 수십 차례 이상 뛰면서 성공한 사진을 고르면 된다.

자신이 가진 카메라를 이용해 친구와 재미있는 사진을 찍어 보자. 인터넷에 올라와 있는 사진보다 재미있는 사진을 찍는 자신만의 방법을 주변에 알려 주고 같이 찍어 주면서 사진의 재미를 더 느낄 수 있을 것이다.

재미난 애플리케이션　　최근에는 재미있는 사진 애플리케이션이 등장하고 있다. 스마트폰으로 사진을 찍어 (사실과 관계없이) 나이를 맞추거나 아이큐나 미모를 수치로 보여 주기도 한다. 왼쪽의 사진은 인터넷 사이트(http://phobos.applieddevice.com)를 이용해 등록한 사진의 나이를 보여 주는 예이다. 원하는 인물의 사진(확장자가 jpg인 파일만 가능)을 업로드하면 아래 그림처럼 얼굴 나이가 나온다. 유명인의 경우 아래에 해당 사진과 유사한 사진이 동일인으로 나타난다.

사진에 찍힌 얼굴 나이를
보여 주는 애플리케이션.

사진　　217

합성 사진과 이미지 다듬기

찍은 사진을 이용해 합성하면 재미난 사진을 만들 수 있다. 특별한 프로그램이 없어도 합성 사진을 만들 수 있는 사이트들이 많다.

합성 사이트에 접속하여서 여러 사진 효과 중에서 마음에 드는 효과를 고른 후, '찾아보기'에서 자신이 가지고 있는 사진 중 원하는 사진을 선택한다. 아래 사진처럼 전시회의 주인공이 될 수도 있다. 만든 사진은 저장할 수 있고 이메일 선물로 보낼 수도 있다. 내가 찍은 사진으로 주변 사람들에게 재미난 선물을 해보자.

간단히 이미지 관리하기　스티커 사진기에서 사진을 찍으며 재미있는 배경을 선택하거나 글씨를 쓰는 등 기억에 남는 사진이 있을 것이다. 디지털 카메라에도 사진 꾸미기 기능이 있으며, 스마트폰에서는 네이버 카메라, 푸딩 카메라 등 다양한 효과와 필터를 제공하는 앱을 이용해 재미있고 분위기 있는 사진 효과를 줄 수 있다.

사진을 보정하는 프로그램으로는 이른바 '뽀샵'으로 불리는 포토샵이 가장 유명하다. 하지만 가격이 비싸고 높은 컴퓨터 사양을 요구하는 부담이 있다. 무료 프로그램 중에서는 국내에서 만들어진 포토스케이프(http://www.photoscape.co.kr)의 기능이 뛰어난 편이다.

'알씨'는 다양한 보기 옵션과 이미지 관리 기능을 제공하는 이미지 뷰

합성 사이트(http://www.photofunia.com)에서 사진을 합성한 예.

어이다. 프로그램이 복잡하지 않기 때문에 개인적으로 몇 번만 다루어 보면 쉽게 사진을 손질해서 인터넷에 올릴 수 있다. 사진을 선택해 음악을 넣고 간단한 동영상도 만들 수 있다.

프로그램을 이용하기 귀찮은 경우에는 블로그나 미니홈피에서 제공하는 편집 도구를 사용해도 된다. 포포로(http://www.poporo.co.kr)처럼 뛰어난 기능을 제공하는 인터넷 사이트를 이용하는 방법도 있다. 별도의 파일 설치 없이 포토샵의 기본 기능을 사용할 수 있고, 사진 편집과 여러 장의 사진을 이어 붙이는 파노라마 기능, QR코드 제작 등 다양한 기능을 제공하고 있다.

 사진을 마음껏 즐기자

> 다음 빈칸을 채워 보자.
> 멋진 사진을 볼 수 있는 곳은 (   ) 이다.

사진 전시회에 가면 멋지게 프린트된 작가의 사진을 제대로 감상할 수 있다. 마치 음악을 즐기기 위해 라이브 무대를 찾는 것과 비슷하다. 하지만 전시회에 가는 것이 쉽지만은 않다. 인터넷에서 쉽게 접할 수 있는 온라인 갤러리에서도 수많은 사진을 감상할 수 있다.

뛰어난 사진을 통해 사진에 대한 안목을 갖고 싶다면 유명 작가의 사진집을 보는 것이 도움이 된다. 구하기 어렵고 비싸다는 단점이 있지만 수년 동안 고민하고 한 가지 주제를 탐구한 작가의 세계를 탐험하는 멋진 경험이 될 것이다. 값비싸고 좋은 사진집도 많지만 작고 알찬 '열화당 사진문고'를 추천한다. 세계적인 사진가들, 그리고 그동안 단편적으로만 알

사진   219

닮은 인물을 보여 주는 사이트.
출처: http://totallylookslike.com

려졌던 국내 사진가들을 사진 설명과 함께 잘 소개해 주고 있다.

사진 잡지를 통해서도 사진가, 사진 기술, 사진 기자재, 사진 전시회 등 사진과 관련된 다양한 정보를 접할 수 있다. 〈월간사진〉, 〈사진예술〉, 〈DCM〉 등 여러 종류가 있다. 사진 잡지는 아니지만 월간지 〈내셔널 지오그래피〉에서도 세계 여러 지역을 담은 최고의 사진을 감상할 수 있다.

재미나거나 멋진 사진을 볼 수 있는 사이트를 알고 있다면 친구들과 정보를 공유해 보자. 위의 사진은 가수 리한나의 머리와 애니메이션 인물의 머리 모양이 닮았다. 비슷한 인물을 나란히 보여 주는 사이트에 있는 사진 중의 하나이다. 이처럼 새로운 아이디어나 감동적인 순간이 고스란히 담긴 사진을 접하다 보면 이전보다 더 재미있고 개성있는 사진을 찍는 데 도움이 될 것이다.

행복한 사진 전시회

많은 사진가들은 자신의 작업과 생각들을 세상과 공유하고 있다. 하지만 사진을 잘 찍는 유명 사진가만 사진을 통해 사람들과 소통할 수 있는 것은 아니다. 자신이 좋아하는 사진을 담는 것도 즐거운 일이지만 함께 나누면서 그 순간을 공감한다면 더욱 행복할 것이다. 사진을 통해 자신을 더 잘 알 수 있게 되고, 인터넷과 휴대 기기를 이용해서 자신을 표현하고 여러 사람과 즐거움을 나누기 쉬워졌다. 사진을 올리고 글을 쓰는 것은 귀찮은 일이지만 조금씩 쌓아 가면 가치 있는 기록으로 남을 것이다.

　다른 사람들이 공감하기 위해서는 사진에 적절한 설명이 필요하다. 제목을 정하고, 사진에 대한 설명을 넣어 보자. 촬영 당시의 상황이나 촬영지에 대한 설명, 사진에 대한 감상 등을 통해 사진을 처음 접하는 사람들도 사진에 몰입하게 될 것이다. 한 장의 사진도 좋고, 여러 장의 사진을 잘 선별해서 에세이처럼 기술하는 것도 멋진 사진 전시가 될 것이다.

사진으로 아름다운 세상

〈한겨레신문〉에서 운영하는 사진 마을(http://photovil.hani.co.kr/openphoto)에는 초상권 침해나 미풍양속에 어긋나지 않는다면 누구나 자신이 찍은 사진을 기부할 수 있는 '열린사진' 코너가 있다. 인터넷에서 마음에 드는 사진을 보았다고 무단으로 사용할 경우에는 저작권에 위배된다. 이 사이트는 사진 사용 금액이 부담스런 개인이나 공익 단체 등에게 도움을 주기 위해 만들어졌다. 자신의 사진을 무료로 올리면 누구나 공익적이고 비영리적 목적을 위해 출처를 밝히고 사용할 수 있다. 사진 창고 코너에서 원하는 사진을 검색해 다운로드하고 사용처를 밝히면 된다. 원하는 사진이 없는 경우 사연을 올려 사진 촬영 요청을 할 수도 있다.

　나의 사진으로 다른 사람들에게 기쁨을 주는 방법은 다양하다. 친구와 함께한 추억, 잊을 수 없는 아름다운 순간을 담아 함께 나눈다면 행복은 더 커질 것이다. 순간을 더 소중하게 여길 수 있다면, 새롭게 세상을 보고 그 감동을 함께 나눈다면 세상은 더 아름다운 곳으로 변해갈 것이다.

사진　221

인터넷에서 만나는 사진 작가

이종선

http://www.gowind.net

여행 사진가 이종선의 홈페이지에는 아시아 여러 지역의 사람과 동물이 함께 살아가는 모습이 정겹게 담겨 있다.

구본창

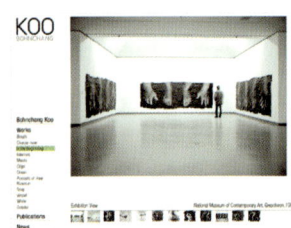

http://www.bckoo.com

사진가 구본창의 홈페이지에 들어가 보면 그간 작업했던 작품을 보면서 최근 전시회 소식도 접할 수 있다. 주제별로 어떤 작업을 했는지 살펴볼 수 있어 작가의 표현 방식을 느낄 수 있을 것이다.

브라이언 피터슨 Bryan Peterson

http://www.bryanfpeterson.com

브라이언 피터슨은 국내에도 여러 권의 사진 기술 서적이 번역되어 잘 알려진 사진가이다. 홈페이지에는 인물, 풍경 등을 잘 표현한 사진이 전시되어 있다. 별다른 설명이 없지만 사진의 기본에 충실한 사진을 만날 수 있다.

매그넘 Magnum

www. magnumphotos.com

보도 사진의 보고이다. 로버트 카파, 앙리 카르티에 브레송, 스티브 매커리Steve McCurry 등 세계적인 작가들의 작품을 한꺼번에 즐길 수 있다.

이외에도 수많은 사진가들이 자신의 작품을 인터넷에 소개하고 있다. 이들의 사진을 통해 새롭게 세상을 즐겁게 보고 느낄 수 있을 것이다.

사진   223

8

인터넷

온 가족이 한방에 모여 TV를 시청하면서 가족끼리 대화를 나누던 시절이 있었다. 요즘은 대부분 각자 개인용 기기를 이용해 영상과 뉴스를 본다. 이제는 정보도 개인적으로 판단하는 시대가 된 것이다. 우리 앞에는 기회와 위험이 동시에 놓여 있다. 인터넷을 통해 참여와 공유의 문화가 확산되고 집단 지성의 혜택을 누릴 수 있게 되었다. 이메일보다 더 빠르고 편리한 소셜 미디어를 통해 연락을 주고받으며 새로운 정보를 실시간으로 접하게 되었다. 반면에 개인 정보가 과도하게 노출되고 불건전한 내용이 상업적 정보로 포장될 위험성 또한 커졌다. 수많은 정보들을 읽고 자기 생각을 표현하는 능력이 그만큼 중요해진 것이다. 자신의 정체성을 지키면서 소통하는 능력을 기르기 위해 무엇을 해야 할까? 각종 온라인 네트워크에서 어떻게 참여하고 활동하느냐가 중요할 것이다. 우리 눈 앞에 네트워크라는 넓은 세상이 펼쳐져 있다. 이 장에서는 제대로 정보를 선별하고 공유하면서 성장할 수 있는 방법에 대해 생각해 보자.

◀ Gerd Altmann   출처: http://pixabay.com

소통의 공간, 인터넷

사람들은 정보를 찾고 효율적인 소비를 하기 위해 인터넷을 이용한다. 또한 소통하고 새로운 것을 창조하면서 인정받기 위해 사용한다. 인간은 사회적 동물이기 때문이다.

영화 〈전차남〉은 일본을 떠들썩하게 한 실화를 소재로 제작되었다. 소심한 청년이 전철 안에서 난동을 부리는 취객으로부터 젊은 여성을 구해낸다. 그녀와 사귀고 싶어 사연을 인터넷 게시판에 올리면서 네티즌의 격려와 도움을 받아 사랑을 이루는 내용이다. 영화 속에는 인터넷 폐인부터 가정주부까지 다양한 네티즌들이 등장한다.

영화에서 그려진 사이버 공간은 사람들이 얼굴을 감추고 잠시 스쳐가는 곳만은 아니다. 오늘날 인터넷과 스마트폰 사용 시간이 점점 길어지고 항상 누군가와 접속해 있으려는 것은, 외로운 삶 속의 사람들에게는 서로 소통하고 이해받는 공간이 필요하기 때문일 것이다.

인터넷의 엄마?: PC 통신

```
SunOS 5.8

  ▷ 최근 폭증하는 스팸 메일의 중계를 막기 위해
    저희 하이텔 인터넷 메일 서버는 릴레이(relay)를 허용하지 않습니다.

  ▷ 인터넷 파워/플러스 가입자는 별도의 가입절차 없이 전세계 어디서나
    로밍서비스로 인터넷 접속이 가능합니다. (http://roaming.hitel.net)

  ▷ [필독] 하이텔 DNS 변경!
    기본 DNS : 203.245.15.2    (변경전:204.252.145.2)
    보조 DNS : 210.114.8.131   (변경전:204.252.145.10)

 - 'login'에는 하이텔ID, 'Password'에는 인터넷 비밀번호를 입력해 주세요.
login: 1ÿÿÿÿ^H^H
Password:
```

출처: http://common.paran.com/telnet/hitelnet.htm

1990년대 중반까지 인기를 끌었던 PC 통신은 흔히 BBS(Broadcast Bulletin board System)라고 한다. 하이텔, 천리안, 나우누리, 유니텔 등의 통신 서비스 업체가 국내 정보를 공유하기 위해 만든 '폐쇄 그룹' 통신망을 이용하는 것이다. 따라서 각 통신사 이용자끼리만 정보를 공유할 수 있었다. 당시 화면을 보면 모든 것이 문자로 표현된다. 색상 역시 주로 파란 화면이 많았다. 비록 텍스트뿐이었지만 분야별로 동호회가 활발하였으며, 현재의 온라인 게임 및 커뮤니티가 시작된 것도 PC 통신이었다.

1990년대 말부터 우리나라는 인터넷 시대를 맞이한다. 1990년대 말에서 2000년대 초까지 세이클럽 같은 채팅 사이트가 인기를 누렸고, 채팅으로 밤을 새기도 하고 채팅 상대와 직접 만나는 이른바 번개팅이 유행하기

도 하였다.

점차 쇠퇴하던 PC 통신은 2007년 2월 28일 하이텔 서비스를 마지막으로 짧은 역사를 마무리하였다. PC 통신업체들은 인터넷 서비스로 변신하였지만 2012년 하이텔, 2013년 나우누리가 서비스를 완전히 종료하였고, 천리안만이 포털 형태로 명맥을 잇고 있다.

핵무기 때문에 만들어진 거대한 네트워크, 인터넷

전 세계에서 인터넷을 이용하는 사람들 중 무작위로 지정한 두 사람을 연결하려면 몇 명을 거치면 될까?

① 4명　　　② 5명　　　③ 10명　　　④ 100명　　　⑤ 1000명

세상은 생각보다 좁다. 1967년에 심리학자 스탠리 밀그램Stanley Milgram은 색다른 실험을 했다. 미국 중부에 사는 사람들에게 300통의 편지를 보내 동부의 한 마을인 샤론에 사는 어떤 사람에게 전해 달라고 부탁을 했다. 사람들은 자기가 알고 있는 사람들 중에서 샤론에 사는 사람을 제일 잘 알 것 같은 사람에게 전달하는 방법으로 60여 통의 편지를 전달했는데 평균 5.5명을 거쳐 목적지에 도달할 수 있었다. 또한, 21세기 들어 이메일, 메신저, 페이스북을 이용해서 비슷한 실험을 했고 최근 결과는 4.7명으로 줄어들었다. 오늘날 소셜 미디어social media(싸이월드, 트위터, 페이스북처럼 모두가 글을 쓰고 읽을 수 있는 참여형 미디어)를 이용한 정보 전달이 빠른 것도 네트워크로 세상이 촘촘하게 연결되어 가기 때문이다.

인터넷은 1960년 미국 국방부 아파넷ARPAnet이 기원이다. 당시는 미국과 소련이 대립하던 냉전 시대였다. 적대국이 미국 본토에 핵폭탄 공격

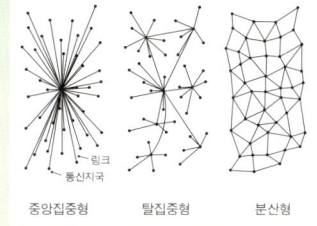

네트워크의 유형.
출처: 알버트 바라바시, 《링크》, 동아시아, 2002.

중앙집중형   탈집중형   분산형

을 가해 일부 네트워크가 파괴되어도 정보를 보존하고 연결이 가능한 방법을 고민하다가 나온 산물이 인터넷이다. 위의 모식도에서 볼 수 있듯이, 분산형 네트워크는 몇 곳의 접속이 막혀도 얼마든지 다른 길로 연결되기 때문에 안정적이다.

1989년 팀 버너스 리Tim Berners Lee는 월드와이드웹(WWW)을 개발하였다. 인터넷 주소 체계인 URL과 인터넷 언어인 HTML 등 관련 소프트웨어를 1991년 무료로 공개하였다. 그 결과 어려운 명령어 없이 누구나 인터넷 사용이 가능해졌다. 그는 컴퓨터를 연결하고 정보를 공유하기를 꿈꿨기에 저작권을 주장하지 않고 무료로 사용할 수 있게 하였다. 오늘날 우리가 인터넷을 편리하게 사용하는 데는 이런 이들의 노력이 큰 역할을 하였다.

 ## 지식인에게 물어봐: 정보의 홍수를 헤쳐나가는 검색 엔진

네이버가 인터넷 초창기 강자였던 '다음'을 넘어 1위 업체가 되는 데 기여한 서비스는?

① 이메일   ② 지식인과 검색 서비스   ③ 카페   ④ 블로그

인터넷 초기 대부분 사람들이 메일 주소를 만들면서 '다음'에 가입하고 인터넷 카페도 이용하였다. 후발 주자였던 '네이버'는 지식인과 검색 서비스의 장점을 내세워 국내 최고의 포털 사이트가 되었다.

인터넷에는 우리가 감당하기 어려울 정도로 정보가 넘쳐난다. 쓸 만한

디렉토리 검색
포털 검색

⬇
중요도 검색
⬇
검색 대상 확대

동영상·UCC 검색
음성·손글씨·음악 검색
지도·위치 검색
⬇
개인 맞춤 서비스
⬇
소셜 네트워크 검색

정보를 찾기 위해 정보 검색 서비스가 등장하게 된다.

인터넷에 자료가 많지 않던 초기에는 인터넷 사이트와 정보를 정리해 분류해 놓은 디렉토리 검색이 주류였다. 정보량이 늘면서 로봇 검색 엔진을 이용해 원하는 정보를 보여 주는 2세대 엔진이 등장했다.

3세대 검색 엔진인 '구글'은 해당 정보가 다른 곳에서 인용되고 링크된 정도를 따져서 중요한 정보를 먼저 보여 준다. 정보 검색은 점차 동영상, 음악, 지도, 거리 정보 등 다양한 서비스로 확대되었고, 음성과 손글씨로도 검색이 가능해지고 있다.

같은 검색어라도 개인에 맞게 정보를 제공하는 개인화 서비스도 발전하고 있다. 똑같은 결과를 개인이 자주 찾는 관심 항목에 맞게 정보를 제공하는 맞춤형 서비스로 발전하고 있다. 그러나 개인 관심사만 보여 주기 때문에 사회적 이슈에 무관심해지고 흥미 위주의 내용만 보게 될 수도 있다.

최근에는 소셜 미디어가 발달하면서 자신이 믿을 만한 전문가나 유명인 등 사람이 제공하는 정보가 더욱 중요해지고 있다.

◆ 찾아오는 정보, RSS 📶

단순히 인터넷으로 여러 사람을 연결하는 환경인 웹 1.0에서는 원하는 정보를 얻기 위해서는 해당 홈페이지를 방문해야 했다. 웹 2.0은 정보를 얻는 것에서 나아가 적극적으로 참여할 수 있는 환경을 말한다. 정보 생산자가 개방, 참여, 공유라는 웹 2.0 정신에 따라 정보를 공유하기 위해 RSS를 지원하고 배포하면, 이 기술을 이용해 정보를 바로 받아 볼 수 있다. '농구,' '아이돌'처럼 관심 있는 정보를 키워드로 설정하면 관련 정보가 자동으로 수집되어 내 블로그와 카페에 게시된다.

나만의 공간? 모두의 광장?: 사이버 공간의 특징

트위터와 관련된 '팔로워'라는 용어는 무엇을 뜻하는 말일까?

① 물건을 파는 사람들

② 해당 트위터를 구독(팔로)하는 사람들

사이버 공간의 특징은 다음과 같다.

첫째, 인터넷에서는 영상, 문서, 이미지 등 전혀 다른 성격의 자료를 한 꺼번에 이용한다. 기존에는 음악, 영화, 책, 그림 등은 다른 매체를 이용해 즐겼지만 모든 자료가 디지털로 바뀌면서 큰 변화가 일어났다. 디지털은 아 날로그와 달리 복사본과 원본이 동일하다. 또한 정보 전달이 쉽고, 정보를 상호 작용하여 주고받을 수 있다. 정보를 가공하고 다양한 방식으로 변형 하기도 쉽다. 하나의 기기로 사진과 동영상, 문서 작업, 통계 처리 등 여러 작업을 디지털 통합*digital convergence*을 해서 하나의 매체로 즐길 수 있다.

둘째, 기존 매체가 일방적이었다면 인터넷은 쌍방향으로 상호 작용이 가능하다. 더구나 얼굴과 얼굴을 맞대지 않고 어느 정도 익명성이 보장되 기 때문에 편하게 행동하기 쉽다. 인터넷 환경이 비약적으로 성장하면서 새로운 현상이 나타나고 있다.

글과 사진을 올려 블로그를 꾸미는 사이버 공간은 개인적인 공간이지 만 동시에 모두가 드나들 수 있는 열린 공간이다. 개인적인 글일지라도 누 군가 유명 게시판에 옮기면서 사회 이슈가 되기도 하고, 인터넷에서 급속 도로 퍼져나가 글쓴이가 유명세를 치르는 경우도 있다.

셋째, 소셜 미디어를 통해 사회적 약자가 세상에 도움을 청하고 위기 를 넘기는 경우도 있다. 유명인이 트위터에 헌혈이 급한 사연을 올리면 자 신의 글을 구독(팔로잉)하는 사람들에게 리트윗(글을 재전송)되면서 도움의 손길이 닿는 경우도 있다. 일부 유명 블로거나 트위터 사용자들은 언론 매체 못지않은 영향력을 행사하기도 한다.

인터넷과 사회 변화

다음은 미국의 시사 주간지인 〈타임*Time*〉의 표지이다. 2011년 〈타임〉지에서 선정한 올해의 인물은?

① 당신   ② 시위자   ③ 스티브 잡스

인터넷과 스마트폰, 소셜 미디어가 우리 사회에 어떤 영향을 미쳤을까? 인터넷과 스마트 기기의 등장으로 우리의 일상 생활이 편리해지고 많은 변화가 생겼다. 2006년 〈타임〉지는 올해의 인물로 인터넷을 하는 개인을 뽑았지만, 2011년에는 사회에 저항하는 시위자를 선택했다. 이제는 인터넷에 참여하는 개인을 넘어서서 관심사와 이슈를 중심으로 모여 사회를 바꾸는 사람들이 변화를 불러오고 있다.

2002년 월드컵 때 붉은 악마로 불리던 응원단과 월드컵 경기를 즐기기 위해 참여한 많은 사람들은 휴대전화와 인터넷 카페를 통해 정보를 나

누며 광장으로 모여들었다. 이후 대규모 시위의 모습도 달라졌다. 소수의 지도자가 조직을 짜고 사람들을 이끌던 방식과 달리 누군가가 인터넷을 통해 새로운 제안을 하면 자발적으로 함께 모여드는 모습을 보여 주었다.

세계적으로 인터넷과 소셜 미디어, 휴대전화가 결합되면서 사회 변화를 이끄는 집회와 시위가 이어지고 있다. 튀니지에서는 2010년 12월 이후 트위터와 페이스북 등의 소셜 미디어를 통해 한 억울한 사연이 젊은이들에게 퍼져나갔고 독재 정권에 대항한 반정부 시위가 중동과 북아프리카 여러 나라로 확산된다. 리비아와 이집트 등지에서는 독재자가 축출되기도 하였다. 또한 금융 위기 이후 경제 위기로 어려움을 겪는 중에도 투기 자본은 구제 금융으로 여전히 이익을 보는 현실을 비판하며 몇 년째 세계 전역에서 벌어진 헤지펀드 반대 운동도 소셜 미디어를 적극적으로 이용한 대표적인 예이다.

인터넷을 지배하는 거대 자본

인터넷은 단순히 배너와 검색을 통한 광고를 뛰어넘어, 친근한 관계나 파워 블로거의 사용기 등을 통해 홍보와 마케팅에서 중요한 자리를 차지하고 있다. 이젠 영화 광고도 입소문을 낼 수 있는 소셜 미디어를 이용한 광고가 가장 각광을 받고 있다. 스마트폰이 널리 보급되면서 전자상거래 시장이 더욱 발전하고, 소셜 네트워크와 소셜 커머스 역시 계속 성장할 것으로 기대된다.

인터넷은 초기에는 정보 공유의 공간이며 자유로운 의사소통이 가능한 곳이었다. 점차 사용자가 늘어나면서 인터넷을 이용해 돈벌이를 할 수 있다는 것이 알려지면서 상업 세력이 세력을 넓혀가고 있다. 사람들은 거

최근 소셜 미디어는 주요한 마케팅 수단으로 활용된다.

대 기업(구글, 네이버, 페이스북, 싸이월드 등)이 제공하는 서비스에 모든 것을 떠맡기고 있다. 검색, 카페, 블로그, 소셜 네트워크 서비스(SNS), 메일, 클라우드 서비스, 쇼핑, 일정 관리 등 거의 모든 것을 할 수 있다.

인터넷 서비스는 더욱 다양하고 편리해졌으며 스마트폰의 등장으로 어디서나 글과 사진, 영상을 쉽게 올리고 전할 수 있게 되었다. 하지만 자유롭게 흩어져 있던 인터넷 네트워크는 점차 거대 기업에 포위되고 있다.

이젠 포털에서 모든 것을 하고, 기업이 제공하는 서비스 안에서만 상상하는 시대로 바뀌고 있다. 구글, 네이버, 페이스북, 트위터 등 거대 기업이 지배하는 인터넷은 앞으로 또 어떤 모습일까?

 ## 인터넷만 하면 모두 알 수 있나요: 저작권과 공유 운동

우리나라뿐 아니라 미국 대학에서도 표절 문제로 골머리를 앓고 있다. 학생들이 쓴 리포트가 남이 쓴 내용을 베꼈는지 여부를 자동으로 찾아 주는 프로그램도 늘어나고 있다. 프로그램을 작동시키면 같이 제출한 리포트들을 비교해 검사하고, 인터넷상에 있는 문서도 찾아준다. 또한 표절한 원본까지도 찾아준다. 그림은 특정 프로그램의 표절 검사 과정이다. 정보 공유는 모두에게 유익한 일이지만 출처를 밝히지 않고 자기 것처럼 표절

하는 것은 학문적 발전에도 도움
이 되지 않는다. 국제 학술지에서
국내 논문이 표절로 밝혀져 망신
을 당한 일도 있다.

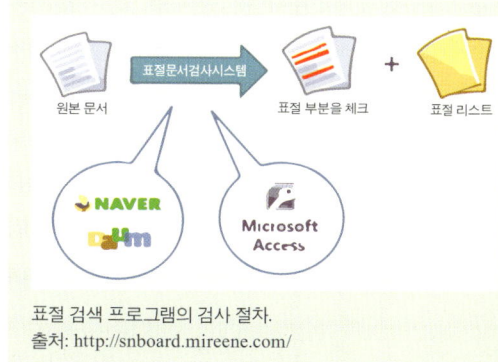

표절 검색 프로그램의 검사 절차.
출처: http://snboard.mireene.com/

디지털 시대의 개인은 온라인
에서 거대한 도서관을 가지게 되
었다. 학교에서 배우는 이상으로
많은 것을 학습할 수 있다. 그러
나 정보 시대라고 해도 모든 정보를 얻을 수 있는 것은 아니며, 인터넷만
하면 모든 것을 알거나 새로운 것을 창조할 수 있는 능력이 길러지는 것도
아니다.

쓸모 있는 고급 정보를 생산하기 위해서도 여전히 힘든 노력이 필요하
다. 창조적 지식을 생산할 수 있는 능력은 공부하고 토론하면서 고민하는
과정을 거쳐야 길러지기 때문이다.

 배워서 남 주자: 지식 공유 운동

다음은 미국 스탠포드대학교의 강의를 들을 수
있는 사이트이다. 한 달 수강료가 얼마일까?

① 1000원   ② 1만 원

③ 10만 원   ④ 무료

MIT 오픈코스웨어 http://ocw.mit.edu

교육은 인간의 의무이자 권리이다. 경제력과 상관없이 누구나 교육의 기회를 누리고 자신의 가치를 높일 수 있어야 하기 때문이다. 인터넷은 처음부터 지식과 관심을 나누고 공유하는 공간이었다. 그럼에도 오늘날 중고생이 이용하는 인터넷 강의는 대부분 지나치게 고가이다.

오픈코스웨어(OCW)라는 프로그램은 2001년 MIT(미국 매사추세츠 공과대학) 교수들 대다수가 참여해 강의 자료를 공개한 것이다. 강의를 공개하기 위해서는 엄청난 저작권 비용을 부담해야 함에도 수익보다는 지식을 공유하는 운동을 과감하게 벌인 것이다. 교육 콘텐츠를 널리 배포하고 재활용해 교육 커뮤니티를 구축함으로써 공공재 성격이 강한 교육을 지구촌 인구에게 보급하고 새로운 창조성을 발굴한다는 의의를 갖는다.

인터넷의 공공성과 창조성을 위해 상업적인 저작권을 뛰어넘으려는 노력이 이어졌다. 공유 가능한 저작권(Creative Commons)과 오픈코스웨어도 일종의 지식 공유 운동이다.

무료로 유명 강연 영상을 공유하는 TED 운동이나, '칸아카데미'처럼 개인이 운영하는 비영리 교육 사이트들도 있다. 국내에도 CBS에서 방송하는 〈세상을 바꾸는 시간 15분〉과 같은 뛰어난 강의를 무료로 들을 수 있는 프로그램들이 늘어나고 있다.

이런 움직임이 확산되어 다양한 분야의 교육 콘텐츠가 늘어나고 커뮤니티를 통해 공유된다면, 거대 기업과 상업 세력이 인터넷을 지배해 가고 있지만, 사이버 공간은 여전히 나눔과 성장이 있는 곳으로 발전해 나갈 것이다.

소셜 미디어로 뭐하니:
자신을 지키면서 정보 공해가 되지 않는 방법

세계적으로 많은 사람들이 사용하는 페이스북은 어떤 서비스로 시작하였을까?

① 대학생들을 대상으로 한 만남 서비스   ② 졸업생들을 찾는 인터넷 동문회 서비스

'싸이월드'의 미니홈피는 집집마다 있는 사진 앨범처럼 만들어졌다. 친한 사람들끼리 일촌을 맺고 자신의 일상생활을 서로 보여 준다. '페이스북'은 아이비리그 대학생들 대상으로 만남을 주선하는 서비스로 시작하였다. 싸이월드에 비해 지나치게 자신의 생활이 공개되는 문제가 있어 사용을 꺼리는 사람도 많다.

소셜 미디어는 모든 사람에 대해 실시간으로, 또 이동하면서도 소통이 가능한 시대를 열었다. 트위터의 경우, 단 한 줄로도 가능하기 때문이다. 소셜 미디어를 즐기는 이유는 다양하다. 심심해서, 친구를 만나고 자랑하려고 유명해지려고 정보를 얻으려고 등. 페이스북이나 미니홈피를 통해 주변 사람의 이야기를 알고, 트위터를 통해 정치, 경제, 교육 등 다양한 분야의 사람들을 통해 뉴스에 드러나지 않는 생생한 소식을 접하는 것도 효과적이다.

장점만 있는 것은 아니다. 새로운 글이 금방 올라오기 때문에 차분히 생각할 시간이 없이 다음 글을 보게 된다. 트위터나 미니홈피 등을 보면 무엇을 먹고 어디에 갔는지 자랑하는 글과 사진이 넘쳐난다. 서로 친구, 일촌, 팔로를 맺어 달라고 부탁하는 사람도 많다. 무엇보다 너무 많은 메시지가 쏟아지기 때문에 점점 지치게 되고, 바쁘게 지내다 보면 점점 이용하지 않게 된다. 편리한 미디어일지라도 어떤 생각을 갖고 이용하는지가 중요하다. 우리는 지금 어떻게 소셜 미디어를 사용하고 있는 걸까?

누군가 널 보고 있다: 인터넷과 감시 사회

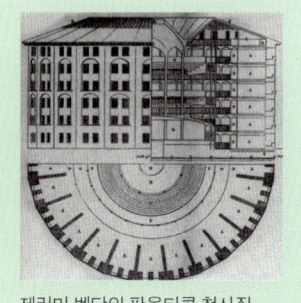

다음 청사진은 18세기에 구상된 건물로 판옵티콘Panopticon으로 불린다. 이 건물은 무엇을 하기 위해 계획된 건물일까?

① 공연

② 스포츠 경기

③ 감옥

제러미 벤담의 판옵티콘 청사진

판옵티콘은 '모두'를 뜻하는 'pan'과 '본다'는 뜻의 'opticon'을 합성한 말이다. 영국의 철학자인 제러미 벤담Jeremy Bentham이 1791년 감옥으로 구상한 것이다. 중앙에 높은 감시탑을 세우고, 바깥 원 둘레를 따라 죄수들의 방을 두었다. 중앙의 감시탑은 어둡고, 죄수의 방은 밝게 해 죄수들은 감시자를 볼 수 없다. 죄수들이 늘 감시받는다는 생각을 하게 되고, 자신을 규율하게 된다.

판옵티콘의 감시 체계는 오늘날 정보 사회에서 비슷하게 나타나고 있다. 쇼핑 기록부터 이메일까지 우리의 모든 흔적이 데이터베이스에 차곡차곡 쌓이고 있다. 인터넷에 올린 글과 사진, 동영상, 주변에 수많은 CCTV 등을 생각해 보라. 자신이 한순간 저지른 실수도 순식간에 전파되어 파문을 불러올 수 있다.

조지 오웰의 소설 《1984》에 등장하는 '빅 브라더Big Brother'라는 독재자는 모든 사적인 공간까지 설치된 텔레스크린을 통해 사회를 끊임없이 감시한다. 사회가 민주화되고 언론과 정보 통신 기술이 발달하면서 다수의 시민들이 소수의 국가 권력을 감시할 수 있는 가능성이 높아졌다. 하지만 국가는 각종 전자 증서 등을 통해 엄청난 양의 개인 정보를 수집할

수 있고, 시민들이 국가 권력을 감시할
수 있는 수단은 제한적이다.

프레시디오 모델로 감옥의 내부(쿠바).
출처: 위키피디아.

　　정보 통신 기술이 발달하면서 국가
의 감시 외에도 기업이 주목되고 있다.
오늘날의 감시는 기업의 이윤 추구라는
목적을 위해서 진행된다. 혹자는 전 세계 검색 시장을 휩쓸고 있는 구글
과 같은 거대 기업이 미래 사회의 빅 브라더가 될 것이라는 전망을 하기도
한다.

 정보 격차

지구가 100인의 마을이라면 인터넷을 사용하는 사람은 몇 명 정도일까?

① 80명　　　　　② 50명　　　　　③ 20명　　　　　④ 3명

1990년의 세계 통계를 기반으로 환경학자 도넬라 메도스Donella Meadows
가 쓴《세계 마을의 현황 보고》는 다양한 채널을 통해 전 세계 사람들에
게 전파되었는데, 환경 문제와 불평등에 대해 시사하는 바가 많다. 이 보
고에 따르면 지구가 100인의 마을이라고 봤을 때 12인만이 컴퓨터를 가지
고 있으며 그중 3명만이 인터넷을 할 수 있다. 이 내용은 1990년대를 기준
으로 하지만 우리의 현실을 돌아보게 한다.

　　산업 시대 이전부터 누적된 격차는 더 심해지고 있다. 디지털 시대가
되면서 도시와 농어촌, 젊은 세대와 장년 세대, 가난한 나라와 부자 나라
사이에는 심각한 정보 격차digital divide가 나타나고 있다.

　　과거에는 오랜 경험을 바탕으로 기성 세대가 경험과 가치관을 신세대

디지털 시대가 되면서 가난한 나라와 부자 나라 사이에는 심각한 정보 격차가 나타나고 있다. 이러한 정보 격차를 해소하기 위해 빈민국의 어린이들에게 컴퓨터를 저가로 공급하는 국제적인 프로젝트가 진행되고 있다.

에게 전달하였다. 그러나 인터넷, 홈페이지, 블로그, SNS, 스마트폰 등 새로운 매체가 등장하면서 젊은 세대가 가장 빨리 받아들이고 기성 세대는 적응하는 데 어려움을 느끼기 마련이다. 기성 세대와 신세대의 관계가 역전되어 정보를 구하는 통로가 다양해지고 최신 유행과 특정 정보는 신세대가 훨씬 더 앞서게 되었다.

　컴퓨터를 소유할 여력이 없는 빈민국의 어린이들에게 저가로 공급해 가난한 나라의 정보 격차를 해소하기 위한 국제적인 프로젝트도 진행 중이다.

🐌 사이버 세상 속 내 모습

> 다음 중 미국의 오바마 대통령이 미국 10대 청소년들에게 대통령이 되기 위해 조심해
> 야 한다고 충고했던 내용은?
> ① 인터넷을 사용하지 말라.　　　　② TV를 시청하지 말라.
> ③ 라디오를 즐겨 들어라.　　　　　④ 페이스북에 정보를 올릴 때 신중하라.

미국의 오바마 대통령은 10대 학생들과 질의응답을 하면서 어린 시절 실수도 하고 어리석은 행동도 할 수 있지만 그것을 그대로 인터넷에 올리면 직장을 구할 때 문제가 될 수 있다고 말했다.

인터넷을 통해 상대방의 취미, 일상생활, 외모, 일, 정치적·종교적 견해 등까지 알 수 있다. 알게 모르게 사람들은 인터넷에 새로운 글과 사진을 올리면서 자신의 모습을 하나씩 보여 주며 살고 있기 때문이다. 사이버 공간에서 또 다른 나의 정체성을 보여 주게 된 것이다. 하지만 검색 엔진과 SNS가 유행하면서 자신이 원하지 않는 정보가 다른 사람에게 노출되거나, 노출된 정보가 불리하게 이용될 위험성도 커지고 있다. 10초 동영상, 또는 사진 하나가 댓글과 비난 여론으로 연결될 수 있고, 한번 올린 영상은 널리 퍼져 세월이 흘러도 사라지지 않는다.

기업들도 직원을 채용할 때 페이스북이나 마이스페이스와 같은 SNS 소셜 서비스를 통해 개인의 정보를 파악한다. 블로그, 미니홈피, 트위터, 페이스북 등 친목을 도모하고 개인적인 사생활을 올리는 사이트가 활발한 우리나라도 예외가 아니다.

트위터의 경우, 개인이 올린 게시물을 사업자가 마음대로 사용할 수 있다는 점이 논란이 되기도 했다. 우리나라 SNS는 별문제가 없어 보이지만 사실은 그렇지 않다. 휴대폰 번호, 주소, 개인적 취향뿐만 아니라 민감

한 정보까지도 기업들이 모두 다 확보하고 있다. 개인 정보는 기업의 마케팅 활동에 가장 중요한 열쇠이며 경제적 가치가 있다. 그 결과 해커들에게 개인 정보가 가득 든 한국의 사이트들은 좋은 먹잇감이 되고 있다.

사이버 공간에서의 개인 정보

개인 정보는 흔히 생각하듯 주민등록번호와 전화번호, 금융 정보처럼 민감한 정보만을 이야기하는 것은 아니다. 개인을 식별하는 모든 정보를 말한다. 오랫동안 헤어져 있던 친척이 만났다고 할 때 서로를 확인하는 방법을 생각해 보면 금방 이해가 될 것이다. 이름, 거주지, 직업, 가족 관계, 혈액형, 학력, 경력, 사진 등 정보의 수가 늘어날수록 개인 정보는 더 분명해진다.

우리가 쉽게 사이트에 가입할 때 넘기는 개인 정보도 세세히 따져 볼 필요가 있다. 정부 차원에서는 한곳에서 인증을 받아 모든 사이트에서 사용하는 아이핀i-PIN 서비스도 있다. 정부는 2012년 8월부터 주민등록번호 없이 이용자들이 인터넷 사이트에 가입할 수 있게 하였으며, 기존 업체들이 가진 주민번호도 2년 이내에 삭제하도록 하였다. 매년 몇십만 명에서 천만 명 단위로 유출되는 개인 정보 사건 때문에 우리나라 최고의 수출품이 주민등록번호라는 비난을 받아왔기 때문이다.

개인 정보	이름 ➡	
개인을 식별하는 모든 정보	성별 ➡	?
	주소 ➡	
	➡	

◆ 회원 가입 때 개인 정보를 취급하는 기준을 잘 읽어 보자. 다양한 개인 정보를 수집하며 제3자에게 위탁되기도 하기 때문에 꼼꼼히 확인해야 한다.

일반 회원 가입 시

– 필수 항목: 성명, 주민등록번호, 외국인 등록 번호 또는 여권 번호(외국인에 한함), 아이디, 비밀번호, 본인 확인 문답, 이메일 주소, 만14세 미만인 경우 법정 대리인 정보

– 선택 사항: 휴대폰 번호

개인정보 제3자 제공

○○보험, ◇◇◇마케팅, △△커뮤니케이션, ㅁㅁ카드

◆ 블로그 등의 소셜 미디어에 많은 방문객이 방문하려면 자신의 글을 공개해야 한다. 추천 목록이나 읽은 글, 즐겨찾기 등 많은 흔적들이 공개된다. 공개와 친구 공개, 비공개 등 공개 설정을 이용하자.

정보 설정

☑ 내가 추천한 글 공개   ✔ – 내가 추천한 글목록을 공개합니다.
☑ 내가 읽은 글 공개   ✔ – 내가 읽은 글을 모두 공개합니다.
☑ 내 관심 블로그 공개   ✔ – 내가 즐겨찾기한 블로그 목록을 공개합니다.

# 인터넷 사이트마다 검색 결과가 다르다

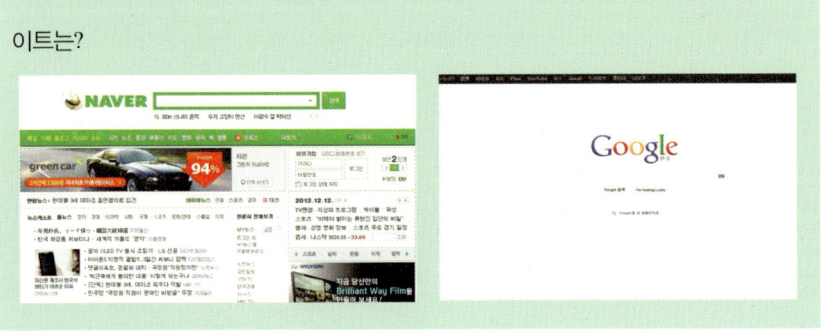

다음 두 검색 사이트 중에서 원래 검색하고자 했던 것의 결과를 바로 찾을 것 같은 사이트는?

네이버와 구글을 비교해 보자. 네이버는 화면 전체에 다양한 기사와 광고로 꽉 차있다. 검색 결과 화면에서도 파워 링크(광고비를 낸 상업 사이트)를 먼저 보여 준다. 반면 구글의 초기 화면은 간단히 검색창만 보여 준다. 검색 결과도 중요도에 따라 단순하게 보여 주기 때문에 원하는 결과를 바로 찾아가기 쉽다.

물론 네이버는 연예인 프로필, 학교와 관공서처럼 자주 찾는 주제에 대해서는 깔끔하게 정리된 결과를 따로 제작하여 보여 주기 때문에 편리한 점도 있다. 이 문제에서는 구글의 윤리 경영 10가지 중 6번째 항목이 참고가 될 것이다.

6. 부정한 방법을 쓰지 않고도 돈을 벌 수 있습니다.

[중략]

• 구글은 결과 페이지에 관련이 없는 광고가 게재되지 못하도록 하고 있습니다. 구글은 사용자가 찾는 정보와 관련이 있는 광고만이 유용한 정보를 제공할 수 있다고 믿습니다.

[중략]

• 구글은 현란하지 않은 광고로도 광고 효과를 충분히 거둘 수 있다고 생각합니다. 팝업 광고는 사용자가 콘텐츠를 보는 데 방해가 되기 때문에 허용하지 않습니다.

[중략]

• 구글은 검색 결과에서 파트너의 게재 순위를 높이는 방식으로 조작하지 않으며 돈을 받고 더 나은 페이지랭크를 팔거나 하지 않습니다. 사용자는 구글의 객관성을 신뢰할 수 있으며 구글은 단기적인 이익을 얻고자 사용자의 신뢰를 저버리는 행위를 하지 않습니다.

인터넷에서의 자발성과 집단의 힘

여러분은 신문 기사를 어떤 방법으로 읽나요?

① 지하철 무료 신문을 본다.

② 신문을 구독해서 매일 읽는다.

③ 가판대에서 제목을 보고 구입해서 읽는다.

④ 포털이나 신문사 사이트에 뜬 기사 중 흥미로운 기사를 읽는다.

이전에는 신문을 매일 구독하거나 구입해서 읽는 것이 보편적이었다. 오늘날은 네이버, 다음, 네이트 등의 포털이 사람들의 관심사와 뉴스를 결정하는 역할을 맡고 있다. 대부분 포털에 노출된 글과 뉴스를 읽기 때문이다. 포털 사이트들은 기사를 제공 받아 보여 줄 뿐이라고 한다. 언론이라

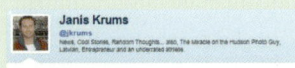

소셜 미디어를 이용해 실시간으로 정보를 기존 매체보다 더 신속하게 알릴 수 있다. 트위터를 통해 비행기 사고를 재빨리 올린 재니스 크럼스의 트위터.
출처: http://twitpic.com/135xa

면 사회적 책임이 따르기 때문이다.

메인 화면에 뜨는 기사들은 클릭수를 높일 수 있는 흥미 위주의 기사와 선정적인 글들이 대부분이다. 인기 검색어와 뉴스도 대부분 흥미를 끌 수 있는 연예 기사가 가득하고 우리 사회가 처한 정치, 경제적인 문제들은 잘 등장하지 않는다. 사회적 이슈를 말할 수 있는 공간은 점점 사라지고 있다. 포털 사이트 다음에서도 촛불 시위 사태 이후 사회적 이슈가 많은 '아고라'의 글이 메인 페이지에서 밀려나고 시사 블로거들의 글도 눈에 띄지 않게 되었다.

신문과 TV보다 더 신속하게 사건의 내막을 소상하게 전달하는 매체가 등장하였다. 일례로 2009년 1월 5일 새벽 5시 30분 US 에어웨이 1549 비행기가 뜨자마자 엔진 고장으로 허드슨강에 불시착했다. 비행기를 구조하러 출동한 페리선에는 재니스 크럼스가 타고 있었고, 스마트폰으로 사진을 찍고 트위터(@jkrums)에 올렸다. 비행기 사고 소식은 트위터에 가장 먼저 떴고, 다른 트위터 이용자들이 소식을 전파하였다. 그 외 많은 사람들이 소셜 미디어를 이용해 실시간으로 상황을 알렸다. 기존 언론사들은 나중에 이를 받아썼다.

온라인 미디어와 소셜 미디어, 스마트폰 사용이 늘어나면서 정보와 뉴스를 접하기 쉬워졌다. 그 결과 신문과 텔레비전 뉴스와 같은 전통적 언론 매체를 보는 사람도 줄어들고 뉴스에 대한 신뢰도도 낮아지고 있다. 최근 세계 여러 나라에서 신문 구독자가 줄고 신문사가 문을 닫는 경우도 있다.

정보 홍수의 시대

정보 홍수 속에서 빠른 정보 이상으로 중요한 것이 정보의 진실성을 분간하는 능력이다. 어떤 글이 근거가 있고 출처가 분명한지, 공신력이 있는 사람과 사이트인지, 그 글에 달린 댓글은 믿을 만한 것인지, 이른바 '알바(돈을 받고 의도적으로 특정 정보나 왜곡된 내용을 인터넷에 올리는 사람을 일컫는 인터넷 속어)'나 나쁜 의도를 가지고 올린 답변은 아닌지 확인하고 노출된 정보에 대해 재해석할 능력이 요구된다.

몇 년 전 인터넷을 뜨겁게 달궜던 타진요 카페는 가수 타블로의 학력 조작설을 몇 년간 강하게 주장했지만 결국 거짓으로 밝혀졌다. 가수 타블로는 활동을 하지 못해 경제적으로 어려움을 겪었고, 타진요 카페의 핵심 인물들은 실형을 선고 받았다. 정확한 정보를 구분하는 능력과 건전한 커뮤니티 활동의 중요성을 잘 보여 준 사건이었다.

개인 기기를 통해 뉴스와 정보를 소비하는 다원화된 세상이 열리고 있다. 트위터와 페이스북 등 각종 SNS 이용이 늘면서 개인이 '1인 미디어'로 진화하고 있는 것이다. 하지만 이 과정에서 잘못된 소문도 네트워크를 통해 실시간으로 퍼져나간다. 이때 정보를 생산하고 이용하는 사람들의 가치관이 중요한 역할을 한다. 온라인에서 정보를 제공하면 이에 대한 피드백을 받으며 잘못된 생각을 수정하고 외부 의견을 받아들이는 과정이 필요하다. 유용한 정보를 제공하는 사람에게 격려하고 잘못된 정보로 피해를 주는 참여자에 대해서는 공동의 대처가 필요하다.

 사람 낚는 인터넷

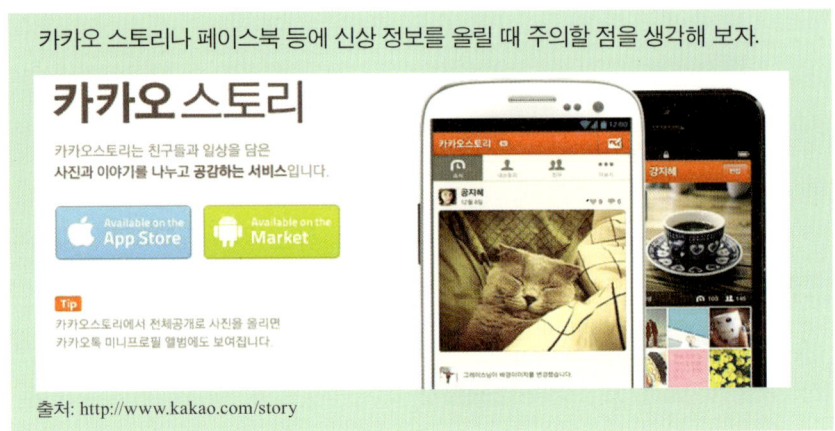

카카오 스토리나 페이스북 등에 신상 정보를 올릴 때 주의할 점을 생각해 보자.

출처: http://www.kakao.com/story

소셜 미디어를 통해 자발적으로 공개되는 개인 정보 외에도 개인 정보가 유출되는 경로는 매우 다양하다. 특히 인터넷 이벤트나 설문 행사에 당첨되었다며 개인 정보를 입력하는 것은 위험한 경우가 많다.

　가장 심각한 것은 피싱이다. 피싱*phishing*('개인 정보*private data*를 낚는다 *fishing*'는 의미의 합성어)은 전화, 메신저, 쪽지, 이메일 등을 통해 급박한 상황을 알리고, 인터넷 뱅킹 등으로 송금을 유도한다. 돈을 요구하는 경우는 본인인지, 해당 기관인지 확인하고 대표 번호로 전화를 걸어보는 것이 안전하다. 메신저 피싱을 예방하는 방법을 알아두자. 다른 미디어를 사용할 때도 참고할 만하다.

　바이러스, 해킹 등의 위험으로부터 안전을 지키려면 기본 수칙을 지킬 필요가 있다. 스마트폰과 같은 무선 인터넷 역시 기본 원칙은 유사하다.

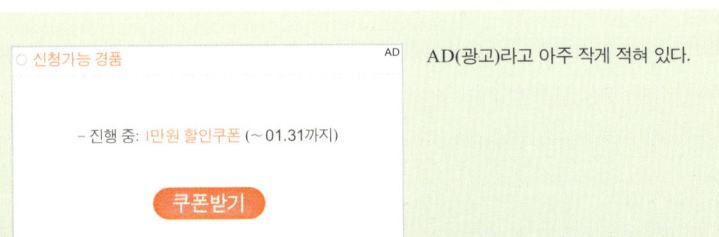

AD(광고)라고 아주 작게 적혀 있다.

◆ 메신저 피싱 방지 제5계명

1계명: 금전 요구 시 반드시 전화로 본인임을 확인하기

2계명: 메신저를 통해 휴대전화 번호, 주민번호 등 개인 정보를 알려 주지 않기

3계명: 정기적으로 메신저 비밀번호를 변경하기

4계명: 공공 장소에서 메신저 사용 자제하기

5계명: PC 보안 프로그램을 최신으로 업데이트

출처: KISA(한국인터넷진흥원)

가짜 백신에 속은 사람들도 많다. 의심스러운 프로그램을 설치하지 않으며, 신뢰하기 어려운 사이트를 방문하지 않는 것이 안전하다.

무선 공유기를 사용할 경우 보안 설정을 하지 않으면, 다른 사람이 내 무선 공유기를 무단으로 사용할 수 있고 IP를 도용할 수도 있다. 또한 노트북이나 스마트폰을 사용하지 않을 때는 무선 인터페이스를 꺼두는 것이 안전하다.

프로그램 설치 때에도 무심코 다음을 눌러 설치하지 말고 잘 살펴보자. 다음은 곰플레이어를 설치할 때 나타나는 화면이다. 스크롤바를 아래로 내려야 오른쪽의 화면처럼 따로 설치되는 항목들을 볼 수 있다.

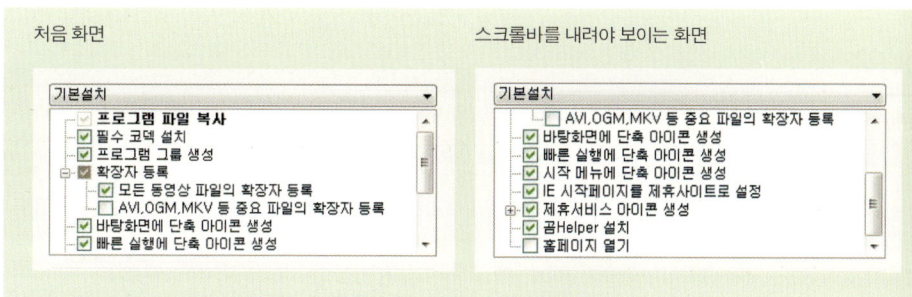

◆ 정보 보호 실천 수칙

– 윈도 보안 패치 자동 업데이트 설정하기

– 바이러스 백신 및 스파이웨어 제거 프로그램 설치하기

– 윈도 로그인 비밀번호 설정하기

– 비밀번호는 8자리 이상의 영문과 숫자로 만들고 3개월마다 변경하기

– 신뢰할 수 있는 웹사이트에서 제공하는 프로그램만 설치하기

– 인터넷에서 다운로드받은 파일은 바이러스 검사하기

– 출처가 불분명한 메일은 바로 삭제하기

– 메신저 사용 중 수신된 파일은 바이러스 검사하기

– 인터넷상에서 개인 및 금융 정보를 알려주지 않기

– 중요 문서 파일은 암호를 설정하고 백업 생활화하기

출처: KISA(한국인터넷진흥원)

아름다운 프로슈머: 생산, 유통자로서의 책임과 의무

다음은 UCC(user created content) 제작 때 주의해야 할 사항이다. 자신이 쓴 글, 찍은 사진과 동영상이 다음 사항에 문제가 되지 않는지 확인해 보자.

① 내가 만드는 UCC는 아무나 보아도 괜찮은 것인가

② 다른 사람이 만든 작품을 허락 없이 사용하지는 않았는가

③ 내가 만든 콘텐츠에 권리 표시를 했는가

④ 다른 사람의 명예나 개인 정보를 침해하는가

⑤ 허위 사실이 있지는 않는가

⑥ 사회에 나쁜 영향을 끼칠 내용을 담고 있는가

예전에는 특별한 능력이 있는 사람만 작가가 될 수 있다고 생각했다. 하지만 이제는 누구나 인터넷에 글을 올리고 블로그를 통해 자신의 글을 출판하게 되었다. 많은 사람들이 직접 찍은 사진과 영상을 공유 사이트에 올리며 즐긴다. 위키피디아처럼 협력 작업을 통해 지식을 나눌 수도 있다.

자신이 직접 쓰지 않은 글이라 해도 쉽게 공유할 수 있다. 트위터와 같은 미니 블로그의 친구(팔로워)에게 화제의 글을 알릴 수 있다. 블로그나 포털 커뮤니티 등에 올린 글을 주변 사람들에게 쉽게 전파할 수도 있다. 우리는 역사상 처음으로 누구나 정보를 생산하고 유통할 수 있는 새로운 미디어를 갖게 되었고, 속도와 전파력도 대단하다.

◆ 소셜 미디어를 잘 사용하기 위한 방법

- 문제가 있는 내용은 없는지 쓰기 전에 생각하자. 경우에 따라서는 인터넷에 올린 후에 삭제해도 이미 전파되고 사라지지 않을 수도 있다.

- 침착하게 답을 하자. 마음을 차분하게 진정한 후에 답을 해야 실수를 줄일 수 있기 때문이다.

- 비판하기 전에 이해하려고 노력해 보자. 상대방의 입장을 조금만 헤아려보는 아량을 가진다면 훨씬 성숙한 의견을 낼 수 있을 것이다.

- 자신을 자랑하고 돋보이게 하는 것보다 원래 내 모습에 정직한지 생각하자. 멋있게 표현하는 것은 좋지만 잘못된 가치관은 문제가 된다. 예를 들어 노숙자를 폭행하고, 어린 아이들을 발로 차 넘어뜨리는 영상을 올린 10대들이 있었다. 이런 영상의 조회 수가 높아지면 영향력이 커지고 관심과 인정을 받는다는 착각을 할 수 있다.

- 인터넷과 소셜 미디어에서 활동하기 귀찮지 않다면 한 가지 분야를 정해 활동해 보자. 자신의 관심 분야에서 전문가가 될 수 있다.

인터넷에서도 예절이 필요하다

우리가 블로그에 글을 쓰는 것은 일기장처럼 개인의 사적인 공간에 글을 쓰는 것인가? 아니면 모두가 보는 공적인 글인가?

블로그에 올린 글은 인터넷에서 금방 퍼질 가능성이 높다. 인터넷에서는 표현의 자유가 중요하다는 주장과 함께 익명성과 악플 논란처럼 프라이버시 침해에 대한 입장이 있다. 인터넷은 개인의 사적인 공간과 함께 사용하는 공적인 공간이 뒤섞여 있기 때문이다.

개인을 존중하면서도 자유롭게 표현하는 두 가지 입장을 만족해야 한다. 그렇기 때문에 인터넷에서도 일정한 규칙과 예의가 필요하다.

인터넷에서 사람들의 마음을 끄는 것은 신뢰와 권위이다. 거짓과 잘못된 정보로 사람들에게 주목을 받는 것은 쉽지만 그리 오래가지 않는다. 정직하고 진실되게 꾸준히 노력하고 모임을 꾸려나간다면 사회적인 영향력을 행사할 수 있다.

 기분 좋은 블로깅을 위한 5가지 습관

"블로그 저작권을 존중합니다."
내가 쓴 글을 누군가 말도 없이 퍼간다면 기분이 어떨까요? 마음에 드는 글을 발견하고 퍼가실 때는 블로그 내용의 이용을 허락했는지 여부를 알아보세요.

"본인 블로그에 남긴 좋은 덧글에는 감사의 표현을 합니다."
따뜻하게 남겨진 덧글은 기분을 참 좋게 만듭니다. 격려하는 덧글에 대해서는 감사의 덧글을, 공감하는 덧글에 대해서는 반가움의 덧글을 쓰시는 것은 어떨까요?

"생각이 다른 블로거의 의견을 존중합니다."
블로그는 다양한 사람들이 꾸며가는 1인 미디어로 많은 의견과 생각이 오가는 공간입니다. 상대방의 의견에 조금만 더 귀 기울여 주세요.

"블로거들 간에는 항상 예의를 갖춰 바른말, 고운말을 합니다."
'웃는 블로그(?)에 침 안 뱉는다!' 잘 아는 블로거라 하더라도 글을 쓰실 때는 상대방이 무례하다고 느끼지 않도록 신경을 써주세요.

"상대방이 남긴 덧글이나 트랙백을 지울 때는 이유를 밝힙니다."
누군가의 덧글이나 관련 글을 지워야 한다면 왜 그 덧글을 지워야 했는지를 이야기해주세요. 내 마음도 편해지고 덧글을 남겼던 상대방의 마음도 움직일 수 있을 것입니다.

이글루스(www.egloos.com)가 제안한 블로그 예절 캠페인.

인터넷을 통한 나눔과 공유

리눅스 프로그램 개발과 세계적인 백과사전인 '위키피디아'(www.wikipedia.org) 작업에 참여한 사람들이 받은 대가는?

① 고급 스포츠카 경품 ② 두둑한 수당 ③ 지식을 나누고 세상을 바꾼다는 자부심

우리나라 컴퓨터에 깔려 있는 운영 체제는 지금도 대부분 MS(마이크로소프트)의 윈도Window이다. 1990년대 중반 MS가 PC 시장에 이어 인터넷마저 지배하려 했을 때 리누스 토발즈Linus Torvalds는 리눅스 소스를 공개하며 참여를 독려했다. 독점은 발전을 막으므로 소스를 공개해 함께 개발할 때 진정한 소프트웨어의 발전이 가능하다는 주장이다. 독점적인 윈도에 대항해 수백만 명의 사람들은 별다른 보상도 없이 자발적으로 작업에 참여했다. 현재 스마트폰의 운영 체제로 널리 사용되는 '안드로이드' 역시 리눅스에 기반하고 있다.

　'위키피디아(이하 위키)' 역시 자발적으로 참여한 사람들의 노력으로 성장해 왔다. 대표인 지미 웨일스Jimmy Wales는 위키를 통해 가난한 나라 아이들도 무료로 좋은 정보를 통해 교육을 받을 수 있고, 그것이 꿈과 희망을 심어 줄 수 있다고 말했다. 위키의 내용을 수정하기 위해서는 자격 조건이 없다. 누구라도 참여할 수 있기에 가장 최신의 자료가 탑재되며, 좋은 일이라고 생각했기 때문에 많은 사람들이 함께했다. 위키 초창기에 세계에서 가장 권위 있는 사전인 《브리태니커》와 비교한 연구가 있었다. 당시에도 정확도에서 차이가 거의 없었다. 결국 소수의 전문가와 편집진이 만든 브리태니커는 몰락한 반면, 인터넷 시대의 백과 사전인 위키는 최신의 내용을 제공하며 다루는 주제와 항목 간 링크 등도 더 충실하다. 우리 앞에는 자신의 지식과 재능을 나누고 세상에 좋은 영향력을 끼칠 수 있

Social Venture Lab Network

착한 사회적 기업을 위한
"착한 홍보 프로젝트!"

사회적 기업을 하는 데 필요한 컨설팅
과 교육을 제공하는 소셜벤처랩. (http://
www.svl.kr)

는 가능성이 열려 있다. 바로 인터넷을 통해 쉽게 나눔과 공유를 할 수 있는 세상이 되었기 때문이다.

소셜벤처랩Social Venture Lab은 서울형 사회적 기업 헤드플로가 만든 사회적 기업 교육/컨설팅 브랜드이다. 사회적 기업을 하는 데 필요한 컨설팅과 교육을 제공하고 네트워크를 쉽게 할 수 있도록 돕는다. 비싼 광고를 하지 않고도 소셜 미디어를 이용해 홍보할 수 있게 되었다. 이제는 홍보 전문가가 아니어도 사회에 도움이 되는 역할을 하기 쉬워졌다. 대가 없이 시골에서 농사짓는 모습을 사진으로 찍어 도시 소비자들에게 홍보하고 연결해 주는 일도 가능해진 것이다.

1인 미디어 블로거가 뉴스에 나오지 않는 집회와 사건 현장을 스마트폰으로 찍어 자신의 관점으로 블로그에 영상을 올리는 시대이다. 1인 저널리즘으로 사회의 감시자가 되는 것이다. NGO나 시민 단체를 통해 세상을 움직이는 일을 할 수도 있다. 예를 들어 민간 사이버 외교 단체인 '반크'를 통해서는 국제 활동을 할 수 있다. 이 단체는 해외 펜팔 사이트로 시작했는데, 우리나라에 대해 잘못 알려진 정보(독도, 동해 문제처럼 국제 사회에서 잘못 알고 있는 사항)를 보고 수정하여 널리 알리는 일을 하고 있다. 또 다른 예로 2005년 제주도 서귀포시의 한 시민 단체가 결식 아동에게 주는 부실 도시락의 개선을 촉구하는 성명서와 함께 서귀포시와 제주도기자협회 홈페이지에 2500원짜리 도시락 사진을 올린 적이 있다. 이 사건은 대대적으로 보도되었고 전국적인 관심거리가 됐다. 만약 시민 단체가 이 사건에 대해 발언하지 않았다면 결식 아동들은 똑같은 대우를 받았을 것이다.

한 발만 내딛으면 우리는 지구촌 친구들을 사귀고, 올바른 정보를 제공하면서 사이버 민간 외교관 역할까지 할 수 있는 시대에 살고 있다.

명강의를 들을 수 있는 사이트

TED

www.ted.com

전 세계적으로 지식 나눔 콘서트를 유행시킨 TED는 Technology, Entertainment, Design의 약자로 1984년 창립된 비영리 재단이다. 세상을 바꿀 아이디어를 퍼트린다는 목표로 기술, 오락, 디자인과 관련된 강연회를 정기적으로 개최하며 명강의를 인터넷에 무료로 공개하고 있다. 영어 강의이지만 TED 공개 번역 프로젝트에 자발적으로 참여한 많은 이들의 노력으로 대부분 번역이 되어 있다. 상단의 Translations에서 KOREAN을 선택하면 한글 자막과 함께 강연을 볼 수 있다.

세바시(세상을 바꾸는 15분)

http://www.cbs.co.kr/tv/pgm/cbs15min/

미니 프리젠테이션 강연 프로그램인 세바시에는 국내 유명인들의 강연이 가득하다. 매월 격주 월요일에 무료 시민강좌로 진행되며 TV로 중계하고 있다. CBS 방송 홈페이지나 유튜브 채널(http://www.youtube.com/user/cbs15min)을 통해서도 쉽게 접할 수 있다.

KOCW

KOCW는 Korea Open CourseWare의 약자로, KERIS(한국교육학술정보원)에서 운영하고 있다. 국내 대학 강의뿐 아니라 해외 강의 자료도 풍부하다. 다양한 분야의 전문 지식을 얻고 싶다면 이곳을 이용해 보자.

9

뉴 미디어

현대 사회는 1인용 모바일 시대로 변화하고 있다. 인터넷, 컴퓨터, 그리고 휴대전화가 국내에 도입된 지 얼마 되지 않았지만, 벌써 많은 미디어들이 1인용 모바일 안에 모두 통합되어 가고 있다. 2010년을 기점으로 스마트폰이 대중화되면서 우리 삶은 크게 변화하였고, 그 변화의 정도는 혁명이라 할 만하다. 그러나 이런 변화의 소용돌이 속에서 새로운 모바일을 '어떻게 활용할까?'에 대한 교육은 전혀 이루어지고 있지 않다. 이 장에서는 우리 삶에서 필수품으로 등장한 스마트폰을 중심으로 모바일 사용에 대해서 생각해 보도록 하자.

◀ 출처: http://pixabay.com

외국인에게는 핸드폰이 없다?

핸드폰은 우리나라에서만 사용되는 한국식 영어 표현이다. 핸드폰의 정확한 명칭은 모바일폰*mobile phone*, 또는 셀룰러폰*cellular phone*이다. 그래서 '핸드폰'이라고 하면 외국인들은 이해를 못한다. 최근에는 '휴대전화' 또는 '손전화'라는 말로도 불린다.

휴대전화는 대표적인 '뉴 미디어'다. 특히 스마트폰이 대중화되면서 모든 미디어가 스마트폰으로 통합되고 있다. 이제 스마트폰 하나만 있으면 전자 사전이나 MP3를 가지고 다닐 필요가 없다. 컴퓨터에서 할 수 있는 대부분의 기능들도 스마트폰에서 가능하다. 심지어 컴퓨터가 전혀 갖지 못했던 기능들도 스마트폰은 가능하게 해준다. 이처럼 '만능'인 스마트폰도 처음엔 아주 두꺼운 카폰에서 시작했다. 카폰에서 무전기만큼 큰 휴대전화로 바뀌더니 조금씩 더 작게 만들어지면서 플립형, 폴더형, 슬라이드형 터치형 등으로 바뀌는 과정을 거쳐 지금의 스마트폰이 탄생하였다.

PDA 같은 소형 PC에 전화 기능을 탑재한 여러 스마트폰이 개발되었으나 높은 가격과 많은 제약으로 널리 이용되지는 않았다. 스마트폰 시대를 본격적으로 연 것은 애플사의 아이폰이다. 아이폰을 손가락 터치만으

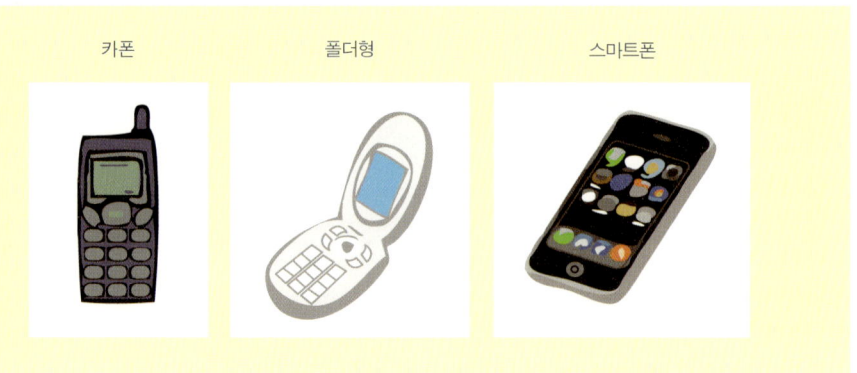

카폰   폴더형   스마트폰

스마트폰과 지내는 하루.

로 화면 확대와 축소가 되는 멀티 터치가 지원되는 등 사용자 인터페이스 *User Interface*에서 많은 혁신을 이루어 스마트폰이 대중화하는 데 크게 기여했다. 또 개인이 애플리케이션*application*이라는 스마트폰용 프로그램들을 개발하여 인터넷 장터(앱스토어)에 올려놓으면 이를 다운받아 실행하는 획기적인 방식을 도입하여 많은 호응을 얻었다. 스마트폰의 발전 속도는 눈부실 정도로 빠르다. 앞으론 외국에 나가서 외국인을 만나도 걱정이 없어질 것이다. 스마트폰만 있으면 언제든 외국인과 동시 통역이 가능해지기 때문이다. 어려운 수학 문제도 스마트폰 카메라로 찍으면 풀이 과정과 정답을 한눈에 볼 수 있다. 모르는 것이 있으면 스마트폰에게 물어 보면 모든 것을 알려주는 새로운 시대가 펼쳐질 것이다.

지금 우리가 가진 스마트폰을 얼마나 지혜롭게 사용하느냐가 중요하다. 우리의 사용 환경에 따라 스마트폰의 미래가 바뀔 수 있기 때문이다.

 모바일의 정의

모바일*mobile*은 '이동식의' 또는 '이동하는'이라는 말로 일반적으로 손에 가지고 다닐 수 있는 개인 단말기를 말한다.

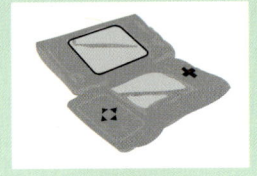
닌텐도 DS

MP4 플레이어

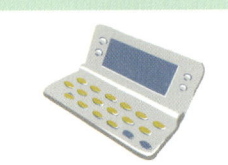
전자사전

모바일의 두 가지 중요한 조건은 휴대가 쉬워야 한다는 점과 단말기의 기능을 가져야 한다는 점이다. 단말기는 디지털 전자 기기 중 자료를 입력하거나 볼 수 있는 것 또는 자료를 보내거나 받는 기능을 갖춘 것을 말한다. 따라서 아무리 휴대성이 좋아도 볼펜이나 수첩 같은 것은 모바일이라고 할 수 없다.

모바일의 특징을 정리하면 다음과 같다.

첫째, 휴대가 가능하다. 휴대가 가능해지기 위해서 전자 제품의 크기는 더 작아지고 무게도 가벼워졌다. 휴대가 가능해지면 언제 어디서나 쉽게 이용할 수 있고 사용 빈도가 높아진다.

둘째, 1인용 미디어다. 모바일은 같이 보고 같이 사용하는 것이 아니다. 제약을 적게 받기 때문에 사용 시간이 늘고, 스스로 설치하고 싶은 앱은 언제든지 설치하며, 비밀스러운 내용을 마음껏 즐길 수도 있다.

모바일의 최대 단점은 기기의 크기가 작아서 입력 장치가 불편하다는 점이다. 그래서 최근에는 접는 키보드, 고무로 만들어져 말아서 가지고

<table>
<tr><td>접는 키보드</td><td>말 수 있는 키보드</td></tr>
</table>

다니는 키보드, 말로 인식하는 음성 장치 등 다양한 키보드 상품과 프로그램들이 인기를 얻고 있다.

 ## 무엇에 쓰인 물건인고

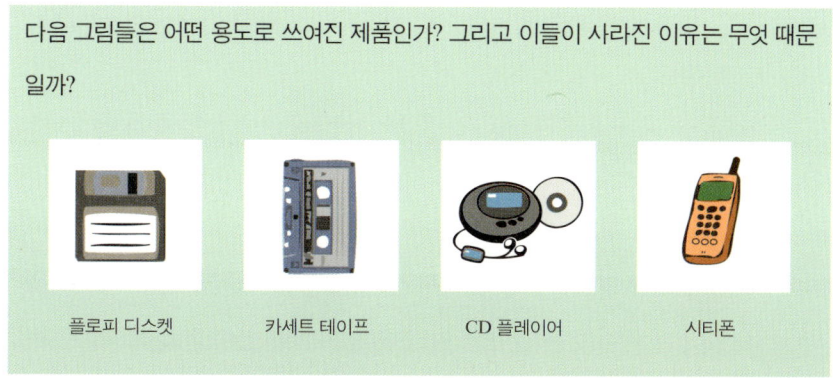

다음 그림들은 어떤 용도로 쓰여진 제품인가? 그리고 이들이 사라진 이유는 무엇 때문일까?

플로피 디스켓	카세트 테이프	CD 플레이어	시티폰

모바일의 등장은 새로운 삶의 양식을 제공하였다. 그러나 다른 한편으로는 기존의 기기나 사물들의 사용을 쇠퇴하게 만들었다. 현재 우리가 사용하는 모바일 기기들이 탄생하기 전에는 어떤 기기들을 사용하며 생활

- **무선 호출기**: 무선 호출기(일명 삐삐)는 1990년대 대표적인 1인용 미디어였다. 무선 호출기는 작고 가벼워 허리띠에 차고 다니거나 주머니나 핸드백 속에 넣을 수 있었다. 상대방이 전화를 걸어 호출기 번호를 누르고 자신의 전화번호를 남기거나 음성 메시지를 남겼다. 그러면 무선 호출기의 액정 화면에 상대방의 전화번호가 뜨거나 사서함에 녹음된 음성 메시지가 있음을 확인할 수 있었다. 무선 호출기의 액정 화면은 전화번호만 남길 수 있었기 때문에 당시 연인들끼리는 전화번호를 문자처럼 만들어 메시지를 주고 받았다.

- **시티폰**: 무선 호출기가 유행하던 1990년대엔 공중전화 앞에 사람들이 줄을 지어 서는 모습을 쉽게 볼 수 있었다. 무선 호출기에 음성이 오면 자기 호출기 번호로 전화를 걸어서 음성을 확인하거나 상대방의 전화번호가 남겨지기 때문이다. 그래서 공중전화에서 줄을 기다릴 필요없이 바로 전화를 걸 수 있는 휴대전화가 만들어졌는데, 이것이 바로 시티폰이었다. 시티폰은 전화를 받는 것은 안되고 전화를 걸 수만 있었다. 그래서 당시 일부 사람들은 무선 호출기와 시티폰을 둘 다 가지고 있었다. 그러나 시티폰은 보급된 지 얼마 되지 않아 휴대전화가 대중화되면서 조용히 사라졌다.

했을지 생각해 보자.

카세트 플레이어나 휴대용 CD 플레이어는 우리 부모님들이 청소년일 때는 최신 유행이었으며 누구나 갖고 싶어 하는 물건이었다. 이들 플레이어는 MP3 플레이어가 등장하면서 점차 사라져갔다. 그러나 MP3 플레이어 역시 스마트폰으로 인해 이제 점점 사용자가 줄어들고 있다. 이처럼 새로운 미디어가 출현하면 과거의 미디어가 썰물처럼 사라지고 새로운 미디어들이 그 자리를 차지한다.

사회의 변화와 기술의 진보가 커질수록 미디어의 변화 속도는 더욱 빨라지고 있다. 앞으로 스마트폰을 사라지게 할 미디어는 어떤 모습일지 상상해 보자.

# 호모 모빌리스

정답은 없다. 모두 스마트폰으로 가능한 내용이다. 스마트폰은 상상하면 모든 것을 만들 수 있다는 이야기가 있을 정도로 다양한 애플리케이션이 존재한다. 혈압계 애플리케이션을 다운 받아 카메라에 손을 비추고 있으면 혈압이 측정되면서 연속적으로 혈압을 관리해 주는 역할을 한다. 모기를 쫓아 주는 애플리케이션은 모기가 싫어하는 소리를 이용하였다. 이 외에도 명함을 스캔하면 명함 속의 모든 정보들이 글자화되어 저장되는 애플리케이션, 하늘의 별자리와 별을 향해 스마트폰을 위치시키면 그 천체

사진으로 전시된 가상 스토어

가상 스토어에서 구매 중

의 이름을 알려주는 애플리케이션 등 상상을 초월하는 애플리케이션들이 이 시간에도 수없이 개발되고 있다.

애플리케이션의 발달로 인해 스마트폰은 만능 도구처럼 활용되고 있다. '호모 모빌리스*Homo Mobilis* 시대'가 도래하고 있다. 이제 어디를 갈 때 길을 물을 필요도 없고, 명함 대신 스마트폰 애플리케이션을 통해 서로의 정보를 주고받는 시대가 되었다. 일정을 관리해 주는 것은 물론, 언제 어디서나 인터넷 정보들을 확인할 수 있다. 내가 기다리는 버스가 어디쯤 오는지도 확인 가능하며, 가상의 마트에서 원하는 식품의 사진을 찍으면, 집으로 돌아오는 도중 물건이 배달된다. 이처럼 스마트폰은 없어서는 안 될 우리 삶의 일부분이 되어 가고 있다.

◆ 스마트폰의 획기적인 기술 발전 두 가지

– 음성을 글자로 변환시키는 기술: 음성을 글자로 인식하는 기술은 이제 글자 입력 자판의 사용을 점점 줄여나갈 것이다. 키보드를 치는 것보다 말하는 것이 훨씬 빠르고 간편하기 때문이다. 둘째로 외국어에서 많이 활용될 것이다. 외국인의 말을 우리말로 실시간 번역해 동시 통역이 가능해진다. 이제 영어를 못해도 해외에서 마음 놓고 지낼 수 있는 환경이 조성되었다.

– 그림을 글자로 변환시키는 기술: 과거에는 그림이 글자로 인식되지 못하고 그림으로만 인식되었다. 그래서 그림 속의 문자는 글자로 저장되지 못했다. 그러나 그림 속 문자가 글자로 인식되면서 글자를 바꾸어 저장하는 것도 가능해졌다. 명함을 카메라로 이용해 사진 찍으면 명함 속 이름, 주소, 전화번호 등이 글자로 정렬되어 내 주소록에 등록된다. 또 과거에 불가능했던 PDF 파일도 한글 파일로 불러와 마음대로 수정이 가능해졌다. 외국어로 된 표지판이나 외국책도 사진을 찍으면 우리말로 번역되는 것이나 수학 문제를 사진으로 찍으면 풀이 과정과 답이 나오는 것도 이 기술 덕택이다. 음악 악보도 카메라로 찍으면 음악 멜로디가 나오는 것도 가능하다.

모바일 콘텐츠를 찾아라!

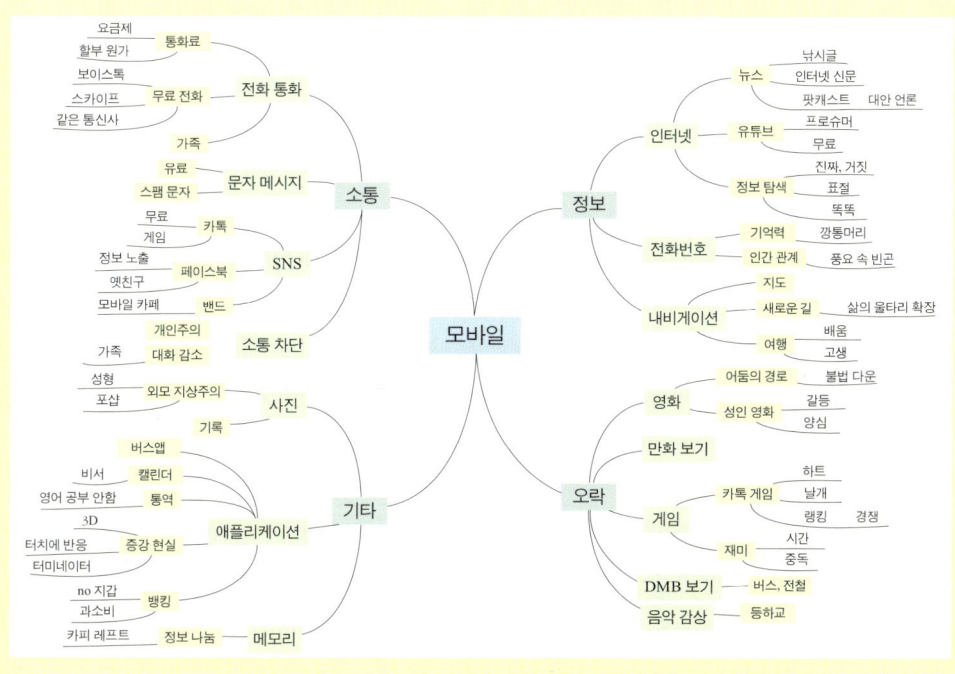

모바일은 소통의 도구다. 전화 통화로, 문자 메시지로 그리고 최근에는 SNS를 통해서 실시간 자신의 삶을 나누고 공유한다. 소통의 통로는 기술 개발로 인해서 더욱 새로운 양상으로 나타난다. 단순한 통화에서 지금은 영상 통화가 가능해졌고, 소셜 미디어*social media*도 싸이월드나 페이스북을 사용하다가 최근에는 '카카오톡,' '라인'과 같은 스마트폰을 기반으로 하는 서비스로 유행이 바뀌고 있다.

모바일은 이제 개인의 생활을 관리해 주는 똑똑한 비서 역할을 수행

할 수 있는 단계에 접어들었다. 일정을 입력하면 원하는 시간에 미리 알려 주고, 모르는 것을 말로 물어도 답해 준다. 자기가 서 있는 곳에서 원하는 장소를 찾아가는 경로도 쉽게 알 수 있다.

모바일은 친구다. 친구를 기다리는 시간에 스마트폰과 함께 있으면 친구가 늦어도 심심하지가 않다. 영화는 물론 만화 보기, 텔레비전, 음악 감상 모든 것이 가능하다. 따라서 모바일은 이제 필수품이 되었고, 스마트폰을 놓고 오면 괜히 불안해진다. 모바일의 기능은 다양하지만, 사용자가 어떤 용도로 어떻게 사용하느냐에 따라 다른 역할을 하는 도구가 될 것이다.

모바일이 삶을 바꾸다: 기억에서 검색으로

독수리 다방(일명 독다방)은 신촌에서 아주 유명한 만남의 장소였다. 영화와 소설에도 등장할 정도로 신촌의 문화 아이콘이었던 독다방은 1층에 메시지를 남기는 공간이 있었다. 사람들은 이곳에 모임 장소나 시간을 적어 다른 사람들에게 알렸다. 친구들과 급한 용무가 있어 꼭 연락을 취해야 하는 사람에게 이곳은 안성맞춤이었다. 휴대전화를 비롯한 개인용 모바일 기기가 대중화되기 전에는 미리미리 약속하고 기억해야 했다. 때로 약속을 취소할 때는 약속 장소에 메모를 남겨 상대에게 전달될 수 있게 하기도 했다. 대학가에는 그런 메모를 붙일 수 있게 메모판을 붙여 놓은 공간이 많았다. 모바일이 발달된 지금은 쪽지나 메모지를 남겨서 연락을 취할 필요 없이 곧바로 휴대전화로 통화를 할 수 있다. 휴대전화 문화는 기존의 생활 문화와 생활 양식들을 점점 바꾸어 놓았다.

모바일이 우리 삶에 미친 가장 큰 영향들은 무엇일까?

	모바일 이전	모바일 이후
정보의 개념	기억, 암기	검색, 찾기
컴퓨터, 전화의 소유 양식	가족의 것	개인의 것

먼저 정보의 개념이 모바일 이전에는 기억하고 암기하는 것에서 이제는 검색하고 찾는 것으로 변화하였다. 손 안에 백과사전을 가지고 있기 때문에 정보를 애써서 외울 필요가 없어졌다. 점점 사람들은 기억하거나 외울 필요를 못 느끼게 된다. 결국 이런 태도는 자동차를 운전할 때 내비게이션이 없으면 운전 못하는 사람처럼 기기 의존도가 높은 사람들이 증가하게끔 만들었다.

모바일은 컴퓨터나 전화의 소유 개념도 바꾸었다. 이전에 컴퓨터나 전화는 가족의 것이었다. 그러나 스마트폰이 발달한 요즘에는 개인의 것으로 인식된다. 그래서 더욱 은밀하고 개인적인 용도의 사용이 증가하였다. 때로는 남이 안 본다는 생각에 건전하지 못한 사용 습관도 나타난다. 따라서 모바일 문화는 개인의 양심과 윤리 의식의 중요성이 더욱 커진다. 의식이 따라가지 못한 상태로 모바일 사용이 늘어날수록 많은 문제점이 생긴다.

모바일이 우리의 삶에서 차지하는 비중은 시간이 갈수록 더 늘어갈 것이다. 단순하게 전화의 기능만 담당하던 것에서 24시간 항상 필요한 매체로 변화하면서 그 영향력은 더 커질 것이다. 따라서 모바일이 우리 삶에서 어떤 존재이고 어떻게 변화되는지를 제대로 이해하고, 그 효과적인 활용 방법에 대해서 진지하게 고민해 볼 시점이 되었다.

모바일과 상업성

우리나라에서는 공짜로 주는 휴대전화가 많다. 한 대에 몇십만 원을 호가하는 휴대전화가 공짜인 이유는 무엇일까?

① 착한 통신 회사들이 전 국민들에게 봉사하려는 마음 때문

② 통신 강국을 위해서 정부에서 국민의 세금으로 대신 지불하기 때문

③ 휴대전화 기계값보다 통화 요금과 부가세로 훨씬 많은 이익을 거두기 때문

휴대전화를 구입할 때 공짜라고 하지만 실제 공짜로 그냥 주는 곳은 한 곳도 없다. 대신 가입하면서 다양한 가입 조건을 지킬 때에만 할인 혜택을 준다. 이 조건을 지키지 않으면 위약금을 내도록 하는 징벌성 엄포는 필수적이다. 이는 휴대전화의 주 수입에서 기계 가격보다 매달 내는 요금이 차지하는 비율이 훨씬 크기 때문이다.

우리나라의 통화 요금은 2004년에 세계 10위권이었으나 2008년부터 세계 1위를 기록하게 되었다. 즉 세계에서 가장 비싼 통화료를 지불하면서 통화를 하고 있는 것이다. 한 달 동안 전화 한 통 하지 않고도 1만 원이 넘는 통화 요금을 내야 하는 기본 통화료 제도는 세계적으로도 보기 드물다. 거기에 여러 가지 다양한 부가세는 휴대폰 요금을 올리는 수단으로 활용되고 있다. 최근에는 스마트폰을 구입할 때 다양한 할인 혜택을 주는 대신 정액제 요금을 가입하도록 유도하고 있다. 4만 원대에서 7만 원대까지 의무적으로 사용하게 함으로써 매달 가족이 내는 통신 요금이 총 20~30만 원에 달하는 가정이 늘고 있다.

 증강 현실

증강 현실은 3차원의 입체 영상에 정보가 포함된 것을 말한다. 영화 속 터미네이터가 사람을 보면 키나 몸무게 등의 정보가 화면에 같이 보이는 것이 대표적인 증강 현실 화면이다. 우주선을 탄 조종사의 눈에 보이는 사물과 사물에 대한 정보도 증강 현실이다. 증강 현실은 앞으로 우리 삶을 엄청나게 변화시킬 것으로 예상된다. 교육은 물론 게임이나 광고 등 사회와 산업 전반에 걸쳐 다양하게 증강 현실이 도입될 예정이고, 구글에서는 이제 안경 하나로 모든 모바일을 대체하기 위한 연구를 진행하고 있다.

최근에는 증강 현실을 이용한 광고도 증가했다. 스마트폰의 증강 현실 버튼을 누르면 카메라 렌즈를 통해 주위 배경이 모니터에 나타난다. 모니터 안을 살펴보면 화면 가운데 곤충을 잡는 포충망이 있고, 가상의 나비나 벌 등의 곤충이 주위를 돌아다니는 모습을 확인할 수 있다. 이때 스마트폰을 움직여서 날아다니는 곤충을 포충망 위로 오게 한 후 스마트폰을 낚아채면 곤충이 포충망 속으로 들어가며 나의 채집 폴더에 들어오는 게임을 즐길 수 있다. 이때 곤충에 관련된 다양한 정보가 나타나면서 곤충에 관련된 학습이 이루어진다. 더불어 곤충이 포획되면서 내가 서있는 주위 상점의 할인 쿠폰이 함께 나타난다. 사실 곤충은 주위에 있는 상점에서 발행한 것이다. 그래서 곤충을 한 번 더 '터치'하면 쿠폰을 사용할 수 있는 상점의 위치와 전화번호 등이 나타난다. 여기서 끝나는 것이 아니다. 내 폴더 안에 있는 곤충들을 다른 친구들과 서로 교환하면서 수집을 할 수 있는 것이다. 새 시리즈, 나비 시리즈 등 시리즈가 다 모아지면 또 다른 선물이 기다리고 있다. 따라서 친구들과 교환하는 재미도 즐길 수 있다.

우주선 조종사의 눈에 비친 증강 현실.
영화 〈터미네이터〉의 한 장면.

증강 현실을 생활에 활용하도록 만들어진 애플리케이션 오브제 광고 중 스마트폰을 통한 증강 현실.

기존의 할인 쿠폰은 내가 있는 곳에서 멀리 있기 때문에 활용 가능성이 낮았다. 스마트폰은 이런 단점을 모두 극복할 수 있다. 식사를 위해서는 식사 쿠폰 버튼을 눌러서 식당에서 발행된 쿠폰을 잡는 게임을 즐기면 된다. 옷을 사기 위해서는 옷 쿠폰 버튼을 눌러서 주위 상점에서 발행된 쿠폰을 찾는다. 내가 원했던 상품의 할인 쿠폰이기 때문에 실제로 사용할 가능성이 매우 높다. 지금까지의 예는 스마트폰의 극히 일부 애플리케이션이다. 시간이 갈수록 스마트폰의 마케팅 방법은 우리가 상상하지 못하는 단계를 뛰어넘을 가능성이 매우 크다.

증강 현실을 이용한 교육은 교실이라는 환경과 시간적 제약을 뛰어넘는다. 그동안 교실에서 텔레비전은 2차원의 일방적인 모습만 보여 주었다. 그러나 증강 현실을 통한 교육 도구들은 3차원의 모습으로 우리가 방향을 마음대로 바꾸어 볼 수 있다. 여기에 우리가 손가락의 터치를 통해서 마음대로 조작이 가능하다. 예를 들어 공룡 그림책을 스마트폰 카메라를 통해 비추면 입체적인 영상이 나타나고 공룡알을 톡톡 건드리면 알이 부화한다. 소리나 빛의 방향을 바꿔 주면 공룡이 이것에 반응한다. 지금까지의 일방적인 화면만 보던 것에서 직접 실험적인 조작이 가능해진 것이다. 게임도 이제는 손가락으로만 즐기는 것이 아니라 온몸의 움직임에 반응하며 3차원의 영상을 통해 즐길 수 있다.

증강 현실의 연구는 아직 초기 단계이다. 앞으로 기술이 발달하게 되면 우리 삶에 더욱 큰 변화를 가져올 것이다. 모든 기술이 그러하듯 증강 현실도 꼭 좋은 쪽으로 이용되는 것만은 아니다. 증강 현실을 활용할 때

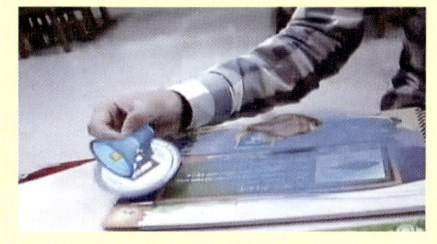

증강 현실 속에서 물고기가 떠다니는 것을 볼 수 있다.
오브제 광고 장면.

장단점이 무엇인지 생각해 보고 지혜롭게 활용해야 할 것이다.

나의 휴대 전화 소비 습관

새로운 휴대전화가 빠르게 쏟아져 나온다.

해가 다르게 새로운 기능의 휴대전화 제품이 늘어간다. 1년만 지나도 구식이 되기 때문에 새로운 제품으로 교체하고 싶은 욕심이 생긴다. 그러나 새로운 휴대전화로 교체해도 금세 불만족스럽다. 조금 있으면 또 새로운 제품들이 등장하기 때문이다. 휴대전화는 유행을 따라가기보다 자신에게 맞게 효과적으로 사용하는 습관을 갖는 것이 중요하다.

합리적인 휴대전화 사용을 위해서는 다양한 요금 제도 중에서 자신에게 적합한 것을 선택해야 한다. 자신의 사용 습관에 맞춰 합리적인 상품을 선택하는 것이 중요하다. 특히 스마트폰의 데이터 요금과 휴대전화를 이용한 다양한 결제 시스템은 잘못 사용하면 자신도 모르게 엄청난 요금 폭탄을 맞을 수 있다는 점을 명심해야 한다. 스마트폰을 사용할 땐 집에 무선 공유기를 설치하면 집 안에서 와이파이를 무제한으로 쓸 수 있다. 이 때문에 유료인 데이터 사용을 줄일 수 있어 비싼 정액제 요금을 쓰지 않아도 된다. 밖에서 활동이 많은 사람은 '에그'를 이용하면 데이터를 값싸게 이용할 수도 있다. 이처럼 조금만 관심을 가지면 스마트폰 비용을 줄일 수 있는 여러 방법이 있다. 더불어 새로운 휴대전화를 구입했을 때 새로운 기능과 주의 사항들을 꼼꼼하게 읽어 보는 것도 휴대전화를 지혜롭게 사용하는 방법이 된다.

◆ 피처폰과 스마트폰의 차이

– 피처폰: 피처폰은 전화기의 기능만 특화된 휴대전화를 가리키는 말로 일반적으로 스마트폰이 아닌 휴대전화를 피처폰이라 생각하면 된다.

– 스마트폰: 휴대전화와 PDA의 기능들이 합쳐진 전화를 말한다. 그러나 PDA는 전화와 PC 기능이 각각 독립된 운영 체제를 가지고 있는데 비해서 스마트폰은 하나의 운영 체제 아래서 전화와 PC가 구현된다. 운영 체제(OS)는 대표적으로 애플에서 사용되는 iOS, 구글에서 만들어 무료로 배포된 안드로이드, 마이크로소프트에서 만든 WINDOW, 그리고 삼성, 노키아, 림 등에서 독자적으로 만든 운영 체제가 있다. 그러나 우리나라에서 보급되는 스마트폰에는 안드로이드가 대부분 이용된다. 특히 국내에서 제작되는 대부분의 스마트폰은 안드로이드다.

◆ 안드로이드의 버전: 안드로이드는 운영 체제를 간식 이름으로 지었다.

애플파이(안드로이드1.0, 2008.9) → 바나나브레드(안드로이드1.1, 2009.2) → 컵케이크(안드로이드1.5, 2009.5) → 도넛(안드로이드1.6, 2009.10) → 이클레어(안드로이드2.1, 2010.1) → 프로요(안드로이드2.2, 2010.5) → 진저브레드(안드로이드2.3, 2010.12) → 허니콤(안드로이드3.0(태블릿 버전), 2011.2) → 아이스크림샌드위치(안드로이드4.0, 2011.10) → 젤리빈(안드로이드4.1, 2012.11)

◆ 휴대전화의 1G, 2G, 3G, 4G

원래 휴대전화의 G는 세대라는 의미의 Generation의 첫 글자로, 통신 속도와 데이터 범위를 구분하여 나타냈다. 이 두 가지가 얼마나 빠르고 많은가에 따라 구분하던 방식이다. 이때 통신 속도와 데이터 범위에 따라서 각각의 특징적인 양상이 전개되었는데, 사람들은 다음과 같은 방식으로 휴대전화의 세대를 구분한다.

– 1G: 아날로그 방식, 데이터 전송이 불가능

– 2G: 디지털 방식, LCD 창에 숫자와 문자가 가능해짐 → 문자 메시지 가능

– 3G: 영상 통화

– 4G(LTE): 3G 통신보다 더 많은 데이터를 빠르게 주고받을 수 있음.

◆ 웹과 앱

– 웹: 웹*web*은 보통 WWW(World Wide Web)를 줄임말로 많이 사용된다. 사실 인터넷을 사용하기 위한 네트워크 통신망 중 하나이지만 가장 많이 쓰이기 때문에 인터넷 서비스의 대명사처럼 되었다. 최근에는 '앱'이 등장하면서 PC에서 구동되는 인터넷을 '웹'으로 부르기도 한다.

– 앱: 애플리케이션의 약자로 사용되며, '응용 프로그램'을 뜻한다. 그러나 최근 앱 또는 어플이라는 말은 스마트폰에서 사용되는 프로그램을 이야기할 때 많이 사용되면서 스마트폰 프로그램을 부르는 대표적인 단어로 부각되었다.

🐌 다양한 모바일 활용법

모바일을 꼭 정해진 사용 방법대로만 사용할 수 있는 것은 아니다. 때로는 모바일의 기능을 무시하고 엉뚱하게 활용하는 사람도 있다. 어떤 사람은 스마트폰을 진동 안마기로 쓰고, 어떤 사람은 스마트폰을 난로나 부채

로, 어떤 사람은 스마트폰을 볼링공으로 활용하여 페트병를 쓰러뜨리는 게임을 한다. 저렴해진 중고 아이패드를 활용하여 집안의 디지털 액자로 사용하는 가정도 있다.

이런 사용 방법에 대해서 어떤 이들은 웃고 말지만 사실 우리가 미디어 기기를 꼭 정해진 매뉴얼로만 사용하는 것이야말로 제대로 활용하지 못하는 것일 수 있다. 미디어 기기의 목적은 우리 삶에서 편리하게 활용하는 것이다. 그럼에도 어느 순간부터 미디어 기기의 사용이 정형화되어 가고 있다. 그리고 우리 삶도 점점 정형화된다. 모바일을 사용하는 것은 결국 우리이다. 모바일에 의해서 우리 삶이 변화하는 것보다 우리가 모바일을 어떻게 활용하느냐에 따라 우리 삶을 능동적으로 변화시킬 수 있는 태도가 중요하다.

◆ 모바일을 이용한 게임

휴대전화의 다양한 기능을 활용한 게임을 만들고, 매뉴얼을 만들어 보자.

예시) 휴대전화 폭탄

- 모둠원이 둥글게 둘러 앉는다.

- 휴대전화 알람을 3분 뒤에 울리도록 한다.

- 앞으로 이야기할 주제를 정한다.

- 휴대전화를 가진 사람이 주제와 관련된 단어를 말한 후 휴대전화를 옆사람에게 전해 준다.

- 휴대전화를 받은 사람은 앞사람이 말한 단어와 또 다른 단어를 순서대로 말하고, 다음 사람에게 휴대전화를 넘긴다.

- 이런 방법으로 시계 방향으로 돌다가 자기 차례에서 휴대전화의 알람이 울리면 걸리게 된다.

1인 미디어는 지킬과 하이드인가

다음 표는 모바일의 양면성을 정리한 것이다. 빈 칸에 자신이 생각하는 모바일의 장단점을 적어 보자.

장점	단점
시공간의 제약이 적음	중독의 위험
휴대가 간편	분실 및 손실의 위험
화면이 작음	시력이 약화되는 가능성 높음
다른 사람의 방해 없이 시청 가능	불법 및 음란 영상의 유혹

모바일은 대부분 1인용이다. 이 때문에 전화번호나 생일 주소 등의 사적인 정보들을 담아둔다. 사적인 정보가 포함된 모바일 기기를 잠깐 남에게 빌려주거나 잊어버리면 어떻게 될까? 한순간에 사적인 정보들이 누출되어 개인은 물론 스마트폰에 저장된 주변 사람들까지 정보 노출 위험에 직면하게 된다. 따라서 개인의 정보가 담겨 있는 모바일은 항상 암호를 설정해서 혹시 일어날 수 있는 만일의 사태를 예방해야 한다. 암호 설정은 나를 위한 것이 아니라 내 모바일 안에 있는 내 주변 사람들의 정보를 보호하기 위해서도 해야 하며, 생활에서 실천할 수 있는 에티켓이라 생각해야 한다.

◆ 스마트폰 보안은 남을 위한 배려

스마트폰의 초기 화면에서 암호나 잠금 패턴이 있으면 다소 불편한 것은 사실이다. 이 때문에 일부 사람들은 암호 설정을 하지 않은 상태에서 이용한다. 자신은 비밀을 유지할 정도로 감출 것이 없기 때문에 암호를 설정하지 않는 사용자도 있다. 하지만 스마트폰 암호는 내 정보 외에 내 스마트폰 안에 담겨 있는 다른 사람의 정보 보호를 위해서 반드시 설치해야 한다. 자칫 자신의 스마트폰 분실이나 부주의로 인해서 내 스마트폰이 해킹을 당한다면 내 스마트폰 안에 있는 가족과 친구들의 이름 그리고 그들의 전화번호 등 개인적인 정보들이 유출될 수 있다. 스마트폰 암호나 잠금 패턴은 자신을 위한 것이기도 하지만 남을 위한 배려 차원에서 꼭 실천해야 한다.

 스마트폰 중독

중독이란 무엇에 집착하여 실제 삶을 제대로 살 수 없는 현상을 말한다. 지금까지 중독 하면 마약이나 알코올 중독 그리고 인터넷 중독이 대표적이었다.

그러나 최근 들어 게임 중독 이상으로 스마트폰 중독이라는 용어들도 심심치 않게 논의되고 있다. 이것은 스마트폰 자체는 매우 편리하고 좋은 도구이지만 과할 경우 우리 삶에서 좋지 않은 영향을 줄 수 있다는 것을 경계하는 것이다.

◆ 스마트폰 중독 자가 진단 테스트

1. 나는 스마트폰을 확인하지 않고는 10분을 견디기가 힘들다.

2. 하루 스마트폰 이용 시간이 대략 3시간을 넘는다.

3. 화장실 이용 중이나 목욕 중 심지어는 취침 중에도 스마트폰 알림에 즉각적으로 반응한다.

4. 스마트폰을 집에다 놓고 오면 불안하다.

5. 스마트폰 사용자끼리 만났을 때 스마트폰 이야기를 많이 한다.

6. 스마트폰 배터리가 적어지면 매우 불안하다.

7. 하루에도 몇 번씩 충전해야 한다.

8. 정해진 스마트폰 요금제를 넘게 사용하곤 한다.

9. 컴퓨터로 웹서핑 하는 것보다 스마트폰으로 웹서핑 하는 것이 좋다.

10. 공부할 때도 스마트폰을 자주 쳐다본다.

11. 스마트폰 앱이 50개 넘게 설치되어 있다.

12. 친구와 같이 식당에 가서 음식이 나오기 전까지 각자 스마트폰을 보는 시간이 많다.

13. 스마트폰을 사용하다가 뒷목이 당기거나 손이 찌릿한 경우가 있다.

14. 텔레비전이나 컴퓨터 모니터에 나도 모르게 터치하곤 한다.

15. 잘 때 스마트폰을 들고 잔다.

16. 습관적으로 스마트폰을 켜고 아무 생각 없이 자주 쳐다보곤 한다.

17. 식사 시 스마트폰을 보면서 밥을 먹을 때가 자주 있다.

18. 걸어다니면서도 스마트폰을 한다.

19. 버스나 지하철을 이용하는 시간 대부분을 스마트폰 사용에 할애한다.

20. 스마트폰 액세서리나 앱 구입에 많은 돈을 쓴다.

* 위에서 자신이 해당하는 내용이 0~7개 정도면 비교적 정상이라 볼 수 있다. 8~15개 정도면 어느 정도 자제하는 것이 필요하고 16개 이상이 해당한다면 심각한 상황이라 볼 수 있다.

스마트폰 중독의 원인은 개인적 요인과 매체적 요인으로 나누어 볼 수 있다.

일본에는 인터넷 중독이나 스마트폰 중독이 우리나라보다 적다. 그 이유를 종량제 때문이라고 이야기한다(놀이미디어교육센터 소장 권장희). 종량제는 인터넷 이용 요금을 이용 시간이나 사용한 데이터 양만큼 돈을 지불하는 방식이다. 따라서 일본에서는 인터넷을 많이 이용하면 많은 돈을 내야 하기 때문에 인터넷 사용 시간이 많지 않다. 그래서 온라인 게임보다 XBOX, PS3, WII 등의 콘솔 게임을 주로 한다. 더불어 인터넷이나 인터넷을 기반으로 한 스마트폰 중독자가 나오기 힘든 구조다. 우리나라의 경우에 한 달에 일정액을 내면 무한대로 인터넷을 사용할 수 있는 정액제로 시작되어 지금까지 유지되고 있다. 정액제는 일정한 돈을 냈기 때문에 그만큼 이용하지 않으면 오히려 손해라 생각할 수 있다. 때문에 인터넷 이용을 의도적으로 늘리거나 자제할 필요성을 느끼지 못한다. 정액제 요금은

장소, 시간 등을 고려하지 않고 무분별하게 스마트폰을 사용하다 보면 스마트폰에 중독될 수 있다.

스마트폰에도 영향을 미친다. 가정이나 직장에서 무선 공유기를 이용하면 와이파이를 무제한 이용할 수 있다. 집에서 와이파이로 인터넷에 접속하는 것은 무료이기 때문에 스마트폰을 마음 놓고 하게 된다.

스마트폰이 우리 삶을 훔치고 있다

스마트폰은 소통의 도구다. 그러나 실제 스마트폰 때문에 주위 사람들과 대화가 단절되었다는 이야기를 많이 한다. 소통을 위한 스마트폰이 소통을 막는다는 것은 무슨 뜻일까? 스마트폰은 멀리 있는 사람들과도 손쉽게 대화를 나눌 수 있다. 그러나 스마트폰에 빠져 있는 사람들은 바로 옆에 있는 사람들과 대화할 시간을 빼앗긴다. 친구와 전철을 같이 타고 가면서 각자 스마트폰을 보거나, 식당에 같이 가서 주문 후 식사가 나올 때까지 스마트폰을 쳐다보는 사람들, 그리고 가정에서 대화보다 따로따로 스마트폰에 집중하는 모습은 쉽게 볼 수 있는 풍경이다.

◆ 스마트폰의 역기능

– 주위 사람과의 대화 단절

– 건강의 손실(시력 저하, 손목터널 증후군, 거북목 증후군 등)

– 두뇌 활동의 위축

– 높은 중독의 위험성

모바일로 소통하는 따뜻한 사회

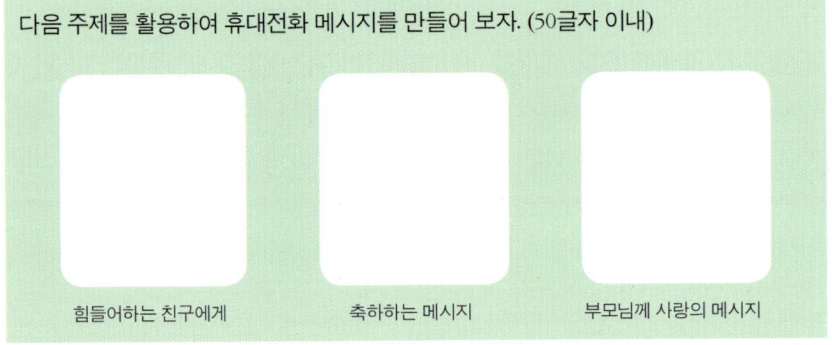

다음 주제를 활용하여 휴대전화 메시지를 만들어 보자. (50글자 이내)

| 힘들어하는 친구에게 | 축하하는 메시지 | 부모님께 사랑의 메시지 |

모바일의 장점 중 하나는 시공간의 제약 없이 소통할 수 있다는 것이다. 그러나 소통의 내용이 시기나 질투, 욕설이 된다면 모바일은 인간의 감성을 파괴할 것이다. 따라서 소통 자체보다 더 중요한 것은 무엇을 소통하느냐이다. 사람들에게 힘을 주고 따스한 정과 사랑을 나눌 수 있는 내용이 무엇보다 중요하다.

여러 가지 문자 메시지의 예

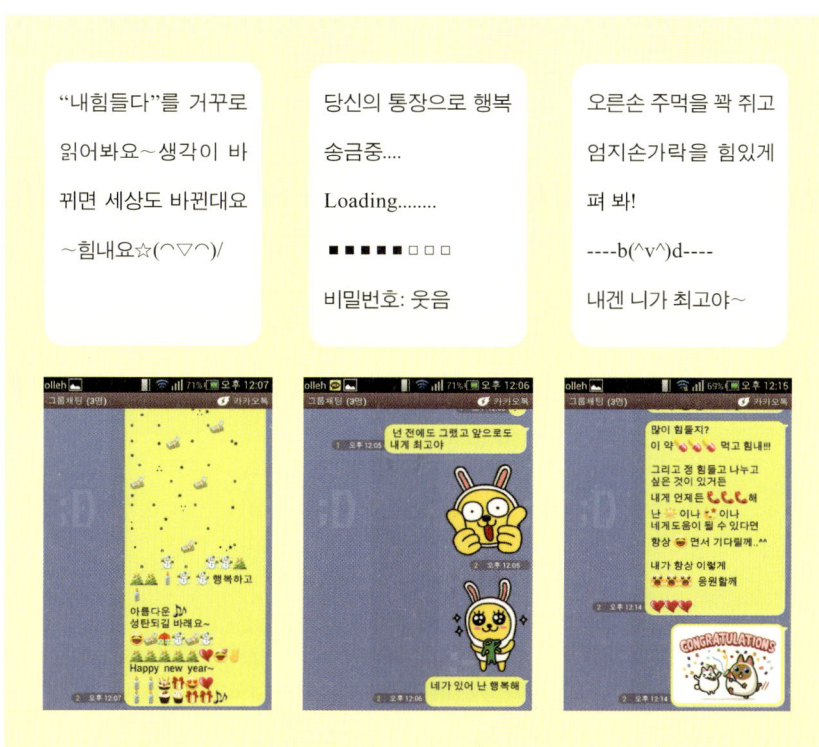

 우리들이 만드는 모티켓

모티켓이란 모바일과 에티켓의 합성어이다. 1인용 모바일이 정착되면서 모바일로 인한 각종 부작용들이 늘어나고 있다. 모바일 예절은 사회는 물론 자기 자신을 위해서도 필요하다.

◆ 이런 사람은 꼴불견이야!

– 공공 장소에서 벨소리를 크게 울리게 하는 사람

– 공공 장소에서 큰소리로 전화 통화를 하는 사람

– 휴대전화로 몰래 사진을 찍는 사람

– 수업 시간에 문자 메시지를 주고받는 사람

– 공공 장소에서 전화벨이 울리는데도 일부러 받지 않는 사람

– 이어폰도 꽂지 않고 스피커를 이용해 휴대전화로 영상을 시청하는 사람

– 공공 장소에서 휴대전화를 이용해 야한 동영상을 보는 사람

– 공부하는 교실에서 게임을 하거나 동영상을 시청하는 학생

◆ 스마트폰 선택과 사용시 주의할 점

– 자신에게 적합한 기능의 스마트폰을 선택하라.

– 가입 조건 등을 잘 살피고, 해약 과정이 까다로운지 반드시 확인하라.

– 스마트폰의 다양한 기능들에 관련된 매뉴얼을 반드시 읽어 보라.

– 자신에게 가장 효과적인 요금 제도를 선택하라.

– 유료 콘텐츠를 받기 전 무료 버전을 먼저 사용해 보고, 장단점과 자신에게 꼭 필요한 콘
  텐츠인지를 따져 보라.

– 콘텐츠를 활용할 땐 가능한 한 무선 인터넷이 무료로 제공되는 지역에서 사용하라.

– 남아 있는 데이터 양과 자신의 요금 현황을 자주 확인하라.

– 목적을 가지고 휴대전화를 사용하는 습관을 들이라(습관적 사용을 자제하라).

– 무분별한 애플리케이션 다운을 자제하고, 필요한 애플리케이션인지 확인하고 사용하라.

◆ 주운 휴대전화 돌려주지 않으면 범죄!

– 휴대전화를 분실할 경우를 대비하여 가까운 사람(가족 등)의 전화번호 안내 문구를 적어놓는다.

– 학교에서 휴대전화를 잊어버리지 않도록 중요한 곳에 보관하고 반드시 자물쇠를 채운다.

– 다른 사람이 사용하지 못하도록 비밀번호나 암호를 걸어놓는다.

– 휴대전화를 잃어버리면 핸드폰찾기콜센터(http://www.handphone.or.kr)에서 조회하거나 우체국에서 확인한다.

– 휴대폰을 주우면 가까운 우체국에 맡긴다(5000원에서 20000원 상당의 상품권을 받을 수 있다).

* 주운 휴대폰을 돌려주지 않으면 '점유이탈횡령죄'의 적용을 받아 1년 이하의 징역이나 300만 원 이하의 벌금 또는 과료 처벌을 받을 수 있다. 그러나 학교, 병원, 은행, 식당, 커피숍 등의 관리인이 있는 곳에서 휴대폰을 주웠을 땐 혹 돌려줄 의사가 있었다 해도 증명하지 못할 경우 '절도죄'로 처벌의 강도가 더 커진다.

* 핸드폰찾기콜센터에 '핸드폰 메아리'는 자신의 휴대전화 정보를 입력해 놓으면 나중에 입력해 놓은 정보와 일치하는 분실 휴대폰이 신고되었을 때 이메일로 통보해 주는 서비스로 누구나 무료로 이용 가능하다.

핸드폰찾기 콜센터 (http://www.handphone.or.kr)

스마트폰과 함께하는 UCC 따라 하기

1. 밑그림 그리기

어떤 생각을 하는가?

– 왜라는 질문, 바로 만드는 목적이 중요하다. 주로 수행 평가나 공모전 출품을 위해서 제작을 한다.

– 무엇을 만들까? 내용이나 소재에 대한 고민이 필요하다.

– 누구에게? 보는 관객이 누구냐의 문제다. 수행 평가라면 당연히 친구나 선생님이겠지만 공모전이라면 공개적으로 많은 사람이 본다는 것을 생각해야 한다. 이밖에도 인터넷에 올린다면 클릭하는 모든 사람이 관객이다.

– 밑그림을 그려 봤다면 일단 행동으로 옮겨 보자.

2. 일단 찍어 보기

어떻게 촬영할 것인가?

보통은 계획서를 만든 다음 찍을 것을 생각하고 촬영을 한다. 그렇지만 일단 이것저것 찍어 놓고 만들어 보는 것도 재미있는 방법이다. 촬영하면서 몇 가지를 주의하자.

① 주변의 사소한 것에도 관심을 두자 돌멩이, 나무, 물건, 건물 같은 것도 느낌을 표현하거나 편집할 때 쓸모가 있다.

② 동영상으로만 촬영하는 것보다 사진으로 찍어 두면 좋다. 어떤 부분에서는 동영상보다 사진의 느낌이 더 많은 것을 전달할 수 있기 때문이다.

③ 촬영 때는 조그만 소리도 모두 녹음된다. 카메라와 가장 가까이 있는 사람은 찍는 사람이다.

④ 같은 장면을 여러 방향에서 찍어 보자. 다른 방향에서 보면 새로운 느낌이 난다. 앉아서 보는 것과 머리 위에서 내려다보는 것은 사물이나 대상을 다르게 보여 준다.

⑤ 흔들리지 말자. 두 손으로 휴대폰을 잡고 기대거나 똑바로 서서 움직이지 말아야 한다.

3. 찍은 영상으로 이야기를 만들어 보자.

이야기에 맞게 장면을 정리하는 과정을 편집이라고 한다. 스마트폰이나 태블릿 PC에서도 앱을 활용해 영상을 만들 수도 있지만 컴퓨터로 옮겨 작업하면 다양한 기능을 추가할 수 있다.

태블릿PC(아이무비)

컴퓨터 편집(다음팟 인코더)

컴퓨터 편집(무비메이커)

① 먼저 어떻게 만들 것인지 영상의 순서를 정한다. 계획서가 있다면 그대로 하면 되고 없다면 영상을 보고 순서를 정해 보자.

② 필요 없는 부분은 자르고 이어 붙인다. 찍은 자료를 모두 사용할 수는 없다. 전체 시간이나 내용에 맞게 자르고 이어 붙인다.

③ 배경 음악과 자막을 넣는다. 영상에 어울리는 음악을 찾아보고 보충 설명이 필요한 부분은 자막으로 넣는다.

④ 영상을 완성한다. 작업을 끝낸 후 다른 사람이 함께 볼 수 있는 영상으로 만든다.

UCC를 만드는 것도 중요하지만 지킬 건 지켜야 한다. UCC에 좋아하는 가수의 음악이나 사진을 사용했다면? 친구 얼굴을 허락 없이 찍었다면? 저작권법이나 초상권에 문제가 발생할 수 있다. 교실에서 수업과 관련해서 사용되는 것은 일정 부분 허용하지만 인터넷 사이트에 공개하거나 다른 사람에게 전달하는 경우는 꼼꼼히 따져 보아야 한다.

스마트폰 영화제에 도전하기

스마트폰을 이용해 만든 작품을 대상으로 한 영화제가 열리고 있다. 자신이 만든 작품을 영화제에 출품해보자. 영화제 홈페이지에서는 작품 응모와 관련된 사항을 비롯해 지난 수상작들을 볼 수 있다.

29초 영화제

http://www.29sfilm.com

olleh 국제 스마트폰 영화제

http://www.ollehfilmfestival.com

홍콩 국제 모바일 영화제 (HKIMFA)

http://www.hkimfa.com